U0354871

本书为学习贯彻党的十九大精神重点专题研究项目“‘文化自信’语境下江苏文化对外传播的关键维度与策略”(2017ZDTXM029)的前期成果。

五代出版与新闻传播研究

施建平　曹　然　著

苏州大学出版社

图书在版编目(CIP)数据

五代出版与新闻传播研究 / 施建平,曹然著. —苏州:苏州大学出版社,2019.7
ISBN 978-7-5672-2657-9

Ⅰ.①五… Ⅱ.①施… ②曹… Ⅲ.①出版事业-文化史-研究-中国-五代(907-960) ②新闻事业史-研究-中国-五代(907-960) Ⅳ.①G239.294.31 ②G219.294.31

中国版本图书馆 CIP 数据核字(2018)第 237233 号

书　　名　五代出版与新闻传播研究
著　　者　施建平　曹　然
责任编辑　汤定军
策划编辑　汤定军
装帧设计　钱　江　吴　钰
出版发行　苏州大学出版社
　　　　　(地址:苏州市十梓街 1 号　215006)
印　　刷　镇江文苑制版印刷有限责任公司
开　　本　700 mm×1 000 mm　1/16
字　　数　220 千
印　　张　16.75　　插页 1
版　　次　2019 年 7 月第 1 版
　　　　　2019 年 7 月第 1 次印刷
书　　号　ISBN 978-7-5672-2657-9
定　　价　58.00 元

凡购本社图书发现印装错误,请与本社联系调换。服务热线:0512-67481020

苏州大学出版社网址　http://www.sudapress.com

苏州大学出版社邮箱　sdcbs@suda.edu.cn

彩图 1　五代八臂十一面观音像立幅
出处：中国国家博物馆

彩图 2　南唐陶俑
出处：中国国家博物馆

彩图 3　五代闽地女陶俑
出处：中国国家博物馆

彩图 4　五代闽地文官陶俑
出处：中国国家博物馆

图 5　五代吴越国佛教造像
出处：中国国家博物馆

彩图 6　五代河北王处直墓将军彩塑像

出处：中国国家博物馆

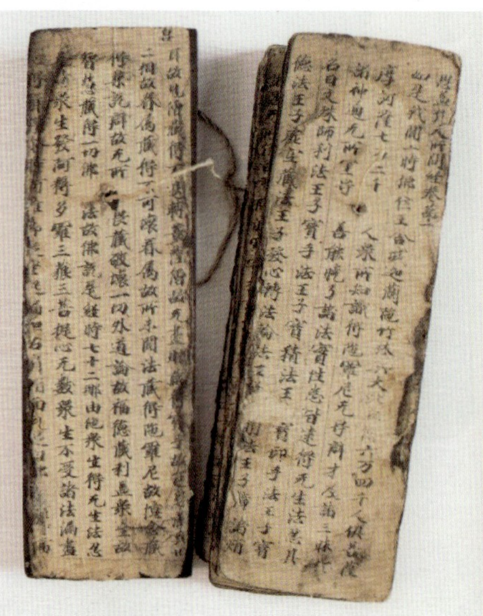

彩图 7　五代时的夹装本

出处：《中国国家图书馆古籍珍品图录》P6

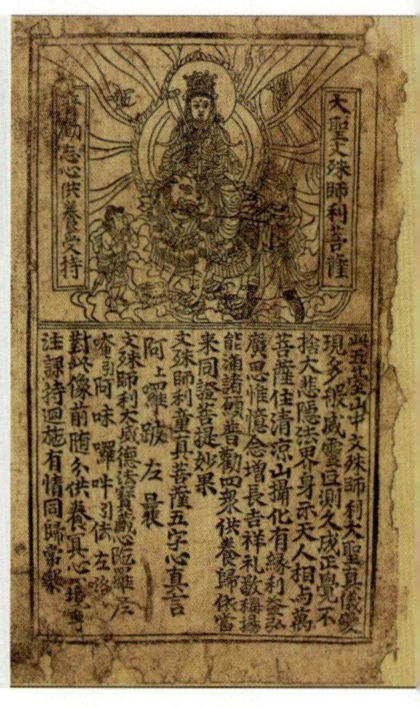

彩图 8　五代后晋年间敦煌印刷出版的经咒

出处：《印刷之光》P36

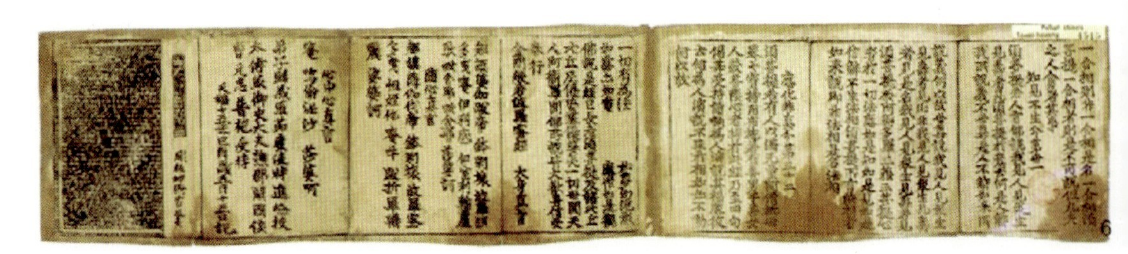

彩图 9　五代的经折装

出处：法国国家图书馆藏，编号为 Pelliot chinois 4515

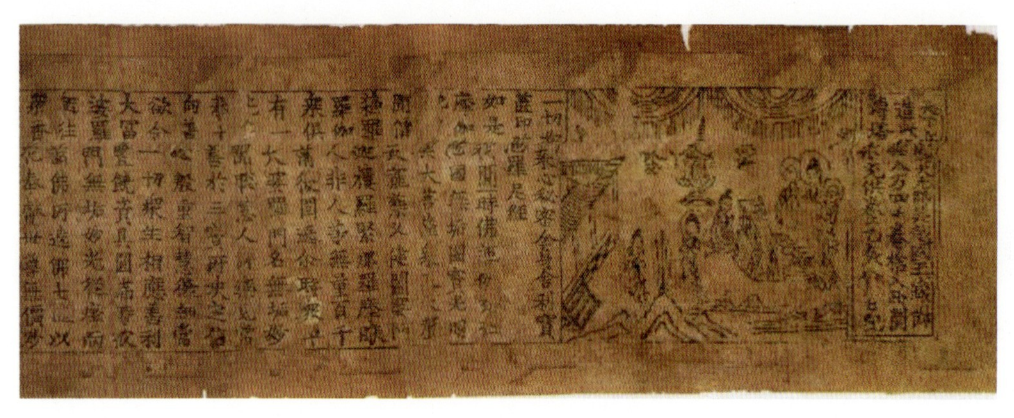

彩图 10　雷峰塔中出土的五代时吴越国印刷出版的经咒

出处：《印刷之光》P37

序

曹培根

施建平、曹然著《五代出版与新闻传播研究》将由苏州大学出版社出版，可喜可贺。

除了前言、后记之外，这部著作分为八章专题论述五代出版与新闻传播——五代出版业之纵览：以苏州、杭州为代表；五代出版的兴盛：儒学复兴的起点；冯道刻《九经》的背景、过程及意义；五代时期的新闻传播：官方传播系统；五代时期民间的新闻、信息传播；五代新闻传播的典型案例；五代出版和新闻传播的重要意义；五代文化的海内外传播。

为什么选这一选题？第一作者在《前言》中说到，自己在整理唐宋以来的出版资料时就带着问题进行思考和研究，从史料中发现五代以来江南一直引领着中国文化的发展——南唐的金陵、宋元时期的杭州、明清时期的苏州经济文化曾领一时之先。于是设想写一本关于读书人（或知识分子）精神状态演化轨迹的书，拟名为《江南出版文化流变》，从唐末五代、宋代到元代、明代、清代，一段一段地写，本书即其中之一段；而五代这一段在中国出版传播史上承上启下，至关重要。

书中既有纵的史论（五代出版业之纵览：以苏州、杭州为代表；五代时期的新闻传播：官方传播系统；五代时期民间的新闻、信息传播），又有横的分论（五代出版的兴盛：儒学复兴的起点；五代出版和新闻传播的重要意义），还有重点判析（冯道刻《九经》的背景、过程及意义；五代新闻传播的典型案例）。作者不仅关注五代时国内出版与新闻传播，还关注五代文化的海内外传播。这样纵横交叉的内容设计立体多面地展

示了五代出版与新闻传播业态。其中，“五代出版业之纵览：以苏州、杭州为代表”一章瞻前顾后，将以苏州、杭州为代表的五代出版业放置在中华文明大背景中来观览。在中国经济、文化重心南移与士族南迁过程中，五代出版业承中唐业态，为日后出版业的繁荣奠定了基础。“五代出版的兴盛：儒学复兴的起点”一章判析五代出版业兴盛之基础，回顾唐代出版业的萌芽以及文化思潮的流变，梳理唐末出版业态，论述繁盛的蜀中刻书业、刻书特点以及毋昭裔刻书、南唐与吴越国的出版业、瓜沙和闽地的出版活动，探索五代出版文化兴盛的社会根源以及从“图书出版业中鲜明地体现出来”的历史。“冯道刻《九经》的背景、过程及意义”一章判析以冯道为首的文官集团雕刻《九经》深刻的历史背景和重大现实意义、筚路蓝缕的刻经历程、五代刻书对后世的重大影响。“五代时期的新闻传播：官方传播系统”一章追溯古代新闻传播形式的演化，分析五代时期官方新闻传播系统及其特色。“五代时期民间的新闻、信息传播”一章介绍五代时期的民间新闻、信息传播的特点，具体判析民间的口头传播分类。“五代新闻传播的典型案例”一章分析吴越国的“童谣”、中原地区战争中的“露布礼”、五代十国时期各地统治者的外号与当时的社会现状、五代士人传播的典型案例、五代官方新闻传播的典型案例。“五代出版和新闻传播的重要意义”一章综论五代出版和新闻传播的意义。这一时期起到了承上启下的作用，开创了官方雕刻儒家经典之先河，五代新闻传播为后来的新闻制度演化提供了依据。最后一章“五代文化的海内外传播”从文化传播方式的角度分析了五代文化的传播途径与文化传播案例。

本书一个重要的创新之处是，作者从出版科学、新闻传播学乃至语言学、文学、历史学等学科和领域研究纷繁复杂的五代出版与新闻传播。作者施建平 2011 年开始从事教育部人文社会科学青年基金项目“汉语方位词句法语义演变史”的研究，掌握了丰富的历史语料。本书中大量运用历史语料来论

证，为读者打开了五代出版与新闻传播研究的另一扇窗户。例如，利用检索所获《旧五代史》中“音驿不通”2例、“音驿断绝”3例论证当时邮驿不通以及各地的新闻和消息都比较闭塞的状况。以见诸《旧五代史》所载3例“都亭驿”，证明长安、开封、邺城都曾设置过此驿馆。统计《旧五代史》《新五代史》中的新闻形式，具体分析“露布”“檄”“牓”“报状”“进奏院状”“传首”“布告”“告谕”等的用途、传播特色。对《旧五代史》《新五代史》《十国春秋》中的“号”“童谣”“飞语”等关键词进行穷尽式检索和甄别，具体分析民间口头传播分类的常见形式。

从事人文与社会科学研究，通常定性为多。本书定性与定量研究有机结合，使研究结论更趋向于精准。这种研究方法的结果给研究带来新的气息，值得倡导。

作者吸收前人的研究成果，所用文献尽可能使用最新版本，如参考陈尚君的《旧五代史新辑会证》、张秀民的《中国印刷史》、曹之的《中国出版通史·隋唐五代卷》。作者注重利用第一手文献从事研究以及现场考察所获文献。例如，“2002年，笔者施建平曾随团游浙西大峡谷时宿于临安市於潜镇。此地处于西天目山南麓，地势十分险要。黄巢乃曹州冤句（今天山东菏泽西南）人，不习惯南方山地作战。史书上称钱镠计退黄巢之事即发生于临安西部山区地带。”“读万卷书，行万里路”，文献利用与实地调查结合是作者从事科研的一贯方法。

作者施建平为长期从事高校学报编辑的编审，深知规范著录参考文献的重要性。本书中列详细的脚注，凡引用文献均在脚注一一注明出处，体现著作的学术规范，既使书中论述有据，又为读者提供了进一步查考的依据。脚注中还有考证与背景史料介绍。例如，关于毋昭裔的身世和刻书的背景中毋昭裔的出生年月，在脚注中有详细的考证。

作者研古不忘当今，以史为镜，借古喻今，给人以启示。作者提出，对民族命运、文化融合等深层次上的思考是“我们

讨论出版与文化的意义之所在”。作者又在《后记》中说：“在当下，我们也应该有五代先儒们那种胸怀天下的弥天之勇，顺应世界发展趋势、顺应民意，以浩然正气来面对出版、新闻改革向深水区迈进，使其走上法制化的道路。”这使选题的价值增加了学人研究的人文关怀与当下意义。

2018 年 9 月 30 日

前 言

一

2011年，笔者开始从事教育部人文社会科学研究规划青年基金项目“汉语方位词句法语义演变史”的研究，接触到了自商周以来的甲骨文、金文及先秦的诸多文献资料。在对秦代以后的汉语言文献资料进行梳理的时候，发现了中国文化南北差异逐渐拉大——中原及北方逐渐“胡化”之时，历史上的多次“衣冠南渡”使中国经济、文化的重心由黄河流域向长江流域渗透。自唐宋之际，农业人口从土地上的解放使得以手工业为主的工商业在长江以南的流域、尤其是江南一带蓬勃发展起来。费正清等西方学者认为这就是中国近代的早期。① 以南宋为例，虽然当时的国土面积不如北宋大，但手工业和海内外贸易发展起来了，从事手工业、商业的人口、税收均在国民收入中占据着很大的比重，因而“临安”于杭州的宋人“暖风熏得游人醉，直把杭州作汴州”。元蒙的崛起令西方产生了“黄祸论”，而“崖山之后无中国，明亡之后无华夏”的论调也在东瀛甚嚣尘上。

当“汉语方位词句法语义演变史”的研究即将结束时，本人利用手头的文献对唐代以来的中国出版史进行了简单的梳理。在明代的“三言、二拍、一型”及相关戏曲、史料中，笔者发现，重商主义在明代之流行，苏州在明末的商业地位之重要，今天的人们难以想象！

这就使人产生这样的假设：如果南宋或明末时江浙一带以长江、运河为运输通道的工商业发展下去，是否会产生近代的

---

① 费正清，赖肖尔．中国：传统与变革[M]．陈仲丹、潘兴明、庞朝阳译．南京：江苏人民出版社，1996：117.

资本主义呢？

黄仁宇先生在他的著作里是作了断然的否定的，他甚至否定了明代出现的所谓“资本主义萌芽”的说法。然而，有熟悉西方近代史的朋友提出另外的观点：如果不是印度尼西亚的雅加达发生动乱、荷兰军队不从中国“台湾”撤出，郑成功就不会盘踞于此；如果那样的话，中国“台湾”也许就是荷兰在东方的一个桥头堡，中国早日接触资本主义也不是不可能。

由此，笔者在整理唐宋以来的出版资料时就带着问题进行思考和研究。中国士子文人的精神面貌在宋代也算得上是铁骨铮铮，连个唱戏的都敢借唱词讽刺秦桧卖国；元代初年泣血写《心史》的郑思肖对元蒙终将失败、中国儒家文化必胜的信念至死不渝；连归入“臭老九”的失意文人汉关卿之流都敢编《窦娥冤》来抨击黑暗的元朝统治……到清代时历史舞台上跳来跳去的怎么都是些“多磕头少说话”的奴才？鉴此，本人设想写一本关于读书人（或知识分子）精神状态演化轨迹的书。笔者身居苏州，从相关史料中可以看出：五代以来，江浙一带一直引领着中国先进的文化——南唐的金陵、宋元时期的杭州、明清时期的苏州，经济文化领一时之先。因此，当时书名拟命名为《江南出版文化流变》。然而这一工程实在过于浩大，只能按时间顺序，从唐末五代、宋代，到元代、明代、清代，一段一段地来写。

这就涉及了本书的一个主题：五代图书出版研究。其中，重点要研究的就是五代时能与孔子相提并论的冯道①及他刻《九经》的动机和缘由。经过对《旧五代史新辑会证》（陈尚君编）等著作的阅读，发现“五代是政治文化转型的关键时

---

① 陈尚君．旧五代史新辑会证·卷一百二十六［M］．上海：复旦大学出版社，2005：3880．本书中凡是《旧五代史》中的引文，若无特别说明，皆出自该套丛书。

期”①，豪门士族没入草野，寒门儒士崛起于乱世，社会上平民百姓对历日、农书、识字课本等需求②促进了出版业的飞速发展。民间以板刻图书、印刷出版的方式使批量生产成为可能，这也刚好适应了时代的需求。冯道作为中原王朝的一名老牌政治家，历仕刘守光的北燕、李存勖的后唐政府，在朝野具有巨大的声望。后唐明宗即位后，他任端明殿学士，行宰相之职权，从政数十年的经历告诉他：要改变当时中原地区“你方唱罢我登场”“各领风骚三五年”的纷乱局面，必须建章立制、以文治天下，于是他先用《贞观政要》投石问路，接着和李愚一起倡导用民间流行的板刻印刷了《九经》，完成了唐代由石刻经文向板刻经文的生产方式的“转型升级”，而远离京城的成都、金陵、杭州等，蒙学、历日之书、佛经造像等早已印刷成风，风靡一时。因此，在本书中，笔者认为，作为地方风行的出版方式，由于其高效、低廉的优点而拥有了广泛的民间基础，而冯道为宰辅的中原王朝及时将民间的这种创造性生产方式加以肯定，为宋代大开板刻之风奠定了基础。

二

在对“冯道刻九经”的过程进行详细考证时，笔者遇到了资料匮乏的难题。比如，同僚讥讽冯道散朝时不要走太快，不然《兔园册》要掉下来的事情与他“刻九经”有没有关系？如果有关系的话，那是一种什么关联因素？《贞观政要》基本可以认定是在刻《九经》之前就在宫中传阅的，那么它是如何出版的——手抄还是印刷？之前随郭崇韬去前蜀的李愚有没有看到蜀中刻书的盛况，他在此事中的贡献如何？……冯道刻九经的过程要靠史书、文人笔记、方志等历史片段的一点一点的

① 蓝田，陈尚君. 五代是政治文化转型的关键时期[N]. 中华读书报，2015-08-19 (15).

② 在经济学中，“需求”与“需要”是不一样的。简言之，“需求”是真实存在的、刚性的，是指人们有能力购买并且愿意购买某个具体商品的欲望，而“需要”则是一种愿景。

拼凑，才能还原出一个大致的轮廓。而这显然不是一日之功。冯道的年谱构拟推进到了一半也就搁置了下来。

此时，曹然博士对于五代新闻史的研究让我眼前一亮。新闻传播的深度和广度是图书出版无法比拟的，尤其是五代的诗文传播、民间传播的研究。如后周文人陶谷在南唐驿站的谜语诗“御厨饭”（《全唐诗》卷八百七十七作《陶谷题南唐官舍壁》，本书中取其诗最后三个字，名之）、枕上词曲《风光好》等，未载入正史却又是天下皆知的“外交新闻”——桃色新闻的背后隐藏着后周与南唐间谍与反间谍的斗争；上至帝王、下到百姓口口相传的外号“独眼龙”（后唐李克用）、“高赖子”（荆南高季兴）、“贼王八”（前蜀帝王建）、“没字碑”（后唐文盲崔协）、“捣蒜老”（频频勒索百姓的安重霸），等等，让人们对五代的了解更为直观和形象。

早在唐代，地方政府就在长安设立进奏院，后来宋代在此基础上设立都进奏院——官方新闻传播行为能够得到传承，也离不开五代中原政府对进奏院、奏状这一机构的沿袭、整顿和强化管理。比如，唐末时，进奏官一度气焰嚣张，甚至参与皇帝的废立。后唐明宗时，纠正了进奏官不按盛唐旧制进行参拜的错误行为，闹事者“皆（被）杖而遣之”①。使进奏官的职能朝着后唐丞相赵凤认为的“府县发递祇（zhī）候之流”（《旧五代史》卷一百四十九）的方向发展。

后晋、后汉、后周均采取相关的措施，大大弱化了进奏官的权限。五代历届政府对进奏院组成人员的改革促成了宋代彻底将进奏官变为“发递祇候之流”。这些“矮化”进奏官为胥吏的措施为宋代设立中央政府直接管理的“都进奏院”打下了坚实的基础，为中国新闻官方传播制度的演化提供了依据。

民间传播的例子除了让我们看到五代社会丰富多彩的各个

---

① 陈尚君．旧五代史新辑会证·卷一百二十七［M］．上海：复旦大学出版社，2005：3883—3884.

层面外，还让人看到官方对民间舆论的管控和利用。比如，史书中记录一些所谓的“民谣”实质上是最高统治者授意文人炮制的，并以口头传播的形式散布于民间，以显示其一统天下的合法性。

总之，无论图书出版与对外传播，还是新闻的官方传播与民间传播，五代都起着承上启下、不容忽视的作用。

另外，本书作为江苏省教育厅学习贯彻党的十九大精神重点专题研究项目“‘文化自信’语境下江苏文化对外传播的关键维度与策略”（2017ZDTXM029）的前期研究成果，为江苏文化的对外传播提供了历史的维度。

众所周知，有唐一代，其政治文化中心在长安和洛阳，作为经济重镇的扬州等地在文化对外传播的过程中是受到严格的限制和监管的。如鉴真东渡，前五次均以失败而告终，天气不利、航海失利等当然是重要的因素，但其中也不乏政府对僧人携带图书及建筑、医疗技术私自出海的限制和禁令。

因而，五代十国时期反而是江浙一带地方小国（南唐、吴越国）对外文化交流的活跃时期。定都金陵（今南京）的南唐、定都杭州的吴越国都十分热衷于对外贸易和对外文化交流。他们不仅将在对外贸易中采购到的猛火油（石油）作为遏制敌人的武器，还把龙涎香等珍稀之物上贡中原的朝廷，以示友好。在当时的东北亚、东南亚地区中，朝鲜半岛、鸡林（今吉林地区等）、占城（今越南中南部）、真腊（今柬埔寨境内）等与江苏、浙江一带往来颇多。

随着文化的传播，逐渐形成了以中原为中心的汉字文化圈。直到鸦片战争之后，风行于朝鲜半岛、日本、越南等地的汉字才逐渐随着近代中国的衰落而式微。

最后需要说明的是，关于本书的史料，以《新五代史》（中华书局 2016 年版）、《旧五代史新辑会证》（复旦大学出版社 2005 年版）、《十国春秋》（中华书局 2010 年版）等为主，参考了张秀民、韩琦的《中国印刷史》（浙江古籍出版社 2006

年版）、曹之的《中国出版通史·隋唐五代卷》（中国书籍出版社 2008 年版）等资料，所引用成果均为最近新出的研究成果，凡是引用之处，均已注明。如有未注明的用例，则基本出自文渊阁版《四库全书》电子版。该版本由刘中文教授提供，谨此致谢。

施建平

2018 年 11 月 10 日

目录

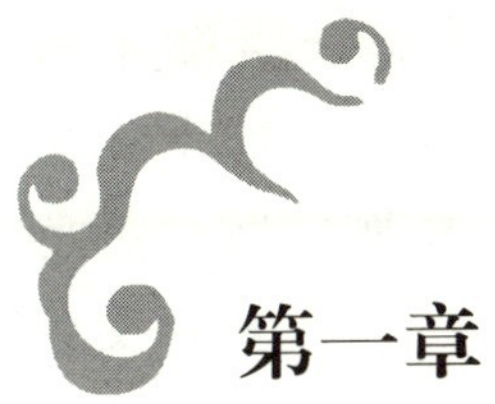

第一章 五代出版业之纵览：以苏州、杭州为代表

唐宋之际，中国经济、文化重心逐渐南移。唐代的“衣冠南渡”使长江两岸尤其是江南地区成为文化的渊薮。扬州、金陵、杭州等地印刷业的发展一度照亮了五代那昏暗的夜空。因此，考察五代出版业的情况，就让我们从唐末的江南开始说起吧。当然，对于之前的历史，我们也要做一个简单的回顾。

在中华大地上，自有夏、商、周以来，农业文明与游牧文明的争战就贯穿了中国的整个历史进程。早在西周时期，由于气候转向干冷，北方游牧民族牛羊死亡，他们向中原大地的国家发动进攻，带来国家的动乱。比如，泰伯、仲雍的奔吴，散、矢两国的争斗①，乃至后来西周王朝的覆灭，无不与气候有着直接的关系。②

---

① 施建平．从《散氏盘铭》看西周京畿西部邦国方位变迁［J］．档案与建设，2015（8）：56—58．

② 中国历史的传统书写中往往弥漫着一些简单和片面的观点。比如“红颜祸水”的观点，从商纣王宠爱妲己到明末吴三桂的“冲冠一怒为红颜”，莫不如此。事实却并非如此，中国的气象学史表明，历史上的改朝换代往往是气候变化影响农业、牧业发展的结果。著名气象学家竺可桢认为：“历史时期的世界气候是有变迁的……根据历史和考古发掘材料，我国在近五千年中的最初两千年（即从仰韶文化时代到河南安阳殷墟时代）里年平均温度比现在高2℃左右。在这以后，年平均温度有2℃－3℃的摆动，寒冷时期出现在公元前一千年（殷末周初）、公元四百年（六朝）、公元一千二百年（南宋）和公元一千七百年（明末清初）时代。汉唐两代则是比较温暖的时代。这种气候变迁是全世界性的。气候变冷时先从太平洋西岸开始，由日本、中国东部逐渐向西移到西欧。温度回升时则自西向东。充分认识历史上气候的变迁情况并掌握其规律，‘古为今用’，对气候的长期预报是有所补益的。”参见：竺可桢．中国近五千年来气候变迁的初步研究［J］．中国科学，1973（2）：168—189．

“八王之乱”引发的晋室南迁以及包括后来“五胡十六国”在内的一系列的政治变乱为江南[①]经济文化后来居上提供了契机。永嘉之乱后，中原地区的士族相继南渡长江，史称“衣冠南渡”[②]。这给江南地区的发展提供了人口、技术和文化上的支持。隋朝开通的大运河大大节省了人员、货物的运输成本，为江南经济文化地位的进一步上升提供了可能。安史之乱后，中原士族庶民再次避乱南徙，进入江南。[③] 这使得江南的经济、文化地位在唐代进一步上升。到了唐代中后期，作为中原地区通往江南的前站——扬州就成为全国数一数二的城市，与成都一起被称为“扬一益二”。[④] 在社会生活乃至政治格局中，“江南”也占据了国家的半壁江山。韩愈在《送陆员外出刺歙州诗并序》中提道：“当今赋出于天下，江南居十九。”[⑤] 十九即十分之九，即90%，显然这是诗人夸大之辞。当然，唐代韩愈诗中的“江南”概念与“江南道”密不可分，肯定比

① 全书若无特别说明，“江南”之概念基本采用李伯重先生的观点，即明清时期的苏州、松江、常州、镇江、江宁、杭州、嘉兴、湖州八府及后来由苏州府划出的太仓直隶州，大致为今天的苏南、浙北及上海。

② “衣冠”指衣服和帽子，引申为“缙绅、名门世族”，见《管子·形势》中“言辞信，动作庄，衣冠正，则臣下肃”。“衣冠南渡”语出唐史学家刘知几《史通》“邑里”篇。该文原仅指西晋末年天下大乱时中原士族相继南逃、中原文明南播或中原政权南迁。后“衣冠南渡”逐渐演化为熟典，代指缙绅、士大夫等避乱南方并落地生根之事件。

③ 唐代末年，朱温（又名朱全忠）自立为帝，国号大梁（史称“后梁”）。之后朱温滥杀唐朝皇亲宗室子弟。唐哀宗之叔李昕时任淮南节度使监军。淮南道相当于现在的省级行政机构，地理范围大致为现在的江苏省中部、安徽省中部、湖北省东北部和河南省东南角，即淮河以南、长江以北、湖北应山、汉阳以东的江淮地区，治所在江苏扬州。李昕在听说了朱温的恶行（将唐哀宗的诸多王子灌醉后推入池子淹死）后，他抛弃家产与官位，带领全家老小和亲戚三十多人从扬州南渡，过长江后由镇江进入金坛县（今常州金坛区）的西部山区西岗落脚。默默生存繁衍上千年后，在1949年宗族祠堂迎来了当时的代总统李宗仁问祖之事。至少在当时，平民出身的李代总统家谱资料缺失，难以与金坛西岗乡李巷村的李氏宗谱续接。参见：金萍，王炳毅. 李宗仁问谱金坛西岗李巷村[J]. 江苏地方志，2002（4）：56—57.

④ 唐昭宗景福元年，“扬州富庶甲天下，时人称扬一益二。”（《资治通鉴》卷二五九）益州，即成都。

⑤ 《文苑英华》卷七百十七，中华书局1966年版，第3706页。

本书所指的“八府一州”要大得多。[①] 也许杜牧说得比较中肯：“三吴者，国用半在焉。”（《樊川文集》卷十一）

在唐代中后期的长江中下游地区，苏州是仅次于扬州的商业城市。我们从一组人口数字上可以看出当时经济的增长与繁荣。隋朝初年，苏州人口为 18377 户，到了唐开元年间，这一数字猛增到 68093 户，按每户 5～8 人口计算，人口约有 30 万～50 万之多。在唐玄宗天宝元年，这一数字是 76421 户，632650 人口，元和年间这数字是 100808 户，苏州已成为有 80 万人口的大都市了。[②] 到了唐代末年，更是猛增到 143361 户（《吴地记》）。吴融《风雨吟》云：“姑苏碧瓦十万户，中有楼台与歌舞。”（《全唐诗》卷六百八十七）冻国栋认为这十万户是苏州市区人口，并以皮日休的诗《奉和鲁望早春雪中作吴体见寄》“全吴缥瓦十万户”来证明。诗人虽有夸大，但从人口数量、城市规模上看，唐代苏州仅次于长安、金陵、江陵（今荆州）[③]、广陵（扬州）等一线城市，比杭州、宋州发达，与成都、豫章（南昌）等相仿。并且在商业、手工业方面得到了较大的发展，当时有诗云：“吴中铜臭户，七万沸如臛。”[④]“臛”即“肉羹”，诗句讽刺了苏州市区商业气息过于浓厚的“新常态”。

这种“新常态”断不是当时人们所能理解的，只有 1000 多年以后的历史学家及语言学家回顾这段历史的时候，才发现

---

① 唐贞观元年（627 年）置“江南道”，辖境在长江之南，故名；东临海，西抵蜀，南极岭，北带江，领润、常、苏、湖、杭、睦、歙、婺、越、台、括、建、福、宣、饶、抚、虔等州，为今浙江、福建、江西、湖南及江苏、安徽、湖北之大江以南、四川东南部、贵州东北部之地，治所在苏州（今江苏省苏州市）。唐玄宗天宝间设“江南东道”，治所也在苏州，辖地为今江苏省苏南地区、上海市、浙江省全境、福建省大部分地区及安徽省徽州市。韩愈所指很可能是指江南东道。

② 陈晓红．苏州农户兼业行为研究［M］．天津：天津古籍出版社，2011：45.

③ 江陵曾是楚国都城郢所在地，也是唐代五都之一，从先秦至近代，多为长江中游政治、经济中心，近代平汉及粤汉铁路（今京广线）通车，江陵的地位为武汉所取代。

④ 皮日休．吴中苦雨因书一百韵寄鲁望［M］．唐诗汇评（增订本 6）．陈伯海主编．上海：上海古籍出版社，2015：4102.

原来早在唐代中后期及宋代，苏州就已进入了“近代”了。本书第一作者学习汉语言文字学20余年，深知汉语史中近代分期的划分，绝非始自所谓的“鸦片战争”，而是从唐五代就开始了。虽然语言分期与经济社会的“近代”发展转型并不是相同的，但从经济史的角度看，五代时期及宋代，尤其是南宋，真可谓农业文明与手工业“双子并立”的繁盛时期，宋代商业经济空前发展以至于一度曾经发行“交子”这样的货币。而费正清、赖肖尔也认为：“唐代后期与在此之后的宋代组成后来中国历史的最初阶段。事实上人们可以称这一时期为‘近代早期’阶段，因为这时的文化直至20世纪初都是中国的典型文化。”①

到了唐代中后期，与杭州等地相比，由于在人口及经济上都占有比较大的优势②，离淮南道的治所（扬州）也比较近，因此经济比较发达的苏州地区的出版业开始崭露头角。如在唐代大和九年（公元835年）前后，苏州地区民间就开始制作雕版日历，进行出售。并且由于日历各家印制版本不一，因此当它在市场上流通时，各书商不免王婆卖瓜自卖自夸，且攻击对方的日历不准确，以至于对簿公堂。③ 宋人王谠《唐语林》就记载了这一当时具有代表性的事件：“僖宗入蜀（引者注：公元881年），太史历本不及江东，而市有印货者，每差互朔晦。

---

① 费正清，赖肖尔. 中国：传统与变革[M]. 南京：江苏人民出版社，1996：117. 南宋时土地大量兼并，农业税收份额在财政总收入中降低、人口从土地上空前解放等现象，让人产生这样的假设：在南宋的小朝廷的版图上，如果没有北方游牧民族的入侵，皇权比较弱势或以贸易立国，以运河、湖泊、海洋为运输主渠道的国内外贸易，是否会引领手工业的发展？早在五代就开通的与波斯等地的海外贸易是否会进一步延伸到地中海地区，因而搭上西方近代经济大发展的列车？因为在吴越国时期中国就与大食有海外贸易，其中的“猛火油”成为钱元瓘水军作战中大败杨吴国军队的秘密武器。此武器后来南唐军中也曾使用。

② 杭州五代末年方有人口70465户，而唐末时苏州人口已达100808户。沈冬梅. 宋代杭州人口考辨[C]. 宋史研究论文集——国际宋史研讨会暨中国宋史研究会第九届年会编刊. 2000：373—387.

③ 今之所谓“日历”，大致相当于唐末五代所说的“历日”“历书”。为便于阅读，只有在引用古文时，才用“历日”“历书”等词，其他情况一般用“日历”一词。

货者各征节候，因争执，里人拘而送公。执政曰：‘尔非争月之大小尽乎？同行经纪，一日半日，殊是小事。’遂叱去。而不知阴阳之历，吉凶是择，所误于众多矣。”① 江南东道治所在苏州，江东极有可能就是指苏州一带，“市有印货者”因每月的大小尽（月大三十谓大尽，月小二十九日谓小尽）而发生争执，可见书坊不止一家，历本的印刷已成为产业。

而进入五代之后，中原动荡，人口南迁，杨吴（南唐）在唐末的混战中逐渐割据成偏安一隅的国度，集中了大量的人才，编撰、抄书、藏书一度非常发达，刻石拓印书法墨宝也是常有之事。② 南唐君主间唱和而成的“词”作成为中国文学史上的一座高峰。“细雨梦回鸡塞远，小楼吹彻玉笙寒。”鸡塞，即鸡鹿塞，亦省作“鸡鹿”，在今天的内蒙古自治区巴彦淖尔市磴口县，后亦泛指西北少数民族地区。③ 实际上它就是北方游牧民族入侵中原的一个隐喻，一把悬挂在汉族为主的农耕民族头上的达摩克利斯之剑。作为国君的李璟，他咏叹的不仅仅是文人的“秋思”，更有对民族命运、文化融合等深层次的思考。这也是我们讨论出版与文化的意义之所在。④

更偏东一些的吴越国，由于其地理位置更加远离中原，加上钱氏王朝八九十年间相对的安宁，其治所杭州也在偏安期间获得了极大的发展，一度超越了越州（今绍兴），人口繁衍、经济发展，成为江南地区的社会政治中心。由于吴越王的提倡，佛教在吴越国控制地区获得了极大的发展，其佛经、佛像、经咒之类的出版也获得了空前的发展。

凭借着长江天堑的阻隔，以苏杭为代表的江南地区在南渡

---

① 曹之．中国印刷术的起源[M]．武汉：武汉大学出版社，1994：97.

② 薛政超．五代金陵史研究[M]．北京：中央编译局出版社，2011：140.

③ “鸡鹿塞”见《汉书》卷九十四下《匈奴传下》，古塞名，唐代颜师古注曰：在朔方窳浑县西北。即今内蒙古磴口县西北哈隆格乃峡谷口，是古代贯通阴山南北的交通要冲。汉时筑城塞于此，现已基本夷为平地。

④ “出版”原作“出板”，“雕版”原作“雕板”，本书中“板”“版”通用。这与唐宋雕版印刷的工序有很大的关系，因为雕版印刷所用木板皆出于梓木、枣木等材质。

人口的带动下，农业、手工业、商业都渐渐地发展了起来。由于社会文化的需要，出版业也迎来了它的春天。

宋朝统治者在宋朝建立之初吸取前代教训，采取了“重文抑武”的国策，大力发展科举考试，重视图书出版，还给继任者立下了不轻易诛杀读书人的治国秘策，因此许多寒门子弟由此而得以跻身统治阶层。早在唐代，朝廷主要由皇亲国戚、达官贵族把持，其中不乏门阀地主，出身中下层的读书人即使考中进士，也只是朝廷中的点缀。① 一般寒门子弟想通过科举获得好的前程，难上加难。即使通过种种科举考试，如果没有王公贵族的后台，想迈入中级官员的门槛，也绝非易事，“七绝圣手”王昌龄一生的悲惨遭遇就是鲜明的例子。经过五代动乱，大量平民出身的知识分子进入统治阶层，成为一种常见现象。他们或以文章诗词闻名，或以著作行世。五代南方各国争战较少，更多的是对人才的吸纳和重用。如南唐规范了科举，彰显了其对人才的重视。吴越国依山傍水，尽擅造纸、板材、油墨之利，其印刷业相当发达，这些都为赵宋王朝佑文国策的制定做了良好的示范。

北宋时期的杭州，由于其在吴越国时期打下了良好的出版基础，一度是宋王朝政府出版机构首选的印刷地点，于是我们常常看到校勘在汴京（今河南开封）、雕版在杭州的局面。到了南宋，由于中央政府迁都于此，杭州——当时称“临安”——更是获得了空前的发展。中央政府索性连校勘都懒得管了，把从校勘到出版的整个生产流程都外包给了书坊。一般图书被视为普通商品，成为政府税收的重要来源。校书郎、正

① 南北朝时期，寒门人士与门阀地主是不能通婚的。即使日常往来，有时也是禁止的。一个极端的例子是，一寒门子弟去拜访一豪门人物，不仅受到冷遇，其坐的凳子都被劈了烧掉。这有点类似于印度的种姓制度。即使到了唐代，考进士、做官仍然由皇亲国戚们把持。李白为求一官半职，都得向贵族“干谒”。后来也是通过唐玄宗妹妹玉真公主的推荐，才得以当上了供奉翰林。参见：吕思勉. 中国通史[M]. 北京：中国致公出版社，2011：252—254；章培恒，骆玉明. 中国文学史(中)[M]. 上海：复旦大学出版社，2005：82—83.

字之类原来是官府设定的官职，到了南宋似乎渐渐变成了民间的一种职业——书坊为了追求利润，聘请一些有学问的读书人专任校勘之职。在以杭州为代表的江南地区，读书、刻书、藏书渐渐成了一种风尚，并流传下来。江南社会风气由早期的“尚武”自宋代起成功地向“崇文”切换，除了官府的倡导，以书坊为代表的图书出版机构也功不可没。

熊月之先生在2016年的一次讲座中也持该观点：

上海人四变①

“建县以前的上海不是单独建制，没有专门史料记录之前的上海人。但当时上海属于吴郡（今苏州）的一块范围，看当时的苏州人就知道当时的上海人。”熊月之说，当时的苏州人跟今天的苏州人很不一样。“他们刚强凶悍，一言不合就要抡拳头，盛行‘五月斗力之戏’。而上海人也是性格非常强悍的人。”

“可是到宋元之后，上海人变得文雅、不动武、好读书。”为什么上海人在宋元时期会发生这么大的变化？

答案就在于，唐末的社会动乱导致北方人口南迁，包括上海在内的江南地区有大量北方世家大族的迁入。本书第一作者最近参与施宗族谱的整理，发现祖上就是唐代从河北衡水的武邑迁到武进嘉泽的，至今已繁衍数千人。而唐代末年，朱温篡权，向李唐宗室大开杀戒。当时唐哀宗的叔父李昕任淮南节度使监军，为了躲避朱温的屠刀，他只能弃官南渡至江南道润州府的金坛县，详见本书第2页注释③。

士族的南迁就把文化的种子在江南悄悄地埋下了，为日后出版业的繁荣奠定了基础。当然，我们在展望五代出版业兴盛之前，还要来回顾一下唐代出版业的萌芽以及文化思潮的流变。

---

① 罗昕，高阳. 熊月之谈“上海人四变”：开放和移民形成上海文化的积极面. [EB/OL] (2016-07-25) [2018-5-10] https://www.thepaper.cn/newsDetail_forward_1503454.

第二章
五代出版的兴盛：儒学复兴的起点

自西晋末年所谓的“五胡乱华”始，儒学一直处于式微之状态。道教、佛教乘势而起。中华大地上国土分裂，指导思想也呈多元化状态。隋唐时期，国家实现了基本统一，但儒、释、道三元并立的局面并未改观。直至五代时期，随着印刷术的日渐流行、平民受教育程度的提高，儒学才又逐渐确立了其主导地位。

第一节 唐代末年全国各地出版业概况

一、唐王朝的出版及文化思潮流变

出版，按现代的定义，是指通过可大量进行内容复制的媒体实现信息传播的一种社会活动，是有文字以后发展起来的文化传播的最重要的方式。古代金文、石刻以及人工抄写、刻绘书籍是一定意义上的出版。正式的出版是随着印刷术的发明在隋唐时期开始盛行，主要出版物是百姓喜闻乐见的历书（与现在农村风行的老黄历有点类似）、佛像（经）等。“出版”一词英语为 publication，来源于古拉丁语 publicattus。但以肖东发为代表的大多数学者认为，实际上它来源于中国，即“出板”。“版”在唐宋时期是指刻有文字或图形以供印刷的木片的称谓。用雕版印刷的书籍被称为雕版书。中国早在五代时就有“刻版”“印板”“镂板（版）”，宋代有“开板”“刻板”“雕版”等词，但未

曾出现“出版”一词。有的学者认为，“出版”一词是19世纪末、20世纪初从日本传入的，如清代李伯元《南亭笔记》卷十二：“非特新学家不能语言自由、出版自由，即旧学家亦不能语言自由、出版自由也。”

唐代出版业的兴衰与唐王朝的兴衰息息相关。自魏晋以后，中原数百年来在北方游牧民族的统治之下，受游牧文化的影响较深。在夺取了隋朝的政权后，李渊在文化出版方面的贡献比较大。如下诏编撰了《艺文类聚》，这是一部类编图书，引用的古籍共有一千多种，为后人保存了很有价值的历史资料。另外，李渊还下令文官修订各朝的历史。从文化出版的角度来看，他试图引领整个王朝向健康的方向发展。然而作为曾经长期服务于北族王朝的李氏家族，加上李渊的母亲独孤氏又有鲜卑血统，因而家族中也多少带有一些北族的基因。

玄武门之变就彰显了这种文化的危机。李世民弑兄夺嫡、逼父退位的行为一方面表明了他对中国儒家纲常的蔑视，另一方面说明了儒家学说规范政治行为（如政权更迭）的无效性。任何政治人物要取得政权，囿于儒家学说是行不通的。当李世民坐上天子之位后，他马上制定了国家的文化政策：把老子放在首位，儒释并举①，并收罗了魏征之类的大臣，以作自己的镜鉴，大开科举之门，吸纳“天下英雄”。体现在图书出版方面，即通过颁布五经定本，来获得儒学经典的官方解释权：“在弘文殿聚四部群书20余万卷，在弘文殿旁建弘文馆以储图籍……选五品以上工书者为书手，又在弘文馆设立检校馆藏的

---

① 《全唐文》载唐太宗《令道士在僧前诏》曰：“老君垂范，义在清虚；释迦贻则，理存因果。求其教也，汲引之迹殊途；穷其宗也，宏益之风齐致……至如佛教之兴，基于西域，逮于后汉，方被中华。神变之理多方，报应之缘匪一……尊祖之风，贻诸万叶。告报天下，主者施行。”《诘沙门法琳诏》曰：“周之宗盟，异姓为后，尊祖重亲，实由先古。何为追逐其短，首鼠两端？广引形似之言，备陈不逊之喻。诽毁我祖祢，谤黩我先人。如此要君，罪有不恕。”

官员，将缮写、整理、校勘图书……史称‘群书大备’。”① 当然，文化的繁荣造就了一大批学者和书法家，为国家颁布科举用的法定教科书奠定了基础，既促进了教育事业的发展，也造就了唐代的出版事业的空前繁荣。

但正如前所述，儒学经典并不是一把万能钥匙。在储君问题上，“选贤”还是“立长”？唐太宗面临着他父亲一样的两难选择。君臣意见不能统一，加上太子造反、皇子自杀等一系列问题，马上将“贞观之治”的光鲜外衣掀开——里面似乎混沌一片、黑幕重重。

帝制之弊，吕思勉先生早在秦朝的灭亡时就指出，什么“宰相谋逆”“奄宦弄权”“杀长立幼”“诛锄骨肉”“蒙蔽”“弑逆”种种事情都弄全了，这也可见得“君主政体”的流弊。② 但是在漫漫长夜的农业文明时代，加上中原还不时受到北方游牧民族的袭扰，一时找不到更好的社会管理体制。唐代更是重演了“吕后称制”的故事。

社会思潮往往受到统治者个人思想观念的左右。古语云：“楚王好细腰，宫女多饿死。”《共产党宣言》认为，任何一个时代的统治思想始终都不过是统治阶级的思想。③ 主政者的思想不仅仅写在史书上、记在《起居注》上，有时先例是最好的榜样。史学研究表明，李氏家族不仅有鲜卑族的血统，甚至与突厥部落有着千丝万缕的联系。比如，在智退突厥的“渭水之盟”中，唐太宗曾亲自到离长安40里的渭水便桥边，“与颉利隔水而语，责以负约。突厥大惊，皆下马罗拜”④。最终与其达成媾和，这说明唐太宗是通晓突厥语的。再者，唐太宗对萧瑀能说出“将欲取之，必固与之”之类的话，说明他是熟读《老子》的。以道家思想治天下，从唐太宗的《令道士在僧前诏》到前蜀

---

① 李玉安，黄正雨．中国藏书家通典［M］．香港：中国国际文化出版社，2005：56.

② 吕思勉．中国通史［M］．北京：中国致公出版社，2011：132.

③ 中共中央编译局．马克思恩格斯选集（第一卷）［M］．北京：人民出版社，1995：292.

④ 徐安怀，郑英树．资治通鉴（现代版）［M］．成都：巴蜀书社，1996：745.

杜光庭的《道德真经广圣义经》①，说明有唐一代以“道”治天下绝非虚言，上至皇帝下到百姓（杜光庭早年也是一介书生，因屡试不第，乃入道门，后遂成名），对此是深信不疑的。②

抛开所谓的血统因素，单单从南北朝时武将擅权谋反、帝位继承的无章可循、太后临朝称制的频频出现可以推断：唐王朝统治者从其行为方式到潜意识还没有摆脱“贵族政治”“武人篡位”的传统。统治者仅仅是在取得政权后把儒家学说当作治国之门面，而自己是很少受其掣肘的。这一点可以说是毫无疑义的。从“五胡十六国”到杨广杀太子继父位，北方游牧民族的习俗对帝国的影响是深远的。北朝时一些王朝一度拒绝汉化，反而要求汉人鲜卑化，比如北周时杨坚（即后来的隋文帝）就有一个鲜卑名字叫作“那罗延”。

因此，隋唐之际李渊的“武将篡位”、李世民的“子篡父位”的习惯性举动是受到前代政治上“惯例”的“熏陶”，而且又对整个李唐王朝产生了深远的影响。从唐太宗去世、李治登基（649 年），再到永徽六年（655 年）李治立武则天为后，二者仅相距 6 年，朝廷的政治格局发生了天翻地覆的变化：唐太宗遗诏所定的顾命大臣长孙无忌、褚遂良等因坚决反对废王

① 《道德真经广圣义经》实际上就是一本治国理政指南书。下文将会列举一些要义进行说明。此处借鹖冠子在教育庞煖的时候必须具备的“九道”作一简要介绍：“一曰道德，二曰阴阳，三曰法令，四曰天官，五曰神徵，六曰伎艺，七曰人情，八曰械器，九曰处兵。”能成为道家的人必须是全面的人才，这就将道家思想上升到治国理政的高度。《鹖冠子》是道家类著作，兼及法家与兵家，传为战国时期楚国隐士鹖冠子所作，有三卷十九篇。

② 另外，从这次渭水之盟的经过来看，从一开始的“黑云压城城欲摧”，到后来的“也无风雨也无晴”，充分说明了唐太宗懂兵法，其胆识是远远超越常人的——“俄而诸军继至，旌甲蔽野，颉利见执失思力不返，而上挺身轻出，军容甚盛，有惧色。上麾诸军使却而布陈，独留与颉利语。”他对上来极力劝谏自己不要轻敌的萧瑀说：“吾筹之已熟，非卿所知。突厥所以敢倾国而来，直抵郊甸者，以我国内有难，朕新即位，谓我不能抗御故也。我若示之心弱，闭门拒守，虏必放兵大掠，不可复制。故朕轻骑独出，示若轻之；又震曜军容，使之必战；出虏不意，使之失图。虏入我地既深，必有惧心，故与战则克，与和则固矣。制服突厥，在此一举，卿第观之！”是日，颉利来请和，诏许之。上即日还宫。乙酉，又幸城西，斩白马，与颉利盟于便桥之上。突厥引兵退。参见：徐安怀，郑英树. 资治通鉴（现代版）[M]. 成都：巴蜀书社，1996：745.

皇后而先后被贬官，死在贬所。武则天非名门望族出身，是他们攻击的主要理由。[①] 自南北朝以来，庶族的崛起是大势所趋，李治的这一举措无疑是符合时代潮流的。

李治在位时，不仅中国疆域是唐朝时期最为广阔的，而且在文化方面也很有作为，如大力完善并提倡科举制度以选拔人才。李治在位期间编定了《唐律疏议》，这是一部可以与西方的《罗马法》并称的、对后世及当时周边国家产生极为深远影响的法典。曾经有一年，唐朝监狱中在押的犯人只有五十多个，其中只有两人需要判死刑。[②] 另外，他还相信比较可靠的传统中医学，命药学家苏敬编写了《唐本草》行世。这是世界上第一部由国家正式颁布的药典。如果洗去司马光喷在李治身上的颜料，从历史的原典著作中基本上可以看出他是一位思想开放、唯才是举、无意中倡导了女性解放运动的开明君主。

作为李治皇后的武则天从幕后走到了前台。她“临朝称制”期间，对出版文化事业尤为热衷。早在辅佐李治时（上元元年，即公元674年），她就上表言事，所编《兆人本业》农书颁行天下，影响很大，虽然唐朝有很多的抄书手，贞观二年（628年），唐王朝组织过2000人规模的抄书活动，但这毕竟是偶一为之的事。从武后凡事敢为天下先的性格来推断，《兆人本业》也存在运用新的生产方式——雕版印刷的可能。武则天在称帝前后也积极活动，利用宗教、图书出版等为自己造势。因此，出版史上也留下了她辉煌的一笔。戚福康先生在《中国古代书坊研究》中认为，雕版印刷的正式发明就与其有着密切的联系：

---

① 褚遂良坚决反对的理由是“皇后名家，先帝为陛下所娶”。轻易废后，是“违先帝之命”，即使“欲易皇后，伏请妙择天下令族，何必武氏”。见《资治通鉴》卷一九九《高宗永徽六年》。王皇后出身名门大族，武则天出身低微。这种门第观念反映着士族与庶族的矛盾。在《资治通鉴》中，司马光对武则天颇有微词。

② 刘博，杨柳．唐高宗不是窝囊废[J]．芳草：经典阅读，2011（7）：70—71.

持“唐初武则天时期说”的学者最多①，历史文献记载也较多。尤其是在公元1966年，在韩国庆州佛国寺释迦塔中发现了其中刻有武则天“制字”的《无垢净光大陀罗尼经》一卷后，许多学者认为唐代武则天时期发明雕版印刷术最为可信。② 另据日本学者长泽规矩也所撰的《和汉书的印刷和它的历史》一文中也提到了日本收藏的新疆吐鲁番出土的武则天在位期间（公元684年—公元704年）所刻印的《妙法莲华经》（书内也有“制字”数个）。

著名的印刷史研究专家钱存训先生在其《纸和印刷》一书中据此断定中国印刷术的发明时间为七世纪。③

其实，这些推论有着合理的逻辑，因为武则天虽然出身不是望族，但也算是官宦之家，称帝后又定都在文人荟萃、出版业发达的洛阳。她在太宗逝世、赴感业寺出家为尼时就可能对民间的雕版印刷有一定的了解和接触。因此，当她后来以李治皇后的身份“临朝称制”时改名为“曌”，也就不稀奇了。其他制字如以“囝”代“月”字，以“囸”字为“日”字，也有“授”等共18个左右。④ 中国自仓颉造字以来，也只有这位女皇帝能想得出这些字来。武后称帝时定都为洛阳。因此，《无垢净光大陀罗尼经》等印刷品在洛阳印刷无疑。

由于武后一反唐初国策，把佛教置于道家和儒家之前，因此佛经、佛像在唐代的空前流行不仅带动了雕版印刷的发展，也使广大的民众接触到了文字，起到了一定的思想启蒙作用，用当时的话来讲，即“开化”。

---

① 戚福康师原著持“唐初武则天时期说”，但他后来认为“唐初说”或“唐初后期说”最为合理，因此这一句子应改为“持‘唐初说’‘武则天时期说’的学者最多。”参见：戚福康．中国古代书坊研究［M］．北京：商务印书馆，2007：43—44．

② 李致忠先生在其《古代版印通论》第三章第三节“《无垢净光大陀罗尼经》译刻考辨”中已详细考证此佛经为中国雕版印刷品，非韩国所产。

③ 钱存训．中国纸和印刷文化史［M］．桂林：广西师范大学出版社，2004：134．

④ 陆锡兴．论武则天制字的几个问题[J]．中国文字研究，2011（1）：120—127．

武后之子唐中宗更是把在庐陵生活的习惯带到了宫中①，景云三年（709 年），“（中宗）及皇后幸玄武门，观宫女拔河，为宫市以为嬉”。不仅如此，打马球也是中宗李显喜爱的活动，三品以上的文武官员不会打马球的参与拔河。唐中宗不仅“烽火戏诸侯”式地用体育活动戏弄德高望重的宰相，还纵容韦后、安乐公主、上官婉儿等卖官鬻爵……可见李唐王朝已经“礼崩乐坏”到何等的地步了。据史料记载，唐中宗仅由吏部员外郎李朝隐一人暗箱操作，通过非正常渠道任命的“斜封官”② 就高达 1400 余人。6 年的胡乱作为后，唐中宗甚至被女儿和妻子毒死于宫中……唐中宗的“斜封官”后患无穷，他的弟弟睿宗继位后不久就退位，把这个烫手山芋扔给了儿子李隆基。李隆基就是后来的唐玄宗，他平定了后宫之乱后任用宋璟、姚崇等做宰相，一时政治清明了许多。然而到了晚年，他又重蹈祖先覆辙——死了钟爱的武惠妃之后，居然将做了儿子媳妇的杨玉环送进道观，然后又接回宫里封为自己的妃子；肆意重用李林甫、杨国忠等奸臣……这些胡作非为直接导致了安史之乱。历经 8 年的战乱后，大唐王朝由盛转衰，此后大多处于军阀割据的状态。

由此可见，唐王朝初期对于儒学的提倡——让“天下英雄入吾彀矣”的设想并没有使儒学真正地成为统治者的治国理政首选方针。中原地区在西晋之后的数百年里，儒家学说

① 唐中宗比他父亲还要懦弱，因甫一登基即欲重用其岳父为侍中（相当于宰相），对抗武则天而在两个月后被废除。先后被软禁于均州（今湖北省丹江口市均县镇附近）、房州（今湖北省房县）14 年。古均州得名于均水，早在石器时代就有人类活动。1958 年，因修建南水北调工程而沉在了汉江丹江口水库底部。

② 唐朝选拔官员有严格的体系，选拔前看是否符合“标准”（既要有才华，也要求长相俊美），进入遴选之后必须“走程序”，任命后有考核（即所谓的“四善二十七最”）。文官由中书省、门下省的宰臣铨选，由于他们原则性强，由唐中宗及皇亲国戚推荐的官员大多不符合任职条件。“他采用变通手法，不经过二省而私自封官。由于底气不足，他所装置诏敕的封袋，不敢按常规格式封发，而改用斜封；书写‘敕’字，也不敢用朱笔，而改用墨笔。当时，人们称之为‘斜封墨敕’，所任命的官员叫作‘斜封官’。”参见：陈良．徇私封官惹祸患[J]．学习月刊，2014（11）：55.

的式微并不能马上得以勃兴，佛道的浸染、其他民族思想的掺入既造成了所谓的“大唐气象”，又使国家陷入了动荡和混乱。李治夫妇对于士族的打击、对于寒门子弟的提拔为五代时期平民阶层的崛起一定程度上起到了先导的作用。另外，佛教的兴盛为印刷出版事业带来了发展机遇。这些普度众生的佛像、经书在传播教义的同时也促进了文化知识的传播，一定程度上也可以说开启了“民智”，为教育事业在后代的大发展奠定了基础。

二、唐代民间思潮的变化与出版方式的转变

关于以长安为代表的官方修史、撰书之类的叙述，曹之所撰的《中国出版通史·隋唐五代卷》中有备述。下面我们着重从民间思潮的变化、出版方式的转变中寻找一点历史的蛛丝马迹。

上文提到，脱胎于鲜卑族拓跋氏北朝的隋唐究其根本是掺有少数民族血统的贵族建立的中原朝廷。统治者其实对儒家文化中的核心观念，如长幼、尊卑、男女，是很不在乎的。历来有篡位习惯的君主，在登上皇位后，面对宫闱之乱、女人干政、宫廷政变，都觉得似曾相识而又束手无策。《资治通鉴》卷二百九载：

> 上御梨园球场：命文武三品以上抛球及分朋拔河，韦巨源、唐休璟衰老，随絙踣地。久之不能兴。上及皇后，妃、主临观，大笑。①

这种以消遣宫女和群臣为乐的游戏、在宫廷中开设交易市场的黑色幽默大大稀释了皇权的严肃性和权威性。消解君臣礼仪的游戏一有开端，便难以收拾。葛兆光先生认为，“臣事君

① 葛兆光. 中国思想史（第2卷）［M］. 上海：复旦大学出版社，2015：11.

以忠，君使臣以礼”的原则已在这种戏谑中被瓦解了。① 换言之，君臣之间必须保持适当的距离，以保证皇权的威严。② 而李显在房州、均州的14年的软禁生涯让他丧失了在都城长安接受政治训练的机会。远在京城的政变（704年）一下子让他重登皇位，这幸福来得实在太突然。他“理所当然”地兑现自己对妻子的承诺，就清晰地表明他根本不懂得“权变”二字的深刻含义，因而也不是一个合格的皇帝。如果他母亲的考核成绩是60~70分，他只有0~10分。

到了唐玄宗当政初期，重建思想与秩序的愿望一度十分强烈，他不仅下令淘汰僧尼、廷试天下县令，还诏令群臣整理四部图书，由元行冲编写了《群书四录》，并建丽正书院，聚文学之士，以为天下表率。这样一来，“上天—君王—大臣—民众”四者的秩序似乎又重新建立了起来。

然而，无论是唐中宗式的“自我消解”，还是已经从愚昧中解放的民众对权贵、财富的主动“消解”，随着图书的普及、雕版印刷术的流行、文化知识的普及，一场民间的自我解放、自我启蒙运动似乎已经悄然开始了。

这些思想的苗头都不同程度地反映到了当时的出版活动中。例如，生活在唐高宗及武则天年间的著名诗僧王梵志创作了大量的白话文诗作。这些诗文往往通过手抄口诵的方式在佛教徒及民众间传播。其浅显而幽默的语言充满了人生哲理，可

---

① 葛兆光. 中国思想史（第2卷）［M］. 上海：复旦大学出版社，2015：11.

② 美国心理学硕士邓肯发现：1.2米是现代人与人之间的安全距离。除非是特别信任、熟悉或者亲近的人，否则无论是说话还是其他交往，超过了这个距离，都将使人产生不安全的感觉。他把距离分为四种：1. 亲密距离（0.15米~0.44米）：人际关系中的最小距离，在这个范围内的人属于可以促膝谈心、亲密无间的关系。2. 个人距离（0.45米~1.2米）：属于人际交往中稍有分寸感的距离，彼此肢体接触不多，朋友与熟人都属于这一距离，如果是比较熟悉的，彼此距离更靠近0.45米。3. 社交距离（1.2米~2.1米）：这个距离在社交或礼节上显得比较正式，正式场所、社交聚会上人们大多会保持这种礼貌的距离。4. 公众距离（3.7米~7.6米）：一般是毫不相干的陌生人之间的距离，也是公开演说者和观众的距离。在这个范围里，人与人之间可以不发生任何联系，甚至可以对彼此视而不见。也有人认为1.2~3.5米是社交比较适宜的距离。

谓“跳出三界外，不在五行中”。其诗常常将权贵、土财主、富商们戏谑得一文不值。例如：

城外土馒头

城外土馒头，馅草在城里。
一人吃一个，莫嫌没滋味。

他家笑吾贫

他家笑吾贫，吾贫极快乐。
无牛亦无马，不愁贼抄掠。
你富户役高，差科并用却。
吾无呼唤处，饱吃长展脚。
你富披锦袍，寻常被缠缚。
穷苦无烦恼，草衣随体着。①

类似的还有寒山、拾得这样的诗人。② 寒山，据一些学者的考证，极有可能是隋代的贵族后裔。他参透儒、释、道，一度在远离政治中心的浙江云台山修行。③ 他的“出版方式”比较奇特：常常把诗写在天台翠屏山的岩石、树皮上，甚至是地上，写完就走。有“好事者”将它一一记录下来，才得以结集成稿，流传开来。他对宗教中出现的一些急功近利的现象进行了猛烈抨击，戳破了一些假教徒的功利面目，如《摘录一》；他更把七八世纪的名利场、普通民众的不觉悟讽刺得入木三分，如《摘录二》。

---

① 孙建军，陈彦田．全唐诗选注[M]．北京：线装书局，2002：5089，5092.

② 寒山（生卒年不详），字、号均不详，唐代首都长安（今陕西西安）人。出身于官宦人家，多次投考不第，后出家，三十岁后隐居于浙东天台山，享年一百多岁。这位富有神话色彩的唐代诗人曾经一度被世人冷落，然而随着20世纪的到来，其诗却越来越多地被世人接受并广泛流传。正如其诗所写：“有人笑我诗，我诗合典雅。不烦郑氏笺，岂用毛公解。”

③ 严振非《寒山子身世考》以《北史》《隋书》等大量史料与寒山诗相印证，指出寒山乃为隋皇室后裔杨瓒之子杨温，因遭皇室内的妒忌与排挤及佛教思想影响而遁入空门，隐于天台山寒岩。钱学烈认为寒山是个“联翩骑白马，喝兔放苍鹰”的富家子弟。青年时进京参加科举考试，因相貌不够“丰伟”而一次次地落选。见《寒山诗校注》，广东高等教育出版社1991年版。

摘录一

语你出家辈，何名为出家。奢华求养活，继缀族姓家。
美舌甜唇嘴，谄曲心钩加。终日礼道场，持经置功课。
炉烧神佛香，打钟高声和。六时学客舂，昼夜不得卧。
只为爱钱财，心中不脱洒。见他高道人，却嫌诽谤骂。

摘录二

三界人蠢蠢，六道人茫茫。贪财爱淫欲，心恶若豺狼。
地狱如箭射，极苦若为当。兀兀过朝夕，都不别贤良。
好恶总不识，犹如猪及羊。共语如木石，嫉妒似癫狂。
不自见己过，如猪在圈卧。不知自偿债，却笑牛牵磨。
人生在尘蒙，恰似盆中虫。终日行绕绕，不离其盆中。

从寒山子的诗中我们可以看到一个大写的人，一个精神世界超越世俗、出佛入道的老庄式人物。他不仅受到当时一些官员的崇拜（如贞观年间的台州刺史闾丘胤，曾作《寒山子诗集序》），还在20世纪初受到日本人的喜爱，而20世纪60年代美国的“嬉皮士”更是欣赏他“随兴、无为、不修边幅的隐士风格”，把寒山当作嬉皮士的鼻祖。

王梵志、寒山子等人的思想如空谷足音，大音希声，从他们的诗作身上我们可以看到独立人格的高尚与可贵，仿佛听到了在唐代社会个体生命的人格拔节成长的声音。这些在当年被官方视为非主流的暗火只是在民间局部地流行而自生自灭，有没有比他们更为隐逸、更为卓绝的人物呢？也许会有，也许他们没留下文字，也许他们的文字在历代的战火中已化为灰烬而未能传世。因而只有把思想赋予诗作表达出来，并以某种载体出现，即使写在纸上、石头上，只要“出版”了、传播了，就被赋予了社会意义，并成为中华文化的一块瑰宝。

三、唐代的四大出版中心

唐代的出版中心主要有两个：一是长安，二是洛阳，这是

第一层级的“中央”级的出版中心。另外还有成都、扬州等地，这是地方性的第二层级出版中心。

长安出版中心的地位是与其作为国都的政治文化中心分不开的，不仅官方的出版机构（如集贤院、弘文馆、崇文馆等）都设立于此，官方主持的大规模的译经、编书、抄书、藏书等活动也在长安进行，而且由于佛经、佛像、日历的印制活动，长安也集聚了大量的雕版、印刷类的技术人才，因此长安可以称得上是名副其实的出版中心。同样，作为东都的洛阳是隋唐大运河的南北枢纽、传播佛教的主阵地、王公贵族的后花园、文人墨客的聚会之所，如杜甫、李白就晤于此地。因此，洛阳作为出版业的地位也仅次于长安，书铺也很多，吕温（771—811）就因为好友崔仁亮在贞元十四年（798 年）洛阳的南市上买了一册上官婉儿的《研神记》一卷，写下了这样的文字：“君不见洛阳南市卖书肆，有人买得研神记。纸上香多蠹不成，昭容题处犹分明，令人惆怅难为情。”（《全唐诗》卷三百七十一）至于《研神记》是刻印的还是手抄的，不得而知。

但我们从另外两个事例中可以推断当时洛阳刻书已兴起，而且很有可能已有一定程度的发展。书坊业是刻书的主体，雕印《研神记》之类的文艺书籍买卖自然有很大的市场，是乐而为之的事。一是武周末年，洛阳佛授记寺翻经院奉诏翻译《无垢净光大陀罗尼经》，于长安元年（701 年）正式译出。据智升《开元释教录》卷九载，此经译毕进奏后，武则天非常高兴，重赏译者，并于第二年（702 年）在洛阳开雕刊行。① 二是唐文学家司空图《司空表圣文集》卷九有《为东都敬爱寺讲律僧惠确化募雕刻律疏》一文，题目下小注“印本共八百纸”，这也说明惠确要刻印佛经，主要是缺乏经费，故欲借司空图之声望募集资金，委托书坊刊印，而不是自己动手或自己组织人手雕印。②

① 潘吉星．中国科学技术史：造纸与印刷卷[M]．北京：科学出版社，1998：296.
② 戚福康．中国古代书坊研究[M]．北京：商务印书馆，2007：55.

因此，当时的洛阳书坊已很多，自汉朝以来数百年的老店已积累了足够的人气、财力和技术，对印刷技术进行改造，从而促使雕版技术日益进入了大众市场。

而成都和扬州一般被认为是民间出版物的集散中心，尤其是日历、佛像之类的通俗出版物已经采用雕版印刷而广为流传。雕版印刷在隋唐时期就已出现了，因最早为民间所发明，故难以有确切记载。《册府元龟》卷一百六十《帝王部·革弊第二》记载了这么一件事：

> （大和）九年（835年）十二月丁丑，东川节度使冯宿奏：准敕禁断印历日版。剑南两川及淮南道，皆以版印历日鬻于市。每岁司天台未奏颁下新历，其印历已满天下。有乖敬授之道，故命禁之。

剑南两川，指剑南东川和剑南西川，唐至德二年（757年）分置。剑南西川，又称益州，其政府所在地为成都，古称天府之国，人口达286多万，约占全国的1/5强。加上经济发达、造纸业先进，又是唐代帝王的两次南逃偏安之地，带来了大量的官员和包括出版从业人员在内的大量人才①以及先进的科学技术，为成都的出版印刷业的繁荣奠定了基础。② 剑南东川节度使治所在梓州（今四川三台市），辖区为四川盆地东中部，包括现在的重庆、遂宁、安岳、中江、三台等地。

淮南道，相当于现在的江苏省中部、安徽省中部、湖北省东北部和河南省东南角，即淮河以南、长江以北和湖北应山、汉阳以东的江淮地区，治所在扬州（今江苏扬州市）。③ 扬州在唐代是大运河的重要枢纽，也是唐代陆上丝绸之路中断后的

---

① 与之相印证的是，长安的一部分人才流落至敦煌后给敦煌带来音乐、舞蹈、壁画以及雕版印刷上的空前繁荣。敦煌石窟中保留下来的大量图书、壁画等足以证明。

② 曹之．中国出版通史：隋唐五代卷［M］．北京：中国书籍出版社，2008：342—343.

③ 秦灭巴、蜀后在四川推行郡县制，在原巴蜀地区设置了巴郡和蜀郡。唐太宗贞观元年(627年)，废除州郡制，改益州为剑南道，治所位于成都府。因位于剑门关以南，故名。至757年，将原来的剑南节度使分为剑南东川节度使和剑南西川节度使。

四大海港之一①，更是全国的盐业中心，商业非常发达，因而民间发明的雕版印刷在此地大行其道也就不稀奇了。

因此，通过上述文字的梳理，我们可以看到：唐代后期到五代时期出版中心的演进大致存在这样的两条轨迹：

长安→成都→【东川→长江中部（如荆楚）】

洛阳→扬州→【金陵＋苏州→杭州→闽中】

因此，可以肯定地说，晚唐时期，经济较为发达的江南地区就有了雕版印刷这一新型的出版方式了。

唐代末年，军阀混乱，社会动荡，百业萧条。文化出版事业也如星星之火，散于四方，如成都、敦煌、杭州、闽等地。从民间出版的佛像、历书、诸子文集，到官方出版的儒家经典，在这一时期大多齐备了。专业分工更是把出版事业推向新的发展阶段，坊刻、私刻、官刻三大出版体系在此时已经初步形成。寺院在这一出版浪潮中也起着推动作用，如瓜州、沙州（今敦煌）、杭州的刻印佛经活动规模就很大。它不仅为宋代出版业的大繁荣作了技术上、人才上的准备，更对东南亚及世界的文化交流产生了深远影响。

张秀民先生在《中国印刷史》中曾详细地考证了五代刻书的地点，如成都、瓜州、沙州、青州、杭州等地。其实，其他传统的出版方式，如抄书的活动，仍在全国各地比较流行。一个明显的例证即敦煌石窟中的传世经典，有九成是以抄写的方式完成的，有的书手抄写完了还在卷子末尾写上自己的大名或作一首打油诗："今日书写了，合有五斗米，高代（贷）不可得，环（还）是自身灾。""写书今日了，因何不送钱？谁家无赖汉，回面不相看。"②

---

①　怛罗斯之战（Battle of Talas，怛，音 dá）是唐玄宗时李唐王朝势力与阿拉伯帝国势力在中亚相遇而导致的战役。怛罗斯所在地众说纷纭，大致在葱岭以西、接近哈萨克斯坦塔拉兹的附近地区。战役发生在 751 年 7 月至 8 月间（唐玄宗天宝十年）。高仙芝领导的军队被艾布打败，中国向西通向地中海的陆上丝绸之路基本终于此点。4 年后安史之乱爆发，吐蕃占领了河西（今天的甘肃东部和中部）、陇右地区（今天甘肃南部和青海东北部），陆上丝绸之路完全中断。

②　http：//public. dha. ac. cn/content. aspx？ id＝549755185516. 杨秀清：《唐宋时敦煌的那些熊孩子——习字抄书，也有抱负；常想女孩，讽师戏友》

全国各地雕版印刷的产品多以佛像、佛经、道家经典等宗教类图书为主。由于远离唐朝的政治中心，成都和扬州因而在这一方面不大受官方制约，雕版印刷得到了迅猛发展，以至于私印日历这种事情屡见不鲜，以致酿成诉讼。

下面我们着重谈一下成都、扬州、杭州等地的出版及文化流变。

第二节　蜀中刻书之盛："扬一益二"+"二帝幸蜀"

现在人们提起蜀国，一般都要愣一下，因为这个存在于1000多年前的小朝廷往往为人们所忘记，然而提起成都，提起花蕊夫人（其传诵千古的名句为"二十万人齐解甲，宁无一个是男儿"），提起《花间集》，提起"尔食尔禄，民脂民膏，下民易虐，上天难欺"，思维的触角仿佛一下子就穿越到了那个杜甫所称颂不已的"花重锦官城"。

是的，因为扬州在唐末历经多次烧杀掳掠而几乎成为废墟，成都——这个唐代排名第二的经济重镇，其一度成为唐朝版图上最大的都市。虽然在唐末和五代时期也偶尔有小规模的战争，但与中原地区动荡相比，实在是微不足道。自从20世纪初，王国维写《闽蜀浙粤刻书丛考》，人们才发现，原来蜀地的出版印刷业是中国的执牛耳者，曾经创造了中国文化史上的奇迹。

一、成都成为五代时期出版中心的原因

五代初年刻书之盛，首推蜀地的成都。原因有以下几个方面。

一是唐代时成都的出版业就已相当发达，尤其是晚唐时期。由于成都重要的经济地位（盐业特别发达），唐代中晚期有"扬一益二"的说法。成都在唐代就与长安、洛阳、扬州、

江东、江西等地并称为七大出版中心。① 由于唐代中晚期中原地区连年的战乱，唐玄宗及唐僖宗率领大量文官武将来到蜀地，给成都带来了大量的文化典籍和读书人，造成社会对图书的需求也大大增加，故后人多称“蜀典章文物，均有唐之遗风”。② 安史之乱的第二年（756 年），唐玄宗来到蜀郡成都，给当地留下了大量的文物遗存。1944 年在成都望江楼附近唐墓中出土《陀罗尼经咒》，其题名为“成都府成都县龙池坊卞家刻”，学者推测，其出版时间最早当为“至德二载（757 年）”③，见图 1、图 2。战乱中被刀剑砍伤、流落到成都的柳玭（柳公权侄孙，著名藏书家，官至五品，负责给皇帝起草诏令）在《柳氏家训序》中云：“中和三年（883 年）癸卯夏，銮舆

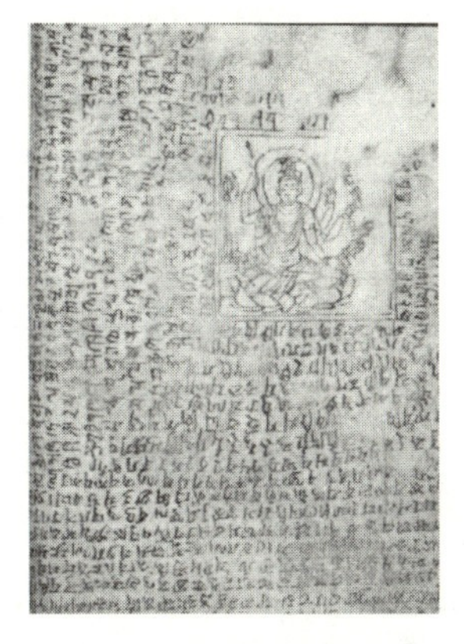

图 1　成都府成都县龙池坊卞家刻《陀罗尼经咒》④

图 2　《陀罗尼经咒》局部⑤

---

① 张秀民，韩琦．中国印刷史[M]．杭州：浙江古籍出版社，2006：17.

② 张秀民，韩琦．中国印刷史[M]．杭州：浙江古籍出版社，2006：32.

③ 该经咒长 31 厘米，宽 34 厘米。此经咒刻本上有“成都府成都县龙池坊卞家印卖咒本”字样，而成都于唐至德二载改称“府”，所以此经咒刊印当在其后。在佛教信仰中，诵此咒者能消灾袪病，持此咒者有天神庇护。这件印本从墓主手臂所戴银镯内取出，可见此咒在当时广泛流行。具体可参见中国国家博物馆网站，本书图 1 和图 2 出自 http：//www. chnmuseum. cn/Default. aspx？TabId = 212&AntiqueLanguageID = 732&AspxAuto DetectCookie Support = 1JHJ。另见：白化文．优秀刻工雕版留名[N]．中国文化报，2014 - 04 - 18.

④ http：//www. chnmuseum. cn/tabid/212/Default. aspx?AntiqueLanguageID = 1704

⑤ http：//www. chnmuseum. cn/tabid/212/Default. aspx?AntiqueLanguageID = 1704

在蜀之三年也，余为中书舍人。旬休（唐代官员，每十天休息一天），阅书于重城之东南。其书多阴阳杂记、占梦、相宅、九宫五纬之流，又有字书小学，率雕版印纸，浸染不可尽晓。”① 由此可见，唐代后期成都地区已有相当规模的印刷作坊，印本图书种类已相当广泛。这段引文说明了三个问题：（一）柳玭的视角是从上层官员切入的，采用的是一种“俯视”或“审视”的眼光，这说明他不太看得上这样的出版方式和出版物。（二）出版物中三教九流都有，说明传统文化中的阴阳学、风水学（相宅）、周公解梦（占梦）之类与百姓日常生活息息相关的图书是畅销书。九宫即九宫格，它的填写有一口诀：“九宫之义，法以灵龟，二四为肩，六八为足，左三右七，戴九履一，五居中央。”就是说，数字“5”是肯定要放在中心位置，其他任意三格加起来应该等于15。五纬即“金、木、水、火、土”五星，合称为五纬。这些都是小孩子的游戏书。（三）蒙童类图书已有印刷出版物了——“字书”“小学”都是学校必备的教科书。千年后的今天，已很难寻觅到五代时蜀国的原版书了。民国年间，涵芬楼影印的明代翻刻的五代蜀地刻本可以一阅。（见图3）

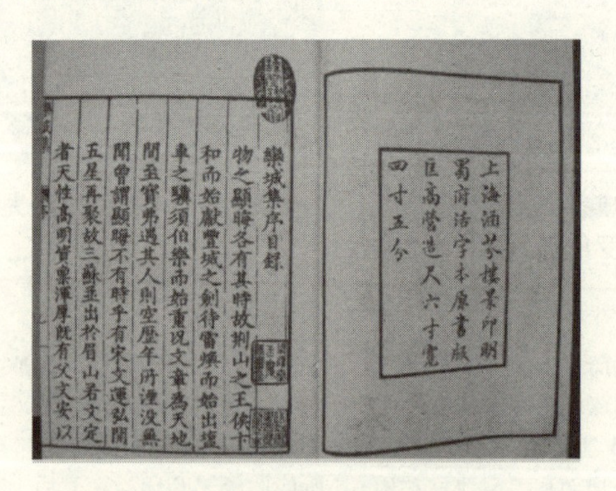

欒城集序目錄
物之顯晦各有其時故荆山之玉俟卞
和而始獻豐城之劍待雷煥而始出蓋
北之驥須伯樂而始重況文章為天地
間至寶弗遇其人則空歷年所湮沒無
聞曾謂顯晦不有時乎有宋文運弘開
五星再聚故三蘇並出於眉山若文定
者天性高明實稟渾厚既有父文安以

上海涵芬樓景印明
蜀府活字本原書版
匡高營造尺六寸寬
四寸五分

图3 明代翻刻的五代蜀地刻本②

① 李瑞良．中国古代图书流通史［M］．上海：上海人民出版社，2000：175．

② 老甯．中国古籍版本的主要类型、名称的入门知识．［EB/OL］（2017－1－30）http：//www.360doc.com/content1701300630654782_625376753.shtml．

二是社会稳定。成都偏安一隅，七十多年没有大的战争，即使政权发生更迭也没有引起大的社会动荡，手工业与农业的兴旺使社会有相当的物质基础来支持印刷业的发展。① 与此同时，中原地区藩镇割据、战乱不断、生灵涂炭，长安、洛阳等繁华之地经过多次洗劫、掠夺和焚毁，包括出版业在内的手工业遭到了严重打击。②

此时蜀地“杞梓如林，桑麻如织”的太平环境为出版业的发展创造了良好的外部条件。如前蜀被灭，也只是局部发生战争，王衍投降后，蜀地依然太平，“市不改肆”（即生意照样做，可见郭崇韬治军还是很有方略的，改朝换代对蜀地根本没有什么大的影响）。

三是蜀中文坛繁荣。蜀中地区在唐末五代时就人才辈出，如著名诗人韦庄、诗僧贯休、女诗人花蕊夫人等。后蜀赵崇祚所辑的《花间集》收录了18位诗人的500首作品，其中蜀地就有15人——诗人、词人众多，以至于自成风格，名曰“花间派”。③ 文士间的歌咏酬唱也间接推动了图书出版事业的发展。

四是图书贸易的发展。由于中原的战乱，成都成为当时中国最大的图书出版、印刷、贸易的集散地。④

---

① 如前蜀被灭时，后唐正陷于天灾人祸，打仗只有15天的军粮。而百姓多冻饿而死，士兵也忍饥挨饿，最终酿成兵变。一方面是李存勖吝啬财物，不肯救灾；另一方面，也因为中原地区久战，地荒民穷。而希望靠打仗发财的唐庄宗虽然从前蜀“得节度十，州五十三，县二百四十九，兵三万，铠仗、钱粮、金银、缯锦以千万计”。但由于没有治国良策，只是一味地贪图享乐，终究败亡。这也证明一个国家只有发展生产、用文化教育百姓，才可能长治久安。当然，对于“山高皇帝远”的蜀地而言，中原是骄兵悍将的练兵场。让这些中原“雄主”放下枪杆子，拿起笔杆子，委实不是一件容易之事。

② 早在安史之乱时，睢阳（今商丘）等地就发生过城池被围、粮尽食人之事。唐末这种悲剧反复在中华大地上演。天复元年（901年），韩全海挟持唐昭宗逃到凤翔。朱温围城一年多，城中粮尽，宫中每天都有人饿死，唐昭宗每天只能磨点豆子、麦子，喝点粥。人肉每斤值百钱，犬肉值五百钱。（《新五代史》卷四十《李茂贞传》）

③ 张秀民，韩琦．中国印刷史[M]．杭州：浙江古籍出版社，2006：32.

④ 谭红．巴蜀移民史[M]．成都：巴蜀书社，2006：145—146.

对于佛像、经书、日历、蒙求类图书，一旦市场有了需求，便会形成一个持续的供求关系。因此，这种图书的刊刻、印刷、交易便一直延续下去。到五代时期，前后蜀百姓都有这方面的文化需求，因而图书市场是比较旺盛的。如前蜀时期就有卖日历的行当，他们行走于街衢，反而对社会有更深的洞察力。《北梦琐言》云：

先是，司天监胡秀林进历，移闰在丙戌年正月，有向隐者亦进历，用宣明法，闰乙酉年十二月。既有异同，彼此纷诉，仍于界上取唐国历日。近臣曰："宜用唐国闰月也。"因更改闰十二月。街衢卖历者云："只有一月也。"其年十二月二十八日国灭。①

在后唐时国灭的前蜀政治腐败，其下场连卖日历的贩夫走卒都预测到了。卖日历的声称"只有一个月了"一话成谶，一个月后前蜀灭亡了。

二、成都刻书的特点：以私人为主，以子集为主

成都刻书的特点有两个：一是以私人刻书为主；二是以子集为主。

由于自唐代安史之乱起，成都就是李唐朝廷避难的大后方。公元 756 年，唐玄宗逃到蜀郡成都；120 多年后，公元 881—885 年，唐僖宗也在蜀地避难多年。因此，从经济的角度看，新增大量人口加重了蜀地人民的负担，但从文化传承的角度看，蜀地也得到了一定的发展。蜀地出版业有几个重要的人物，其中最著名的是杜光庭、任知玄和毋昭裔。当然，蜀地的出版事业的发展离不开前蜀、后蜀统治者的大力支持。

（一）王建的崇文与任知玄刻杜光庭道教图书

王建在唐灭自立为王时就发布了《郊天改元赦文》：

---

① 或作"只有一日"，参见：吴任臣．十国春秋[M]．北京：中华书局，2010：556.

国之教化，庠序为先；民之威仪，礼乐为本。废之则道替，崇之则化行。其国子监直令有司约故事速具修之。兼诸州应有旧文宣王庙，各仰崇饰，以时释奠。（《锦里耆旧传》卷一）

该文可视为王建的建国方针之一。他提倡儒学，兴建国子监，任用文人管理图书，客观上起到了延续文脉的作用。王建(847—918)，字光图，许州舞阳（今河南舞阳）人，少年时期是一个无赖之徒，以杀牛、偷驴、贩卖私盐为业，被乡里称为“贼王八”（可见“乌龟”这时名声开始转恶，“王八”这一不雅称号在唐代末年已逐渐流行）。后来，王建因为犯罪关在许昌的监狱里，后被狱吏私自放了。他就逃亡到武当山。山上的僧人处洪善于相面，他对王建说：“子骨法甚贵，盍（何不）从军自求豹变”，指点他前去参军立功，以求富贵。王建于是在河南淮阳参加了忠武军，后来当上了都头，在讨伐黄巢的战争中立了功，成为僖宗神策军的头领，后封蜀王。《全唐诗》卷八录其诗一首。

赠别唐太师道袭

丱岁便将为肘腋，二纪何曾离一日。①
更深犹尚立案前，敷奏柔和不伤物。
今朝荣贵慰我心，双旌引向重城出。
褒斜旧地委勋贤，从此生灵永泰息。

此诗约作于910年，文采并不出众，但考虑到他曾是一个不良青年且自学成才，也情有可原。此诗的主人公唐道袭是舞童出身，是王建在蜀地称王后的枢密使，可谓蜀国政坛之风云人物。因为与王建次子王宗懿（又名王元坦、王元膺）不和，被迫离开成都，任山南西道节度使，王建作诗向他道别。但是很

---

① 丱（guàn）岁：幼年之义。此句另见：吴任臣．十国春秋［M］．北京：中华书局，2010：659.

不幸，三年后唐道袭还是因为告发（一说为诬陷）王宗懿谋反而被杀。而王宗懿尽管也有国师级的杜光庭作为太傅进行教导，也没有改变其骄横跋扈的性格，因而在变乱中被杀了。

从《太平广记》卷四百四十《畜兽七》中的一则故事可以一探当时人们的思想：

王建称尊于蜀，其嬖臣唐道袭为枢密使，夏日在家，会大雨，其所蓄猫戏水于檐溜下。道袭视之，稍稍而长，俄而前足及檐，忽尔雷电大至，化为龙而去。

这一则戏水之猫化龙而去的怪异故事折射出佛道思想、鬼神的概念似乎仍然牢牢地占据着人们的大脑。① 王建喜爱读书，史称其“崇尚文学，留意书籍，有书目一卷传于世”②。

“国师”杜光庭更是勤于著述，试图从文化的角度来思考唐末变乱的根源。但这些书大多散佚了，只有一部 30 卷的《道德真经广圣义》因为雕版印刷广为传播，保存至今。909 年至 913 年，前蜀的眉州保胜军团练使任知玄花了 5 年时间在成都雕版印刷了杜光庭的《道德真经广圣义》30 卷，共 460 多版。这是蜀地道家学说的最早印刷出版物③，对于道教学术的流传有着极其重要的作用。开元年间，唐玄宗亲自策划编纂《琼纲经目》，收道经 7300 卷，又编纂《玉纬别目》2000 卷，惜毁于安史之乱。④ 后来太清宫道士们奉诏重新搜集、缮写散乱的《开元道藏》；至唐文宗大和二年（828 年），只编到

---

① 据《十国春秋》卷四十六，此事乃唐道袭后来死于非命的不祥之预兆。参见：吴任臣. 十国春秋[M]. 北京：中华书局，2010：660.

② 吴任臣. 十国春秋[M]. 北京：中华书局，2010：529.

③ 一般认为，唐代中晚期的《刘宏传》是中国最早的道教出版物。由唐代雁门人纥干泉任江南西道观察使（847—849）时刻的，印数达几千本。参见：张秀民，韩琦. 中国印刷史[M]. 杭州：浙江古籍出版社，2006：21.

④ 这些都是后世《道藏》的雏形，其中包括论集、科戒、符图、法术、斋仪、赞颂、宫观山志、神仙谱录和道教人物传记等。此外还收入诸子百家的著作，有些是已经失传的古籍，如有关医药养生之书、天文历法方面的著作等。因此，有些道士既深谙政治，又是养生家，通晓医术。东晋时的葛洪、陶弘景和唐代时的孙思邈既是道学家，又是医学家。

5300 卷，就逢上唐末的连年战乱。长安屡次遭到劫掠，有唐一朝所编纂的道教著作绝大多数毁于唐末的战火。杜光庭数次搜罗的道教图书都在战火中丢失了。他只能在避乱蜀地时重新编纂。①

杜光庭（850—933），字圣宾，号东瀛子，缙云（今浙江省丽水市）人，一说为京兆杜陵人。② 他是唐五代时道教的领袖人物，被誉为“学海千寻，辞林万叶，扶宗立教，海内一人”，在宗教、文学、书法等众多领域都做出了杰出的贡献，也是唐僖宗和前蜀王王建的帝佐之才。唐懿宗时，赴长安考进士未中，后到天台山入道。僖宗居长安时（873—880），闻其名，召为供奉麟德殿文章应制。881 年，随僖宗入蜀。后追随前蜀王建，官至户部侍郎，赐号传真天师，因王建去世，且厌恶官场恶斗，晚年辞官隐居四川青城山。他一生著作丰富，有《道德真经广圣义》《道门科范大全集》《广成集》《洞天福地岳渎名山记》《青城山记》《武夷山记》《西湖古迹事实》等。也有人认为唐代著名传奇小说《虬髯客传》系他所作。学界认为，《道德真经广圣义》是对汉唐以来老学思想的总结与发展，对道家思想的发展起着承前启后的作用，因此该书的印刻与传播意义非凡。该书的印板藏于龙兴观，以供印造流行，信道教的人要想得到这部书，要出钱出物，布施给道观。郑士德认为，这实际上是一种变相的商品交换。③ 尽管如此，任知玄、杜光庭对于文化的传承和出版事业的推动是值得肯定的。杜光庭的一些著作名为宣扬道家思想，实则对于社会的教化有着相当的针对性，如他在书中认为：

---

① 《道藏》并不是道教经典的简单汇集，一般按照南朝道士陆修静创立的“三洞四辅”的分类原则编纂。参见：张勇. 杜光庭[M]. 昆明：云南教育出版社，2012：60—62. 王瑛、孙亦平、罗争鸣、蔡堂根等对杜光庭也颇有研究。

② 对杜的籍贯，持缙云人观点的主要有董浩、鲁迅、王瑛等，北宋陶岳在著《五代史补》时的“京兆杜陵人”（长安人）的观点可能不确切。

③ 郑士德. 中国图书发行史[M]. 北京：高等教育出版社，2000：182.

夫此道德二字者，宣道德生畜之源，经国理身之妙，莫不尽此也。①

杜光庭从经世致用角度列出《道德经》“教”的内容共38条：

第一，教以无为理国。

第二，教以修道于天下。

第三，教以道理国。

……

第十一，教诸侯以正理国。

第十二，教诸侯政无苛暴。

第十三，教诸侯以道佐天子，不尚武功。

……

第十八，教以理国、修身、尊行三宝。经云：我有三宝，保而持之。一曰慈，二曰俭，三曰不敢为天下先。

第十九，教人修身曲己则全，守柔则胜。

……

第三十八，教人体道修身，必获其报。②

由此可知，杜光庭虽然名为道家，但其思想还是儒道合一的。因为从杜氏的《道德经》看出，道家的“修身、理国”即儒家的“修身、齐家、治国、平天下”，二者都主张克制个人的私欲，以利于国家的长治久安。他有两首宝塔诗赋，一为《纪道德》，一为《怀古今》，世间广为传诵，兹录一首如下。

---

① （汉）河上公，（唐）杜光庭等注．道德经集释［M］．北京：中国书店，2015：543.

② 涂文涛．四川教育史（上册）［M］．成都：四川教育出版社，2007：543—546．这些教义对前蜀的种种社会乱象——君主王衍荒淫无度、顾命大臣专权误国、后宫外戚卖官鬻爵……都有很强的针对性。可惜这位前蜀二世不听劝告，没有几年就亡国了。

纪道德①

道，德。

清虚，玄默。

生帝先，为圣则。

听之不闻，抟之不得。

至德本无为，人中多自惑。

在洗心而息虑，亦知白而守黑。

百姓日用而不知，上士勤行而必克。

既鼓铸于地坤品物，信充仞乎东西南北。

三皇高拱兮任以自然，五帝垂衣兮修之不忒。

以心体之者为四海之主，以身弯之者为万夫之特。

有皓齿青娥者为伐命之斧，蕴奇谋广智者为盗国之贼。

曾未若轩后顺风兮清静自化，曾未若皋陶迈种兮温恭允塞。

故可以越圆清方浊兮不始不终，何止乎居九流五常兮理家理国。

岂不闻乎天地于道德也无以清宁，岂不闻乎道德于天地也有逾绳墨。

语不云乎仲尼有言朝闻道夕死可矣，所以垂万古历百王不敢离之于顷刻。

《道德经》也可以被理解为“得道经”，讲了很多道理和事物发展的规律，“百姓日用而不知，上士勤行而必克”。杜光庭达则辅佐君王（前蜀王王建），退则独善其身（蜀后主王衍荒诞不经，杜光庭遂辞官隐居青城山），因而躲过很多天灾人祸。从其著作可以看出儒学与道家已是合二为一了。他甚至与诗僧贯休过从甚密。

一日（贯休）与杜光庭并辔道中，贯休马忽奔蹶（坠粪），光庭连呼：“大师，数珠落地！”贯休曰：“非数珠，盖大还丹耳。”②

---

① 此诗赋版本较多，也有作《纪道德赋》。诗中文字，“地坤”或作“乾坤”，“信充仞”或作“信克仞”，“仞”也有作“轫”的。“三皇”有作“三星”，“五帝”或作“五常”。“以身弯之”或作“以身任之”“以身doubled之”。“允塞”或作“朝夕”，“故”作“政”，“天地于道德”中“于”或作“非”。“道德于天地也有逾绳墨”中，有的版本作“天地于道德也有逾绳墨”。“垂”或作“乘”。此引文出处：周振甫主编．唐诗宋词元曲全集·全唐诗·第16册［M］．合肥：黄山书社，1999：6277—6278．其他版本还有《鉴诫录》《御定历代赋汇》等。

② 吴任臣．十国春秋［M］．北京：中华书局，2010：672．

贯休骑的马排便，杜光庭笑话他“佛珠落地啦”，贯休还击：“这是你们道家的九还金丹！”此则笑话不管真实与否，可以反映出两个问题：一是佛、道两界既有斗争，也有融合，甚至后者的可能性更大一些。二是百姓对此津津乐道，可见佛道思想已深入民间百姓的日常生活中了。

关于任知玄，现有的资料很少，《四川省志·出版志》仅署其为眉州保胜军团练使。这里的保胜很可能就是今天四川省眉山市彭山县的保胜乡。它位于彭山县城西北部，地处成都平原西南边缘，也是《陈情表》作者李密的故里。从捐助刻写道教图书的行为来看，他很可能是道教的忠实信徒，也可能是杜光庭的弟子。他的资助使杜光庭的著作大行于世，可见当时以文治国、以儒道教化民众的基因已深入人心。蜀地士兵较少挑起兵变，可能是受此文化的影响。宋代类书《实宾录》卷二有《东宫居士》一则，兹录以飨读者：五代蜀任知玄，以太傅致仕，琴酒自娱，常驾三轮车，凡城中园林、宫寺、幽景之所，日夕游览，乌巾鹤氅，逍遥旷达，自号“东宫居士”。

三、花重锦官城：毋昭裔的私人刻书与办私学

（一）后蜀国主崇儒兴学，为蜀地的出版事业创造了良好的政治氛围

后蜀（934—966），孟知祥所建，定都于今天的四川省成都。全盛时期，疆域约为今四川大部、甘肃东南部、陕西南部、湖北西部。同光三年（925年）后唐郭崇韬灭前蜀王衍，举荐孟知祥为西川节度使。不料班师回朝时郭崇韬为人所害，惑于后宫、宦官和戏子的庄宗李存勖也迅速败亡。后唐应顺元年（934年）孟知祥称帝，史称后蜀。同年，其三子孟昶继位。孟昶在941年发布了著名的《颁令箴》：

朕念赤子，旰食宵衣。言之令长，抚养惠绥。政存三异，道在七丝。驱鸡为理，留犊为规。宽猛得所，风俗可移。无令

侵削，无使疮痍。下民易虐，上天难欺。赋舆是切，军国是资。朕之爵赏，固不逾时。尔俸尔禄，民膏民脂。为人父母，莫不仁慈。勉尔为戒，体朕深思。①

他在位初期广开言路，善于采纳忠谏，打击骄横旧臣，劝农桑，慎用刑罚，兴办学校，开设科举，崇尚儒学，并开启了用文人担任地方节度使的先河。而仕后蜀二朝的毋昭裔也在参与国家治理的过程中将图书出版业推向一个新的发展阶段，即用雕版大量刊刻经史子集类图书，使广大读书人因此受益。

（二）毋昭裔主持凿刻石经、雕版印刷，取得了辉煌成就

1. 关于毋昭裔的身世和刻书的背景

毋昭裔（895？—966？②），河中龙门人（今山西河津人；

---

① 洪迈. 容斋随笔：图文版[M]. 夏华等编译. 沈阳：万卷出版公司，2013：96. 也有版本将“爵赏”作“赏罚”、“为人父母”作“为民父母”。

② 另一说为902—967年，这是曲德森、胡福生的观点，作者未交代其年龄的由来。参见：曲德森，胡福生. 中国印刷发展史图鉴[M]. 太原：山西出版传媒集团，2013：100.

要考证毋昭裔的出生年月，在资料缺乏的今天不太容易。由于赵宋王朝统一南方诸小国之后，对其图书资料都实行类似清朝统治者的政策，不是销毁，就是篡改，所以大量五代时期地方小国的历史资料都付之阙如。我们只能从其儿孙辈的年龄来推测。毋昭裔至少有两个儿子，毋守素（921—973）是其中一个。后来965年后蜀降宋，毋守素在这一年随孟昶入中原，在赵宋王朝做官。不料一年后（“岁余”，见《吴越春秋》卷五十三，中华书局，2010年版，第783页），被其侄子毋正己参了一本，说是他在父丧期间娶妾。因此，毋昭裔应该是在966年或967年去世。毋正己当时任岳州（北宋时属荆湖北路）司法参军，这是一个八品以下的低级官职。毋正己父亲是毋守素的兄长，那他出生年应该是920年或者更早。按这个年龄及唐末的婚俗（贞观年间，最低法定结婚年龄是20岁，后唐玄宗改为15岁）来推测，毋昭裔婚娶应该是在900—905年前后，因此曲德森的观点是有一定依据的。但是我们从冯道（882—954）、李愚（870？—935）等平民宰相的经历来看，大多30岁左右乃至更大年龄时才有可能胜任掌书记之类的资历和才学。同光三年（925年），毋昭裔被孟知祥任掌书记之职，这时毋昭裔如果30岁左右的话，那他的出生年则为895年。因此，笔者认为，毋昭裔的出生年应该是在890—905年。因为毋昭裔出身贫寒之家，虽然唐末门第观念已不再重要，但婚姻门当户对的思想根深蒂固，毋昭裔不太可能通过婚姻一跃成为地方官员的重要僚属。另外，从唐代的教育制度来看，中央和地方学校的入学年龄为14—19岁，学习时限为9年。由此可知，唐代“大学生”毕业年龄为23岁至28岁。毋昭裔时，天下大乱，学校几乎瘫痪，他有没有上中央学校“四门学”不得而知，可能性比较大的推论是读的私塾，然后他再进一步自学，因而要把官方的大学教材《文选》《初学记》等借来仔细学习，为自己进入官场做好准备。因此，从毋昭裔的出身及其才名可知，他一步一步地经历了不少岗位的磨炼，才于925年做到掌书记的职位。因而，笔者的推断是，毋昭裔的出生年可能是895年前后，30岁左右得以为孟知祥所重用，卒（转下页）

张秀民认为是山西蒲津人，在今山西永济市西），是后蜀时期著名的政治人物兼出版家、教育家。少时为布衣（即平民），曾向人借阅《文选》《初学记》不得，后发誓，他日若富贵，要遍刻经史。这一事例说明，即使在唐代末年，平民百姓想要读书也非常不容易——图书对于当时的平民来说相当于现代社会动辄数万元人民币的“奢侈品”。另外，当时的传播方式还是以手抄为主。从都城长安到敦煌石窟，所藏之书也大多为手抄本。寺院里请人手抄一部经，若要没有差错的话，要数月甚至一年的时间，由此造成图书的昂贵和受教育机会的稀缺。

《文选》《初学记》等图书稀缺的另外一个原因：这些是官方的教科书，以前只有皇子和出身于高级官员家庭的学生们才能阅读。普通百姓当时被称为“庶族”，只有成为特殊优等生的“俊士”才由地方推荐入中央的“四门学”；或才学出众、品行优异而有幸进入为地方中小地主家庭学生服务的“州学、县学”，普通百姓的小孩一般只能读私塾学校。私学中多以教“小学生”的“蒙学”为主，课本为《急救篇》《千字

（接上页）于966年或967年（后蜀灭亡对当地官民影响深远。孟昶出降离开成都时，一些老人哭倒在路边。这种“国破家亡”的事件对毋昭裔的打击很大，蜀亡后不久去世也很正常）。白丁的《古代官场的年龄潜规则》（《人民论坛》，2010（1）：58—59）一文也认为，唐代为官“三十始出身，四十得从事”。唐代历时近300年，好像没有制定过一个一以贯之并且能适应各种“出身”的做官年龄标准，但是据唐玄宗开元二十一年（733年）6月颁发的一个有关改革人事制度的文件所叙，在此前的大体情况是：“凡人三十始可出身，四十乃得从事。”先从科举一途看，那些蟾宫折桂的人中不乏少年，如郭元贞、陆贽、杨嗣复、郑畋都是18岁及第。但这些都是凤毛麟角，有唐一代，289年才出这么几个人物。通常情况下，能在20岁至25岁这个时段金榜题名的就可以称少年得志了。而享有这种荣耀的往往也以精英、才子型人物为多。白居易于贞元十六年（800年）考取第四名进士时虽然已经29岁了，但在同榜登科的17人中却还是最年轻的，“慈恩塔下题名处，十七人中最少年”，十分得意。这样看，走科举一途者，20多岁即获“出身”是令人羡慕的，30岁左右“始可出身”则是通常情况。所谓“出身”，就是做官资格。想要真正走上仕途，还得经过吏部主持的考试，还要“守选”，就是等待分配工作。这一段时间，等上三五年甚至七八年都很正常。柳宗元21岁登第，正式授官时已26岁；韩愈25岁登第，正式授官时已35岁。如果在此期间发生祖父母、父母去世的丧事，还必须在家守丧，于是从及第到始任官职的间距还要拉长。因此可知，30岁获得做官资格的人到40岁才能登堂上任，即当上正式的国家干部，这才是寻常现象。结论：毋昭裔出生年约为890—900年，取中数为895年，卒于966年或967年。

文》《蒙求》《太公家教》等。因此，社会下层的百姓能够借到官方的教科书学习，无异于踏上了一块进入官场的跳板。毋昭裔少为布衣时曾向人借阅《文选》《初学记》不得，也有一种门第观念在作祟。在高门豪族或门第较高的人眼中，普通百姓（布衣）的子弟是不配看这种培养统治阶级接班人的书籍的。这件事深深地刺激了年幼的毋昭裔，为其富贵以后大刻图书、办私人学校、接济穷书生埋下了伏笔。

唐末之乱虽然总体上造成了社会的混乱，但也打破了原来的社会秩序，使得王侯将相衣冠落地、豪强地主四处飘零，反而使普通百姓有了出头的机会。五代十国统治阶级中多用毋昭裔这样的布衣文人，成为一种“新常态”。毋昭裔后来因为“跟对人”，“逆袭”成后蜀宰相，遍刻经书，也就具有相当的传奇色彩。由于年少有为、博学多才，毋昭裔在山西地区较有名望。这位二三十岁的青年才俊在太原尹、北京留守（镇守今山西地区）孟知祥那里谋上了差事。同光元年（923 年）四月，李存勖经过多年征战，打败后梁，在魏州（今河北、河南、山东交界地带）即位称帝，国号唐，史称后唐。仅辖有鄂西弹丸之地的荆南节度使高季兴（又名高季昌，外号“高赖子”）为一探后唐的虚实，不顾“国师”梁震的劝谏，北上洛阳觐见庄宗。见到李存勖时，高季兴建议后唐攻打前蜀。这本是个削弱荆南西北两大强敌、有利于高季兴的毒计，谁知后唐真的攻打起了前蜀。更让高季兴大跌眼镜的是，王建在位时蜀国颇有军事实力，在其子胡作非为之下，军事松懈，不堪一击，70 天（一说 75 天）国家就灭亡了。① 同光三年（925 年），郭崇韬从洛阳出发攻打前蜀时推荐了旧交、李克用的侄女婿孟知祥做西川节度使。就这样，身在山西的孟知祥意外地成为主政一方的“成都尹、剑南西川节度副大使”，毋昭裔也一同前往，任掌书记之职。灭蜀前后，由于宦官进谗、魏王李

① 吴任臣. 十国春秋[M]. 北京：中华书局，2010：554.

继岌年幼无知，以及皇后刘氏矫诏专权，郭崇韬在攻占前蜀不久就意外被杀。同光四年（926年），李存勖不久就在兴教门事变中身死。李克用的养子李嗣源即位，即唐明宗。这样一来，孟知祥所控制的蜀地与后唐的关系就逐渐微妙起来。原来李存勖与孟知祥还算得上是小舅子与姐夫的关系①，李嗣源（李克用养子）登基做皇帝后，孟知祥与后唐君王的血脉关系便切断了。

待后唐灭亡后，孟知祥便割据一方，自己当起了后蜀小朝廷的君王。由此，名不见经传的毋昭裔从一个青年才俊、政治新星迅速成长为蜀国的一个政治明星。毋昭裔并不只是一个会要要笔杆子的文人，他对政治的洞见也十分深刻。为了防止孟知祥割据，后唐枢密使安重诲特派李严为监军，督察孟知祥的行动。消息传入蜀中，毋昭裔与诸将吏都请孟知祥不要接纳李严。但孟知祥另有考虑，在礼节性地接待了李严入境后，将他杀死。不过毋昭裔劝拒李严之事迎合了孟知祥称王蜀中的雄心。从此，孟知祥对毋昭裔非常器重，视为奇士，提拔他为御史中丞。不仅如此，他在孟昶主政时期也表现出很高的政治水平。

毋昭裔，河中龙门人。博学有才名。高祖镇西川，辟掌书记。唐客省使李严来监高祖军，昭裔请止严毋内，不听。高祖卒诛严，然亦奇昭裔才，思大用之。及登极，擢为御史中丞。后主践阼之明年（935年），拜中书侍郎、同平章事，已又改门下侍郎。广政三年（940年），分判盐铁；久之，以次进左仆射。时汉赵思绾据永兴、王景崇据凤翔反，密送款后主，后主遣安思谦应之。昭裔上疏谏曰："臣窃见庄宗皇帝志贪西顾，

① 薛居正的《旧五代史》认为孟知祥夫人琼华公主是李存勖的大姐，而《资治通鉴》认为琼华公主是李克让的女儿、李存勖的堂姐，而《隆平集》《东都事略·孟昶传》则认为是李存勖的妹妹。这里，我们采用薛居正的观点。参见：陈尚君. 旧五代史新辑会证·卷三十三［M］. 上海：复旦大学出版社，2005：964.

前蜀主意欲北行，凡在廷臣，皆贡谏疏，殊无听纳，有何所成？只此两朝，可为鉴戒。”后主不用其言，竟无功。后数年，以太子太师致仕。

昭裔性嗜藏书，酷好古文，精经术。常按雍都旧本《九经》，命张德钊书之，刻石于成都学宫。蜀土自唐末以来，学校废绝，昭裔出私财营学宫，立黉舍，且请后主镂版印九经，由是文学复盛。又令门人句中正、孙逢吉书《文选》《初学记》《白氏六帖》，刻板行之。守素赍至中朝，诸书遂大彰于世。所著有《尔雅音略》三卷。①

毋昭裔大刻经书，是一项上合君意、下应民心的民生工程、系统工程。首先，从后蜀的政治格局来看，一朝皇帝一朝臣，蜀高祖孟知祥于934年去世，毋昭裔就成了“先朝旧人”，按传统惯例，新君应该重用一班自己的臣子，但是孟昶除了对个别专横跋扈者进行了剪除之外，其他旧臣一概照用。毋昭裔拜中书侍郎、同平章事，940年还分判盐铁，后又为左仆射，居宰相高位。这使得他有较高的话语权以及雄厚的财力来支持其刻书活动。其次，毋昭裔争取了蜀地最高统治者的支持。广政七年，即944年，他先沿用唐朝先例，把儒家经典的《九经》按雍都的版本刻在石头上，石版放在成都的学宫里面。这个《九经》不仅有经典的原文，还有注释，便于学子的研习。此次刻经可能至少持续到了951年，得到了后蜀国君孟昶的支持。在营建官方的“教材”及学宫的同时，于广政十二年(949年)，官方开展了“知贡举”“铨选官吏”的人才选拔活动。因为当时后蜀虽然总体上比较太平，但各地仍有一些官员动辄发动叛乱（如蜀国境外永兴、凤翔叛军起事，就发生在这一年）；二则由于孟昶不亲政，朝政大多把持在一些朝臣手中，无论科举还是铨选官吏，大多有说不清道不明的“猫腻”和

---

① 吴任臣．十国春秋[M]．北京：中华书局，2010：768—769.

"潜规则"。如范禹偁掌蜀国贡举时，就出现"贿厚者登高科"的丑恶现象。其布衣故交冯赞尧因为"家贫，窘于赀，终不放登第"。① 我们有理由相信，刻石经这种自讨苦吃的活动是与毋昭裔早年的学习经历以及他谨慎的性格分不开的。在取得了最高统治者的赞成，并支持了成都学宫（面向皇亲国戚、中高级官员家族子弟的教育机构）的建设后，毋昭裔才最后来实现自己早年未了的心愿——面向民间培养人才。他在953年，自己五六十岁时，出资百万（其购买力不亚于现在的一千万元人民币）兴办私人学校，同时利用时兴的雕版印刷镂刻《九经》作为教材，不仅供自己私学的学生使用，还颁发于蜀国各地郡县。至于雕刻的版本，应该是和石刻《九经》一致的。此外，他还雕版刊刻了《文选》《初学记》《白氏六帖》等一大批当时学校流行的教科书，不仅为学生提供了学习的资料，促进了私人学校的发展，为蜀地科举的正规化奠定了基础，也为中华民族文化的流传做出了自己的贡献。

2. 从石刻到板刻：毋昭裔以极大勇气冲破时代迷雾

概言之，毋昭裔参与的出版活动主要有两项：一是石刻《九经》，这也是中国历史上最后一次官方组织的大规模石刻儒家经典活动；二是运用先进的雕版印刷技术，出版了大量的经、史、子、集类图书等，使雕版印刷获得了后蜀统治者的默认。

由于当时用木板雕刻图书的主体大多是和尚、道士和商人，前两者是为了宣扬教义，后者是为了牟利。雕版印刷为当时的士大夫、达官贵人所轻视，认为这是三教九流做的下贱之事。另外，当时流行这样的观念：读书不如抄书——书非得自己抄写，方能深受教益。但实际上抄书有很多的限制条件：一是要抄书者本人有一定的知识乃至学术功底，否则往往容易抄错；二是有好的笔墨纸砚，缺一不可。三是受到一些外界条件

① 吴任臣. 十国春秋[M]. 北京：中华书局，2010：982.

的影响，比如在天寒地冻的天气里，墨水冻住，难以进行。

当时作为板刻书写者的孙逢吉即使在日后位居宋朝的左拾遗之位，回忆起当时的情形，仍然感慨不已。

洎（及）蜀归宋，豪族以财贿祸其家者什八九。会艺祖（即宋太祖——笔者注）好书，命使尽取蜀文籍诸印本归阙。忽见卷尾有毋氏姓名，以问欧阳炯。炯曰："此毋氏家钱自造。"艺祖甚悦，即命以板还毋氏，是时其书遍于海内。初在蜀雕印之日，众多嗤笑。后家累千金，子孙禄食，嗤笑者往往从而假贷焉。左拾遗孙逢吉详言其事如此。①

由此可见，当一种先进的生产方式出现时，它往往面临着巨大的挑战——世俗的冷嘲热讽以及原有生产方式的阻挠。因此，毋昭裔采取的是先刻石经后用雕版印刷图书的策略，这样更易为朝野所接受。毋昭裔主持的石刻是为君王树碑立传式的"政府工程"，一般称《孟昶石经》。由于它刻于后蜀广政年间，故又称《广政石经》或《后蜀石经》；又由于它刻于益郡（成都），故又名《成都石经》《益都石经》，有时也称《蜀石经》或《蜀十三经》。

3. 毋昭裔从事板刻的时间及过程的考证

张秀民先生在《中国印刷史》中认为，毋昭裔于 935 年起就开始雕版刻印图书了，这一观点可能不太确切。②

截至 2016 年 5 月，国内论文数据库中以"毋昭裔"为标题的文章有三篇，即李致忠的《"宰相出版家"——毋昭裔》（1989 年）、马明霞的《古代家刻本先驱毋昭裔刻书事略考》（2004 年）、陈隆予的《略论后蜀毋昭裔的刻经活动》（2012 年）。陈隆予研究认为，"根据《十国春秋》的记载，再结合晁公武《石经考异序》及曾宏父《石刻铺叙》的相关说法，

① 叶德辉．书林清话　书林余话［M］．长沙：岳麓书社，1999：2.

② 张秀民，韩琦．中国印刷史［M］．杭州：浙江人民出版社，2006：32.

基本上可以得出如下结论：后蜀石经的刊刻起始于广政七年（944 年），至广政十四年（951 年）已刻成《孝经》《论语》《尔雅》《周易》《诗经》《尚书》《三礼》等九部经典，之后在后蜀归宋之前又刻成了《左氏传》。这样在后蜀期间共刻成了十部石经，且前九部石经可以确定是在毋昭裔的主持下完成的。”换言之，石经的凿刻是在毋昭裔半退休时开始而退休后完成的①。《四川教育史》也持该观点，且对刻写的详细过程、刻经字数、书写人、镌刻者、成刻时间做了阐述：

孝经序 439 字，正经 1798 字，注 2748 字，书写人是简州平泉令张德钊，镌刻者是陈德谦，成刻时间为广政七年（944 年）三月二日。

《论语》序 372 字，正经 15913 字，注 19454 字，书写人是张德钊，镌刻者是陈德谦，成刻时间为广政七年（944 年）四月九日。

《尔雅》未记载字数，书写人是张德钊，镌刻者是武令升，成刻时间是广政七年（944 年）六月。

《周易》正经 24052 字，注 42792 字，书写人是国子博士孙逢吉，未载镌刻者姓名，成刻时间为广政十四年（951 年）夏。

《毛诗》正经 41021 字，注 105719 字，书写人是秘书郎张绍文，镌刻者是张延族，未载成刻时间。

《尚书》正经 26286 字，注 48982 字，书写人是周德贞，镌刻者是陈德超，未载成刻时间。

《仪礼》正经 52802 字，注 79891 字，书写人是张绍文，未载镌刻者姓名和成刻时间。

《礼记》正经 98545 字，注 106049 字，书写人是张绍文，未载镌刻者姓名和成刻时间。

---

① 第 35 页中提到的赵思绾卒于 949 年，王景崇卒于 950 年。毋昭裔“后数年”“致仕”，当在 950 年之后。结合第 41 页的内容，毋昭裔退休极有可能是在 953 年。

> 《周礼》正经50508字，注112595字，书写人是孙逢吉，未载镌刻者姓名和成刻时间。
>
> 《春秋左氏传》序1617字，经传197265字，注146962字，未载书写人、镌刻者姓名，成刻时间为广政十五年（952年）。
>
> 以上儒经，均为全文镌刻并加注文，唯有《左传》只刻了前17卷，后18卷至30卷系入宋以后续刻。
>
> 由上又可知，孟蜀石经其实不是“九经”，而是十种儒经和注解；后来之所以通称为“孟蜀九经”，是没有把《尔雅》计算在内（其连字数也未标明）。除去《尔雅》，其他九经的正经和注，加上《教经》《论语》《左传》的序，共计达117.3万余字，用去碑石达千块，蔚为大观……①

关于刻石经的过程，《十国春秋》卷四十九也有两次记载：

> （广政七年，即944年）“是岁，门下侍郎、同平章事毋昭裔按雍都旧本《九经》，命平泉令张德钊书而刻诸石，以贮成都学宫。”②
>
> （广政十四年，即951年）“是岁，诏勒诸经于石，秘书郎张绍文写《毛诗》《仪礼》《礼记》，秘书省校书郎孙朋古写《周礼》，国子博士孙逢吉写《周易》，校书郎周德政③写《尚书》，简州平泉令张德昭（钊）写《尔雅》，字皆精谨。”④

雍都旧本，即唐代开成石经。唐文宗时，郑覃等人耗时多年用楷书摹写凿刻而成的一部石经因于开成二年刻完，故名“开成石经”。

根据前文的推算，毋昭裔约生于895年这一结论大致成立

---

① 涂文涛．四川教育史（上册）[M]．成都：四川教育出版社，2007：77—78.

② 吴任臣．十国春秋[M]．北京：中华书局，2010：713.

③ 周德政，又作“周德贞”，《十国春秋》中作“政”，依据是《容斋随笔》，而清代朱彝尊的《经义考》中作“周德贞”。所引不同版本，略有不同。

④ 因版本不同，上文“张德钊”，此处作“张德昭”，参见：吴任臣．十国春秋[M]．北京：中华书局，2010：721.

的话，那么毋昭裔刻完石经之时已五六十岁了。与毋昭裔一起投身石经刻写的还有后蜀的一大批文人，如张德钊、张绍文、孙朋古、孙逢吉、周德政等人，这些人不仅有学问，而且都以书法见长，参与经书的书丹（在石碑上写范字）。

石经书写、凿刻完毕，毋昭裔马上投入雕版印刷事业之中。他不忘少年之志，趁热打铁用民间盛行的雕版印刷术首先刊刻了《文选》和《初学记》，然后又主持刊刻了大量儒学经典。

《文选》又称《昭明文选》，是中国现存最早的一部诗文总集，由南朝梁武帝的长子萧统组织文人共同编选，分为赋、诗、骚、诏、册、令、教、文、表、上书、启、弹事、笺、奏记、书、檄、对问、设论、辞、序、颂、赞、符命、史论、史述赞、论、连珠、箴、铭、诔、哀、碑文、墓志、行状、吊文、祭文等类别，共60卷。《文选》所选作家上起先秦，下至梁初，作品则以“事出于沉思，义归乎翰藻”为原则。唐代以诗赋取士，唐代文学又和六朝文学具有密切的继承关系，因而《文选》就成为人们学习诗赋、进而便于参加科举的最佳范本。后人甚至有“《文选》烂，秀才半”的谚语，这或许是身为布衣的毋昭裔求学之初渴望读到此书的主要原因。

唐代徐坚编的《初学记》是一部综合性类书，分23部，共30卷。该书取材于群经诸子、历代诗赋及唐初诸家作品，保存了很多古代典籍的名篇佳句。此书的编写目的原为唐玄宗教育众多子女作文时检查事类之用，故名《初学记》。这也是唐代一般士子意图求学仕进的必读书目。毋昭裔私人雕版刻印这些儒学著作也比较讲究策略，打着兴办教育、彰显圣德的名义进行，所以热衷文学的蜀国君主孟昶也是欣然同意了。据记载，953年5月，孟昶批准了毋昭裔以办学名义刊刻《九经》的请求：

自唐末以来，所在学校废绝，蜀毋昭裔出私财百万营学

馆，且请板刻《九经》，蜀主从之。由是蜀中文学复盛。①

私财百万，是什么概念？如果按大米的价格来计，后蜀国平时大米的价格——一斗米五文钱来算的话②，百万钱可以购买20万斗米，即2万石米。一石米按唐代制度约为100斤。则百万钱在当时有200万斤米的购买力，折合成人民币，按2018年的米价来算，2元至8元左右，取中数5元一斤，则约相当于现在的1000万元人民币。当然这个数字只是一个推测，因为除了印刷图书可能会带来一点收益，办学是不大可能营利的。因此，如果要长期办学的话，必须有雄厚的财力作为支撑。从北宋初年，宋太祖发还毋家杀庄等资料来看，毋昭裔有相当的财力，并做了长期办学的思想准备。

据史料记载，与石刻图书需要数年时间相比，雕版印刷成书之易超过人们的想象，工人们日夜镂版，《文选》《初学记》很快就成书了。此外，毋昭裔还刊刻了《九经》及“诸史”。其实“九经”只是一个总称，历时8年的后蜀石经的凿刻就不止儒学的九部经书，何况是简便易行的雕版印刷呢。张秀民认为毋刻的“诸史”至少还包括《史记》《汉书》等。③

其中两位参与书写的勾中正、孙逢吉等是毋昭裔的门人。得益于毋的赏识和提拔，他们参与了刻书活动，后来还在宋朝入仕为官。这也是他热衷于出版事业、教育事业结出的硕果。

勾中正（928—1002），或作句中正，字坦然，益州华阳人。《宋史》卷四百四十一对勾中正介绍比较详细：

孟昶时，馆于其相毋昭裔之第，昭裔奏授崇文馆校书郎，复举进士及第，累为昭裔从事。归朝，补曹州录事参军、汜水令，又为潞州录事参军。中正精于字学，古文、篆、隶、行、

---

① 陈尚君．旧五代史新辑会证·四十三卷［M］．上海：复旦大学出版社，2005：1394．

② 据史料载，952年，蜀国丰收，“斗米三钱”。吴任臣．十国春秋［M］．北京：中华书局，2010：719．

③ 张秀民，韩琦．中国印刷史［M］．杭州：浙江人民出版社，2006：37．

草无不工。太平兴国二年，献八体书。太宗素闻其名，召入，授著作佐郎、直史馆，被诏详定《篇》《韵》。

四年（979年），命副张洎为高丽加恩使，还，迁左赞善大夫，改著作郎，与徐铉重校定《说文》，模印颁行。太宗览之嘉赏，因问中正："凡有声无字有几何?"中正退，条为一卷以献。上曰："朕亦得二十一字，可并录之也。"时又命中正与著作佐郎吴铉、大理寺丞杨文举同撰定《雍熙广韵》。中正先以门类上进，面赐绯鱼，俄加太常博士。《广韵》成，凡一百卷，特拜虞部员外郎。淳化元年（990年），改直昭文馆，三迁屯田郎中，杜门守道，以文翰为乐。太宗神主及谥宝篆文，皆诏中正书之。尝以大小篆、八分三体书《孝经》摹石，咸平三年（1000年）表上之。真宗召见便殿，赐座，问所书几许时，中正曰："臣写此书，十五年方成。"上嘉叹良久，赐金紫，命藏于秘阁。时乾州献古铜鼎，状方而四足，上有古文二十一字，人莫能晓，命中正与杜镐详验以闻，援据甚悉。五年（1002年），卒，年七十四。中正喜藏书，家无余财。子希古、希仲并进士及第，希仲太常博士。

从上述文字可以看出，勾中正不仅是一个出色的书法家，而且对文字学非常精通，这样高水平的学者参与雕版印刷的出版活动，出版物的质量是有保证的。

此外参与者还有蜀地的孙逢吉、林罕等人。孙逢吉曾为后蜀国子学的《毛诗》博士，在刊刻石经过程中负责对经文的校勘与检查工作，后入宋为左拾遗。林罕亦善文字之学，曾著"说文"20篇，名曰《林氏小说》，曾刻石于蜀地。后蜀石经如今也仅存少数残碑，林罕所刻之石不知道还有没有实物的遗存。

毋昭裔自己不仅刻书，还自己写书，传世的有《尔雅音略》。可惜由于没有像儒学经典一样刊刻，流传不广，后来就亡佚了。相反，后来北宋初年任国子监祭酒的邢昺因为奉命撰

《九经》正义，并大量印刷，流通到各地的学校，其所做的《尔雅义疏》就流传至今。

另外，毋昭裔还是一位负有盛名的藏书家。家中藏书甚多，据史书记载，他“性嗜藏书，酷好古文，精经术”。① 后蜀被灭后，蜀地的很多图书都被作为战利品送到宋王朝的都城开封，其中有很大一部分是毋家的藏书。

4. 毋昭裔对出版的贡献和影响

用彪炳千古、百世流芳来描述毋昭裔对出版业的贡献毫不为过。涂文涛指出了后蜀石经的三大优点：一是版本精良，蓝本取自开成石经，优于熹平石经和正始石经，且经过毋昭裔精心校勘。二是经文下同时刻有注释，且用正楷字体，便于人们学习和传播。三是名家书写、名手雕刻。四是石质优良，双面凿刻；在经石侧面编号，篇目清楚。

由于具有以上优点，宋代著名官员、学者洪迈也以为“有贞观遗风”。故自从问世以后，《后蜀石经》不仅成为后蜀的官方教材的样本，而且一直成为历朝历代官方沿用的教材的摹本。

> 宋人所称引，皆以蜀石经为证，并不及唐陕本石经。其故有二：一则唐石经无注，蜀石经有注。故从其详者；一则南渡后，唐石经阻于陕，不至江左，当是故学宫颁行之本皆蜀石经。②

当然，《后蜀石经》并非完美无缺。比如，在《左传》中把“甲午”误刻为“申午”，把“癸卯”写成“葵卯”，等等。与洋洋数十万字相比，这些都只能算是白璧微瑕了。

毋昭裔刻书不仅为蜀地培养出了一大批人才，使蜀中文化教育事业由此大为盛兴③；还对中华文化的海内外传播产生了

---

① 吴任臣. 十国春秋[M]. 北京：中华书局，2010：768.

② 全祖望. 蜀广政石经残本跋[M]. 王云五. 万有文库第二集·鲒埼亭集. 上海：商务印书馆，1934：482.

③ 但后蜀的灭亡使这一文化进程戛然而止，直到苏轼（1137—1101）早年在四川较为偏远的地区眉州读书时看到的还是蜀地老儒的手抄本。

积极的意义——日本就有毋昭裔刻蜀本《文选》，且在明清时期，号称“本朝无不读此书”，可见对日本影响之大。

毋昭裔刻书顺应了时代潮流，也荫及子孙。一是在宋灭蜀的战争过程中，毋家幸免于难，没有像其他富贵之家惨遭洗劫。二是宋太祖读到有毋氏记号的图书时问起此版本之事，知道毋昭裔刻书事迹后把雕版还给毋家，还进行大力表彰，使毋家刻书名闻天下。三是到宋朝第三代领导人宋真宗大中祥符三年（1010年），其孙毋克勤把自家雕版献给国家，获得了一个“三班奉职”（一种低级武官职位）①，做上了公务员，吃上了皇粮。因为当官不仅是一种职业，还是一种社会地位的象征。孟子云：“君子之泽，五世而斩。”比起前蜀、后蜀的君王，“二世而斩”；比起众多蜀国将相的“勃兴”和“忽亡”，毋昭裔以诗书教育子孙，无意中把图书的“版权”当作传家宝留给后世，实在是高明之举。

毋昭裔刻书也彰显了后蜀的“软实力”。比如，史官就认为，后蜀主孟昶尽管战败降宋，但蜀地百姓无不对其感激涕零。归纳起来有三点：一是“劝农恤刑”（对于死囚的处决，总是从宽处理，少杀人），二是“肇兴文教”（支持毋昭裔大力出版图书、兴办学校），三是“与民休息”（而不是像前蜀那样横征暴敛）。

论曰：史言后主孟昶朝宋时，自二江至眉州，万民拥道，痛哭恸绝者凡数百人，后主亦掩面而泣。藉非慈惠素著，亦何以深入人心如此哉？迹其生平行事，劝农恤刑，肇兴文教，孜孜求治，与民休息，未必如王衍荒淫之甚也。独是用匪其人，生致沦丧，所由与前蜀之灭亡有异矣。②

后蜀的锦绣江山、百姓安居乐业、教育和出版的黄金岁月

---

① 据李致忠考证，毋克勤的两个哥哥已受到朝廷的恩赐。见李致忠先生的《“宰相出版家”——毋昭裔》（《国家图书馆学刊》，1989年第三期）。

② 吴任臣．十国春秋[M]．北京：中华书局，2010：743．

甚至让六七十年后的少年苏轼“虽不能至，心向往之”：

仆七岁时，见眉州老尼，姓朱①，忘其名，年九十余。自言尝随其师入蜀主孟昶宫中。一日，大热，蜀主与花蕊夫人夜起，避暑摩诃池上，作一词，朱具能记之。今四十年，朱已死矣，人无知此词者。独记其首两句云：“冰肌玉骨，自清凉无汗”，暇日寻味，岂《洞仙歌令》乎，乃为足之云。

冰肌玉骨，自清凉无汗。水殿风来暗香满。绣帘开，一点明月窥人，人未寝，欹枕钗横鬓乱。

起来携素手，庭户无声，时见疏星渡河汉。试问夜如何？夜已三更，金波淡，玉绳低转。细屈指，西风几时来，又不道流年暗中偷换。（《苕溪渔隐丛话前集》卷第六十）

从这“绣帘窗开暗香满”的水殿上，从这“不知西风几时来的流年”中，我们仿佛看到了江南的“草长莺飞”，似乎闻到了杭州的“三秋桂子”那浓郁的芬芳。这些从民间传来的声音（《野人闲话》②），那千年前飞扬在雕版间木屑（版即“板”，五代多用枣木、梓木雕板，印刷书籍），无不在提醒着人们：一个由武人表演的时代即将结束了。

第三节　从《韩熙载夜宴图》到“大徐本”，再到后主词：从崇尚文学到溺于文字

一、烟雨江南，文化圣地

从动荡的五代走来，无休止的断杀，无止境的横征暴敛，血雨腥风，让人感到窒息。因此，有条件的士民大多南迁了。

① 《诗话总龟后集》卷四十七中作“姓宋”。

② 耿尚在《野人闲话》中称后蜀主孟昶：“性多明敏，以孝慈仁义，在位三纪已来，尊儒尚道，贵农贱商。”“能文章，好博览，知兴亡，有诗才”，“开献纳院，创贡举场，不十余年，山西潭隐者俱起，肃肃多士，赳赳武夫，亦一方之盛事。”参见：［宋］耿焕．野人闲话［M］．陈尚君辑校．杭州：杭州出版社，2004：5991.

关内地区百姓南下路线主要有两条：一路向蜀中，一路向瓜州、沙州（今敦煌地区）；中原地区百姓南下路线主要有两条：一支由荆州渡江南下，一支由淮扬渡江向南。

南方小国也在所辖区域设立招贤亭。招贤亭相当于现在的人才招聘专场。因此，一大批人才涌向了南唐、吴越等地。投奔南唐（其前身为杨吴政权）的北方人士有韩熙载、常梦锡、马仁裕、王彦铸、高越、高远、江文蔚等。因此，无论是从规模还是质量上来说，南唐的人才、出版业很可能在全国都是首屈一指的。

宋代马令在史书中的记载是："群臣咸谓江淮之地，频年丰稔，兵食既足，士乐为用，天意人心，未厌唐德。"（马令《马氏南唐书》卷一）因此，从经济实力上看，南唐其实当时有余力实行兼并战争。但是南唐的开国君王徐知诰（后改名李昪）并不这么认为，他从小在寺庙流浪，深受佛学思想的影响，爱好和平。当吴越国发生天灾时，他并没有乘机发动军事进攻，反而予以粮食支援，帮助邻国渡过难关。

李昪（biàn，889—943），原名徐知诰，小字彭奴，徐州彭城（今江苏徐州）人，早年即在战乱中失去父母。小的时候就聪明伶俐，长相英俊，一开始被吴国杨行密所收留，因为杨氏子弟非常排斥他，所以又被杨行密大将徐温（862—927）收为养子。徐温的儿子们也非常排挤他，躲过多次暗杀后，他从升州刺史、润州团练使的职位步步高升，后逐渐掌握南吴朝政，封齐王。称帝后，为了保证基业长远、弥合朋党之争，大力倡导纲常伦理观念，为儒、释、道的进一步融合进行了努力。他把儒学放在首位，招徕人才，搜集散落于民间的经籍，在各地大规模兴建学校，特置学官，积极推广儒学。李昪的努力颇有成效："方是时，废君如吴越，弑主如南汉，叛亲如闽楚，乱臣贼子无国无之，唯南唐兄弟辑睦，君臣奠位，监于他国最为无事，此亦好儒之效也。"（《马氏南唐书》卷二十三）

到了中主时期，士人群体渐成气候。而后主时期的儒者实

力更强，“儒者之盛，见于载籍，灿然可观。如韩熙载之不羁、江文蔚之高才、徐锴之典赡、高越之华藻、潘佑之清逸，皆能擅价于一时，而徐铉、汤悦、张洎之徒又足以争名于天下。其余落落，不可胜数。故曰江左三十年间，文物有元和之风。”（《马氏南唐书》卷十二）自佛教在南唐兴起，儒佛便交流不断，南唐李后主尤其佞佛，一度以佛治国，把和尚的话语当作御敌之策，重蹈了梁武帝的覆辙。

由于南唐与宋王朝的殊死战争，败乱后的后主李煜的绝望情绪歇斯底里地发作，将几乎所有的图书都付之一炬。因此，如今世上所存的关于南唐的图书少得可怜。张秀民先生在其皇皇巨作《中国印刷史》中仅仅留下数行字。据此推断，由于南下文士大多数还是喜欢传抄的方式，因此印刷业的发展可能反而比不上蜀地和杭州，因此复本极其有限。正是由于没有像佛经、经咒、日历一样大量印刷和全国流行，所以一旦烧毁，再无版本可供流传。流传至今的仅有徐铉的《说文》、刘知几的《史通》、徐陵的《玉台新咏》、李建勋的《李丞相诗集》等。不过张秀民先生认为南唐之书尽焚不可信，宋初吕龟祥在金陵收集到2万多卷图书上交京城史馆。但比起南唐后主一次就赏赐宠臣张洎万卷图书①，宋朝所收图书数量还是少了点。曹之先生认为，南唐至后主李煜时仅宫中的藏书就有十几万卷。②因此，李煜国破焚书，使大量图书绝迹、不传于今是有史为据的。

二、经济繁荣，社会安定

南唐的文化兴盛是建立在其经济发展基础上的。南唐（前身为杨吴政权）在发展经济方面采取了一系列措施，使其生产得到了发展，且李昪极其爱好和平，不轻易用兵，因此这使南

① 张秀民，韩琦. 中国印刷史[M]. 杭州：浙江古籍出版社，2006：30—31.

② 曹之. 中国出版通史：隋唐五代卷[M]. 北京：中国书籍出版社，2008：374.

唐的文化传播有了相对稳定的发展环境。

一是兴修水利，奖励生产。南唐在丹阳疏浚练湖（今江苏丹阳县城西北），在南京东面的句容疏浚绛岩湖，在楚州（今江苏淮安市）筑白水塘，在寿州（今天安徽寿县）筑安丰塘，灌溉了不少良田。① 南唐还利用疏浚的淤泥修筑圩田，“解决了因河床较高、田地较低而导致的洪涝问题……圩田是农业发展史上的重要发明，对于农业的发展发挥了重要作用。南唐还奖励耕织，每人垦田 80 亩，赏钱 2 万文，5 年不抽税；3 年栽桑 3000 棵，赐帛 50 匹。”②

二是造纸业等比较发达。这得益于扬州在唐代龙头老大的优越的经济地位（史书所谓的“扬一益二”），因而以扬州为中心的淮南道地区造纸业等手工业非常发达。五代时期，扬州多次遭受兵火，很多人为了躲避战乱南迁，为江南提供了包括造纸业在内的大量人才。南唐的徽州地区山多林广，盛产纸墨，如制作精美的“澄心堂纸”，与歙砚、徽墨被称为文房四宝中的精品。南唐后主李煜尤其喜爱，称之为“纸中之王”。其特点是：光洁如玉，肤如卵膜。上至帝王下到士大夫，莫不以使用该纸为荣。因此，统治者的提倡及相关手工业的兴旺，为南唐文化事业的发展奠定了基础。

三是制定了较为合理的赋税制度。这里不能不提一下几乎淹没在历史中的著名幕府人物汪台符。

> 汪台符，歙州人。少好学，博贯经籍，善为文章，不逐浮末，有匡王定霸之才。天复初，为陶雅幕客，已而见天下苦兵战，遂居乡里，执耒力田。睿帝时，徐知诰镇金陵，台符自草间上书，陈民间九患及利害十余条。书上，为宋齐丘所沮，谓：“虽有其言，必无其行。”知诰犹豫未之信。齐丘始字超回，台符乃贻书诮之曰：“闻足下齐先圣以立名，超亚圣而称

---

① 曹之．中国出版通史：隋唐五代卷[M]．北京：中国书籍出版社，2008：365.

② 曹之．中国出版通史：隋唐五代卷[M]．北京：中国书籍出版社，2008：366.

字。”齐丘惭而更其字曰子嵩。由是大怒台符，密使人诱其乘舟痛饮，至石头岈蚾矶下，沉杀之。知诰闻而嗟叹久之，颇憾焉。(《十国春秋》卷十)

这位被宋齐邱（一作宋齐丘）嫉妒而杀掉的汪台符是一个唐代刘晏式的治理财赋方面的高手。但他的才能由于战乱而得不到重用，他在徐知诰理政后试图展示一下自己的才华，结果以布衣身份所进的论策被徐知诰手下的重要人物宋齐邱阻止而未能得到徐知诰的重用。而且汪台符在得知这一内情后，因为讥笑宋齐邱的字是“超回”——超越亚圣颜回、想做圣人，而遭到宋齐邱更加疯狂的报复——被人灌醉后沉于长江。但他的建议基本上都在南唐后来的田赋征收中得到了实施。例如，按照民田、物畜等条件的高下，制定上、中、下三种不同的征税标准。尤其是提倡让百姓用余粮换盐巴的“盐米”制度，让百姓在交粮的时候顺便把食盐也换回来，非常方便。

台符常请括定田赋，每正苗一斛，别输三斗，官授盐一斤，谓之盐米，入仓则有簸米。太和末，知诰使民入米请盐，即其法也。南唐昇元中，限民田物畜高下为三等，科其均输，以为定制。又货鬻有征税，舟行有力胜，皆用台符之言云。(《十国春秋》卷十)

四是鼓励教育、举办科举。昇元二年（938 年），南唐在开设太学的同时，还兴办了各级地方官学。

南唐跨有江淮，鸠集坟典，特置学官，滨秦淮开国学，其徒各不下数百，所统州县往往有学。(《南唐书》卷二十三)

《大事记续编》卷七十七载：南唐“复有庐山国学”。曹之认为，位于庐山白鹿洞的庐山国学是当时最具影响的学校。白鹿洞原为唐代李渤读书处。南唐昇元间，李昪在此建学馆，称为“庐山国学”，由李善道任洞主，成为南唐的儒学教育中心，南唐诗人孟归唐就曾肄业于庐山国学。(《五代诗话》卷

三）除了庐山国学之外，五代江西可考书院还有六所。① 据相关史料记载：

开宝八年二月，“江南知贡举，户部员外郎伍乔放进士张确等三十人，自保大十年开贡举，迄于是岁，凡十七榜，放进士及第者九十三人，九经一人”。（《续资治通鉴长编》卷十六）

在科举方面，周腊生的《南唐贡举考略》论述详细，可以参考。而何剑明的《南唐国崇儒之风与江南社会的文化变迁》则在教育、科举、文化的兴盛等方面进行了深入阐述②，此处不再赘述。

三、文化兴盛，群英荟萃

经济的繁荣和社会的安定带来了文化的兴盛。在文学史上赫赫有名的人物有冯延巳、李璟、李煜等。

冯延巳（903—960），一名延嗣，字正中，广陵人，南唐文学家，南唐中主（李璟）时，官至宰相，其词多写儿女情长，表现士大夫的生活情趣。语言清丽，对北宋文人晏殊、欧阳修影响较大，有《阳春集》行世。李璟（916—961），字伯玉，徐州（一说湖州）人，南唐中主、文学家，其词仅存四首，意境较高。李煜（937—978），字重光，号钟隐，李璟第六子，南唐后主，文学家。能诗、好乐、善画，尤以词著。前期作品多写宫廷享乐，风格柔靡；后期作品多怀念故国，哀叹身世。其词形象鲜明，语言生动，有很高的艺术成就。后人把李璟、李煜的作品合刻为《南唐二主词》。③

---

① 曹之．中国出版通史：隋唐五代卷[M]．北京：中国书籍出版社，2008：368.

② 周腊生．南唐贡举考略[J]．文献，2001（2）：57—61；何剑明．南唐国崇儒之风与江南社会的文化变迁[J]．文献，2003（10）：31—35.

③ 曹之．中国出版通史：隋唐五代卷[M]．北京：中国书籍出版社，2008：371.

和前蜀主王衍《醉妆词》（“者边走，那边走，只是寻花柳。那边走，者边走，莫厌金杯酒。”）相比，李煜的《虞美人》（春花秋月何时了）可称为中华文化宝库中的不朽之作。关于南唐二主的词作，以王国维为代表的先贤早有定论，兹不赘述。

南唐文化中尤其值得称道的是其在绘画中取得不俗成绩。当后人回顾这一段历史时，发现《宣和画谱》中五代衮衮多士，很多曾云集南唐。例如，外号为“梅家鸡”的梅行思是湖北江夏人，以绘人物、画牛马称绝，而其中最拿手的是画鸡。李煜曾把他招到金陵来。江苏常州人董羽（字仲翔）有口吃的毛病，外号“董哑子”，但擅长绘龙水海鱼之事，李煜也非常优待他。（《吴越春秋》卷三十一）曹之对五代艺术成就进行概括，南唐艺术成就突出。

五代的艺术成就主要表现在绘画方面，花鸟画、人物画、山水画都有较大成就。花鸟画以徐熙为代表。徐熙，江宁（一说钟陵）人，出身江南望族，终生不仕，南唐著名画家。他也是写生大师，创“没骨法”，号称“徐体”。今传《莲花图》是其代表作。人物画以顾闳中为代表。顾闳中，江南人，南唐元宗、后主时任待诏，著名画家。今传《韩熙载夜宴图》是其代表作。该画刻画了南唐宰相韩熙载与宾客、舞伎寻欢作乐的夜宴场面，显示出画家杰出的写实能力和人物画的高超水平。山水画以董源为代表。董源，字叔达，钟陵人，南唐著名画家，工山水，善画江南秋岚晚景，元代画家黄公望、倪瓒等深受其影响。①

另外，南唐藏书家也很多，如上文提到的李煜的宠臣张洎，另外还有朱遵度、朱昂等人。朱遵度，原为青州人（今山东青州），后迁居金陵，“家多藏书，周览略遍，当时推为博学，称曰‘朱万卷’”。② 据说著录《漆经》，今已不传。

---

① 曹之. 中国出版通史：隋唐五代卷[M]. 北京：中国书籍出版社，2008：371—372.
② 曹之. 中国出版通史：隋唐五代卷[M]. 北京：中国书籍出版社，2008：373.

朱昂（925—1007），字举之，祖先为京兆（今陕西西安）人，后来因为战乱随父亲迁居到湖南衡山，喜欢收藏图书，因为当时朱遵度号为“朱万卷”，朱昂被誉为“小万卷”。后入宋为官，入翰林为学士，以工部侍郎致仕。

南唐文人荟萃，加之李璟、李煜二主词作的万丈光芒，其他诗人的作品往往不为人所重视。作为南唐名相的李建勋，其道德文章都与历仕后唐、后晋、后汉、后周被誉为当时圣人的冯道相提并论。作为南唐政治、文化人物中的杰出代表，李建勋也不可不提。李建勋（872—952），字致尧，一作广陵（今江苏扬州）人，一作陇西（今甘肃定西陇西县）人，著作颇丰。

郭鹏[①]、胥平等考证了他与孙鲂、沈彬结诗社的情况及其与宋齐丘、徐铉、汤悦等人的交游。陈清的《〈全唐诗·李建勋集〉诗歌来源考》及陈贻焮主编的《增订注释全唐诗》等对李建勋的作品进行了考证和增补。《全唐诗》卷七百三十九收录了他的85首诗，胥平认为散佚之诗也有11首。[②] 李建勋的作品清新可人，生活气息浓厚。例如：

金谷园落花

愁见清明后，纷纷盖地红。惜看难过日，自落不因风。
蝶散余香在，莺啼半树空。堪悲一樽酒，从此似西东。

踏青樽前

期君速行乐，不要旋还家。永日虽无雨，东风自落花。
诗毫黏酒淡，歌袖向人斜。薄暮忘归路，垂杨噪乱鸦。

惜花

白发今如此，红芳莫更催。预愁多日谢，翻怕十分开。
点滴无时雨，荒凉满地苔。闲阶一杯酒，惟待故人来。

---

① 郭鹏. 五代时期孙鲂、沈彬、李建勋的诗社活动考述[J]. 黄冈师范学院学报，2015(1)：43—46.

② 胥平.《李丞相诗集》研究[D]. 南宁：广西民族大学，2016：26.

殴妓

自为专房甚，匆匆有所伤。当时心已悔，彻夜手犹香。

恨枕堆云髻，啼襟揾月黄。起来犹忍恶，剪破绣鸳鸯。[①]

“蝶散余香在，莺啼半树空。”“薄暮忘归路，垂杨噪乱鸦。”“闲阶一杯酒，惟待故人来。”等皆可视为传世之名句。而《殴妓》一诗虽然不太雅，但也可以看出当时士大夫的生活状态。其可与韩熙载“赶妓”一事并称南唐一大奇观，这也可以折射出当时南唐统治集团鱼龙混杂、德才兼备的士大夫反而不容易被重用的现象。身在乱世，南唐虽然经济发展，却无力抵御来自北方的“狼”——这不仅是南唐，也可能是其他五代南方小国共同的悲哀。国家之间的竞争是从经济、文化到军事等各方面的全面竞争。而统治集团如果无法在重大国策上形成共识，只能苟延残喘、束手待毙。

总之，五代时期，以金陵（今江苏南京）为都城的南唐一度成为中国文化中心。其诗词之幽怨，其画风之绚美，皆擅于一时。其对中华文化的传承起到了一定的作用。

第四节　杭州：吴越国的佛教出版活动及影响

吴越国时期，由于统治者的大力提倡，杭州成了江南当时的又一个出版中心。由于统治者对佛教的提倡，出版主要以佛教类图书为主。在此，不能不提到当时的统治者钱氏祖孙（钱镠、钱元瓘、钱弘俶）和高僧永明延寿。

一、钱镠及其继任者对文学及出版的热衷

（一）生于乱世、宣明礼教的钱镠

唐朝大中六年（852 年），钱镠（liú）生于临安石镜乡大

---

① 胥平.《李丞相诗集》研究[D]. 南宁：广西民族大学，2016：26，41—45.

官山（现称功臣山）钱坞垅的田渔之家。可能是相貌太丑陋，家人有不祥之感而欲抛弃，但因祖母怜惜，才保留了下来，因此小名为“婆留”（“阿婆留其命”之义，杭州至今都有“留下”这一地名）。明代冯梦龙所著的《喻世明言》第二十一卷《临安里钱婆留发迹》就基本上以史实为依据，讲述钱镠早年自幼学武、贩卖私盐、从军退黄巢、击败刘汉宏、平定董昌之乱，到封王建国、衣锦还乡的故事。

五代称霸一方的诸侯很多，骁勇善战者更是比比皆是。而吴越王钱氏家族之所以为后人所纪念，主要还是因为作为开创者的钱镠做了两件事：一是改善民生，二是宣明礼教（其中就有尊佛重教化的举措）。钱镠从乾符二年（875 年）24 岁跟随於潜镇（今浙江临安于潜）① 将董昌平叛，到天祐元年（904 年），上表朝廷，被封为吴王，历经三十年的战乱，加上他幼年不受家人待见的成长经历以及成名后衣锦还乡时父亲的训导，使其多从平民的视角来审视自己，因而在文治武功上取得了一定的成就，“文昌”二字尤为凸显。②

钱镠在内政建设上的主要成就体现在修筑海塘和疏浚内湖上。《旧五代史》卷一百三十三《世袭列传二》载：“钱塘江旧日海潮逼州城，镠大庀（pǐ）工徒，凿石填江，又平江中罗刹石”。据考证，钱镠曾多次修筑海塘。后梁开平四年（910 年），钱镠动用了大批劳力，修筑钱塘江沿岸的海防石塘（用木桩把装满石块的巨大竹笼固定在江边，形成坚固的海堤，保护了江边

---

① 2002 年，本书第一作者曾随团游浙西大峡谷时宿于临安于潜镇。此地处于西天目山南麓，地势十分险要。黄巢乃曹州冤句（今山东菏泽西南）人，不习惯南方山地作战。史书上称钱镠计退黄巢之事，即发生于临安西部山区地带。

② 陈尚君．旧五代史新辑会证·卷一百三十二［M］．上海：复旦大学出版社，2005：4035．另一说作“石镜镇董昌”，参见：吴任臣．十国春秋［M］．北京：中华书局，2010：1047．“石镜镇”因山而名：临安大官山西北麓有小山名“石镜”，《隋书·地理志》《新唐书·地理志》均有记载，为五代吴越国钱镠故里。唐天复元年（901），钱镠衣锦还乡，改石镜山为衣锦山、大官山为功臣山、茆山为安国山。

农田不再受潮水侵蚀）。[1] 此外，钱镠还在太湖地区设都水营使以主水利之事，称“撩浅军”（又称“撩清军”），约有七八千人，专门负责疏浚湖泊、筑牢堤岸，使得苏州、嘉兴等地得享灌溉之利。[2]

钱镠治国有方，修身治家也十分严格。钱镠曾向子孙们提出十条要求，被称之为《钱氏家训》。这一家训代代相传、世世因循，一直激励着钱氏后人：

> 第一要尔等心存忠孝，爱兵恤民。
>
> 第二凡中国之君，虽易异姓、宜善事之。
>
> 第二要度德量力而识时务，如遇真君主，宜速归附。圣人云顺天者存。又云民为贵、社稷次之。免动干戈，即所以爱民。如违吾语，立见消亡。依我训言，世代可受光荣。
>
> ……
>
> 第八吴越境内绸绵，皆余教人广种桑麻。斗米十人，亦余教人开辟荒田。凡此一丝一粒，皆民人汗积辛勤，才得岁岁丰盈。汝等莫爱财无厌征收，毋图安乐逸豫，毋恃势力而作威。毋得罪于群臣百姓。
>
> 第九吾家世代居衣锦之城郭，守高祖之松楸，今日兴隆，化国为家，子孙代莫轻弃吾祖先。
>
> 第十吾立名之后，在子孙绍续家风，以明礼教。[3]

虽然欧阳修在私自撰写的《新五代史》中把钱镠的形象刻写得很糟糕，但历史自有公论。其他一些史料表明，吴越国王钱镠不仅马上打天下，其“文治”的功夫也十分可观：自幼熟读春秋、通晓兵法。正是因为自己文化水平不高，所以多与文

---

① 吴任臣．十国春秋（三）［M］．北京：中华书局，2010：1085.

② 吴任臣．十国春秋（三）［M］．北京：中华书局，2010：1090.

③ 金平，王文华．传世三十六代的钱氏《家训》［N］．人民日报：海外版，2001－10－08（7）.

人交游。张秀民[①]认为，钱镠学吟咏，与名士皮日休、罗隐、胡岳等唱和。诗人贯休在杭州时曾给吴越王钱镠写诗《献钱尚父》，诗中名句："满堂花醉三千客，一剑霜寒十四州。"据《十国春秋》载，罗隐晚年就归依钱镠，卒于发运使之位。[②]罗隐不仅是一位诗人，还是一位道家学者，著有《谗书》《太平两同书》等，他力图提炼出一套供天下人使用的"太平匡济术"——由此可见这是五代乱世中黄老思想发展的产物。钱镠与道家人士来往频繁，建瑞应宫于卞山、上清宫于秦望山[③]，等等。钱镠受佛教影响也很深，吴越建国后，他在各地兴建佛寺、佛塔，911 年建大钱寺，916 年建塔于杭州城南，又命部下造石幢于福庆庵，后又建宝林院等。钱镠晚年也钟爱翰墨，有诗文传世。为后来的继任者继续以文治天下打下基础。从同光三年（925 年）吴越国进贡给后唐的"《九经》、书、史四百二十三卷"[④] 来看，吴越国的图书出版印刷业应该在这一时期就已经开始了。

（二）"尤尚儒学"信奉佛教的钱元瓘

钱元瓘（887—941），字明宝，原名传瓘。武肃王钱镠第七子，由于在吴越国与他国的争战中立下大功而继任为第二代君主。该事件发生于唐天复二年（902 年），杭州裨校许再思、徐绾等[⑤]作乱，勾结杨行密的部下宣州节度使田頵围攻杭州。钱镠为了稳住田頵，提出和他结盟。田頵要求结为儿女亲家才

---

① 张秀民，韩琦．中国印刷史[M]．杭州：浙江古籍出版社，2006：33.

② 吴任臣．十国春秋（三）[M]．北京：中华书局，2010：1085.

③ 吴任臣．十国春秋（三）[M]．北京：中华书局，2010：1092.

④ 吴任臣．十国春秋（三）[M]．北京：中华书局，2010：1099.

⑤ 许再思和徐绾原来是孙儒手下的两员战将，892 年孙儒战败后降于钱镠。孙儒（？—892），河南蔡州人。唐末军阀，为人残暴，曾横行于江淮地区，以杀人为乐，曾在洛阳、扬州等地屠城，曾以人肉为食，后又横行于苏州、常州、润州、宣州一带，为庐州刺史杨行密攻杀。从唐末的变乱中我们可以看到，飞扬跋扈的武人大多落了个死于非命的下场。以孙儒为例，其作战固然少有人能敌，但其屠城、食人的反人类的性质决定了他不可能在江南夺取政权，即使夺得政权，若不善待百姓，也顶多落得个刘建锋、李存勖之流的下场。这也从反面证明了吴越国为代表的南方小国上至君臣、下至平民崇尚儒学、笃信佛教的合法性与必要性。

退兵，实际是就是要钱镠把儿子交出来当人质。当钱镠问儿子们有谁愿意去做田家的女婿时，儿子们大多面露难色，有的甚至大哭大喊。年仅十六岁的钱元瓘却欣然前往，大大出乎钱镠的意料。天复三年（903 年），田頵因叛乱战死，钱元瓘得以返回杭州。由此，确立了他王储的地位。后在与杨吴国的交战中，钱元瓘巧用火攻，在南通一带长江水面上大败军力占优势的杨吴军队。长兴三年（932 年）三月，他继承父亲王位，在位共十年。史称其“尤尚儒学”。他所重用的几位宰相大多是文士，如名将曹圭之子曹仲达（882—943）、唐末进士出身的沈崧（863—938）、著名诗人皮日休的儿子皮光业。[①]

另外，钱元瓘还和其父一样信奉佛教。据有关资料记载，他在位时共建佛寺 73 座，对儒学和佛教的弘扬、为日后钱氏第四代领导人钱俶的大倡印刷之风奠定了良好基础。

《新五代史》卷六十七《吴越世家第七》云：

元瓘亦善抚将士，好儒学，善为诗，使其国相沈崧置择能院，选吴中文士录用之。

《旧五代史》卷一百三十二称钱元瓘也喜欢写诗，有诗词一千多首。有人选了三百首，编为《锦楼集》。当时浙江一带人们都广为传诵，今已失传。《全唐诗补编·续补遗》收录其诗二首，《送别十七哥》云：

大伯东阳轸旧思，士民襦裤喜回时。登临若起鸰原念，八咏楼中寄小诗。

《题得铜香炉》云：

莫记年华隐水中，忽于此日睹灵踪。三天瑞气标金相，五

① 三人的资料详见《十国春秋》卷八十六《吴越十》之《列传》。曹仲达生于浙江临平（今浙江省杭州市余杭区临平），父曹圭曾在苏州为官。沈崧为闽地人，出生于官宦世家，唐昭宗御试时复选为进士。皮光业，字文通，湖北襄阳竟陵人，父皮日休曾为苏州军事判官、太常博士，因此安家于苏州。皮光业生于苏州，“十岁能文”。

色龙光俨圣容。节届初秋兴典教，时当千载庆遭逢。仙冠羽服声清曲，共引金台入九重。

（三）钱俶对佛教的笃信与对佛经印刷的大力支持

吴越国号称“东南佛国”，其佛经及相关佛教类图书资料的雕版印刷、传播是有着相当的群众基础的。在第一代领导钱镠遗训的指导下，钱氏家族团结友爱。在王位的更迭中，没有一次出现流血事件——不是公开推荐（如钱元瓘），就是“友好禅让”——钱俶①的继位就是这样。钱俶的继位不仅具有戏剧性，还具有浪漫温馨的兄弟情谊。当其兄钱弘佐被权臣所废黜时，钱俶唯一的“登基”要求便是不伤害钱弘佐。

在处理完内部政务、外交事务后，钱俶的主要爱好便是诵读佛经、研究佛理。史称其“万机之暇，口不辍诵释氏之书，手不停披释氏之典”，当阅读至不解之处时，钱俶还会主动虚心向国师德韶请教。钱俶还曾为高僧延寿的《宗镜录》撰写序言，并提出了自己的观点。可以说，吴越国的长治久安虽然和其独特的地理环境有一定的关系，但是“儒释双修”的确是其治国的一大法宝。

钱俶在位时将对佛教的弘扬发挥到了极致，个中原因是永明延寿的出现。

二、吴越四朝元老级和尚永明延寿参与出版的主要经历及贡献

（一）永明延寿的生平及主要经历

1．天资过人，中途出家

延寿（904—976），唐末五代十国时高僧，净土宗第六代祖师，因长住杭州永明寺（即净慈寺），故又称永明延寿。他俗姓王，字冲元，祖籍江苏丹阳，后迁居浙江余杭，其父曾任

---

① 钱俶原名“钱弘俶”，因避宋太祖父亲赵弘殷的讳，宋朝以后的史书都写作“钱俶”。

吴越王的先锋。永明少时即天资过人，十六岁时就著《齐天赋》献于吴越王钱镠。

延寿年轻时就信仰佛教，好放生。为吴越王余杭库吏时，他见集市中待价而沽的鱼虾飞禽等，往往生出慈悯之心，因而偷偷挪用公款买来放生，查到账后亏空巨大，被判死刑。处斩之际，镇静自若，自言："吾为活数万生命而死，死又何憾！"文穆王钱元瓘见状，顿生怜悯之心，"乃从其志，放令出家"。于是延寿抛妻别子，于杭州附近的千春龙册寺（遗址在今杭州南山陵园）投永明令参师门，法名延寿，字智觉。时为公元933年，延寿年方三十（虚岁）。[①]

2. 刻苦修行，著作等身

出家以后，延寿修行极为刻苦——"执劳供众，都忘身宰；衣不缯缕，食无重味，野蔬衣襦，以遣朝夕。"[②] 可见他身体力行——吃野菜，穿粗衣。后往天台山向法眼宗创始人文益大师的弟子——德韶禅师（吴越王封其为国师）修学禅法，成为禅门法眼宗的第三代传人，后又赴雪窦寺修行。他曾在法堂上以雪窦山面临高悬的瀑布、奇险的山岩，来比喻自己禅法非同一般。在解答应该如何修行时，有僧人站出来问道："雪窦一径，如何履践?"他回答："步步寒华（花）结，言言彻底水。"他以花之"寒"、水之"彻"来表示自己禅法的峻烈高洁。[③] 另据日本学者研究，延寿一生诵读的《法华经》达13000余部[④]，可见其用功之勤。

永明延寿一生著述颇丰。据《智觉禅师自行录》记载，延寿著作共61本，总计197卷，包括：《宗镜录》一百卷、《明宗论》一卷、《论真心诀》一卷、《坐禅六录门》一卷、《灵珠

---

① 黄公元. 一代巨匠　两宗祖师：永明延寿大师及其影响研究[M]. 北京：宗教文化出版社，2009：33.

② 超永. 五灯全书[M]. 北京：中国藏学出版社，1993：604.

③ 杨文斌. 一心与圆教：永明延寿思想研究[M]. 成都：巴蜀书社，2011：6.

④ 释智学. 永明延寿传记研究[J]. 法光学坛，2001（5）：58—82.

赞》一卷、《坐禅仪规》一卷、《唯明诀》一卷、《警睡眠法》一卷、《住心要笺》一卷、《唯心颂》一卷、《定慧相资歌》一卷、《发二百善心断二百恶心文》一卷、《心赋》一道7500字、《观心玄枢》三卷、《金刚证验赋》一道（有的书作“卷”），共计15类。[①] 由于历经变乱，现在流传于世的著作种类，说法不一，有的认为是11种，也有的认为是13种或18种。[②] 但《宗镜录》《万善同归集》等这些也足以代表其佛学思想。

（二）永明延寿规模空前的出版活动

延寿和尚对社会产生的影响不仅在于以著书立说的方式弘扬佛法，还在于他参与了规模空前的佛经与佛像的雕版印刷活动。

据张秀民先生考证，延寿参与的“印刷史大事”至少有两件：

1. 939年前后，刊《弥陀经》，印《弥陀塔图》14万本

吴越国在这一时期大印佛经，是有着深刻的政治原因的。937年4月，钱元瓘（932—941在位）恢复建国，受封为“天下兵马大元帅”“吴越国王”。在境内实行大赦，大兴佛事。除了在西湖慈云岭南坡资延寺右摩崖造弥勒、观音、势至佛龛和“唐僧取经”石龛外，还资助佛经、佛像的大量出版，目的是在乱世中营造一方祥和的乐土。延寿以他当时初入佛门的资历，只是一个普通的参与者而已，当时印施了一大批的经咒与图像。延寿参与刊印的出版物有：《弥陀塔图》（亲手印十四万本）《弥陀经》（后于壬申公元972年又开板印施）《楞严经》《法华经》《观音经》《佛顶咒》《大悲咒》。[③] 以上约印于公元939年左右。

延寿刻苦修行的一个结果便是掌握了印刷技术，成为寺院

---

① 杨文斌. 一心与圆教：永明延寿思想研究[M]. 成都：巴蜀书社，2011：8—9.

② 黄公元. 一代巨匠　两宗祖师：永明延寿大师及其影响研究[M]. 北京：宗教文化出版社，2009：50.

③ 张秀民. 张秀民印刷史论文集[M]. 北京：印刷工业出版社，1988：72.

中一名合格的印工。由于史书及佛学书籍上关于延寿的记录极为简略，尚无明确记载是在何地刊刻。从他亲手印刷来看，应该是与他驻锡的寺院不远，或者就在所驻寺庙。如果印刷出版的时间诚如张秀民先生所确定的939年前后的话，恰好印证了上文延寿出家的地点——杭州南山的千春龙册寺——因为也只有在杭州，才有可能动用这么大的财力、物力、人力，来完成“写板—校勘—刊刻—印刷—装订（裱背）”这么多的出版程序，印制出这么多较为精美的出版物。

2. 975年前后，与钱俶共刊佛经、咒语、塔图、佛像数十万卷

据考证，延寿晚年也主持并参与了佛学出版物的大量出版活动，出版了《二十四应观音像》《法界心图》（印七万余本）《孔雀王菩萨名消灾集福真言》（十万本）《西方九品变相昆卢遮那灭恶趣咒》《阿闳佛咒》《心赋注》。①

延寿对上述图书亲自编撰并作注释，用于镂板印施。于公元974年开板的《二十四应观音像》画了24种“应现”。“应现”是佛教用语，今多作“应验”，即“佛、菩萨应众生机缘而现身”之意。此次印刷共用绢素印两万本，末有“天下大元帅吴越国王钱俶印造”。② 张秀民先生把这次出版活动也归在延寿名下——“凡一切灵验真言，无不印施，以为开导。”③ 可见他印施之多。其中《心赋》为延寿自己的著作，又自加注释。他竭力提倡净土：“结一万人弥陀社会……编施寰海。”④

这种由君主提倡、寺僧主持，且大量印刷施行出版物的现象为历史所罕见。“延寿所印佛教经像、咒语，有数字可考者，共计682000卷。数量之巨，在我国印刷史上可说是空前的，后

---

① 张秀民. 张秀民印刷史论文集[M]. 北京：印刷工业出版社，1988：72.
② 张秀民，韩琦. 中国印刷史[M]. 杭州：浙江古籍出版社，2006：36.
③ 张秀民. 张秀民印刷史论文集[M]. 北京：印刷工业出版社，1988：44.
④ 张秀民. 张秀民印刷史论文集[M]. 北京：印刷工业出版社，1988：44.

来也是少见的。”①

（三）出版活动对后世的巨大影响

1．对后来的印刷活动的兴起作了技术和人才上的准备

如果说“雷峰塔”（1924 年倒塌）出土的佛经上的文字还比较拙劣、图画还比较粗陋的话，那只能说明雕版印刷的各项技术及笔、墨、纸等材料的制作工艺还在发展中。以延寿为代表的吴越印刷活动所积累的技术、储备的人才为宋代迎来出版业的高峰打下了坚实的基础。

《册府元龟》卷六百八载：“后唐宰相冯道、李愚重经学。因言汉时崇儒，有三字石经。唐朝亦于国学刊刻。今朝廷日不暇给，无能别有刊立。尝见吴蜀之人鬻印板文字，色类绝多，终不及经典。”于是萌生将儒学经书校勘后雕版发行的想法。这说明了中原印刷儒经的想法是受到了吴蜀的雕版印刷的启发。因为早在中原刻印《九经》等儒典之前，南方地区的书籍印刷业无论在印刷种类和印刷数量上都已走在前列。宋勇强指出，其实北宋初一些国子监的旧板其实就是吴越国和蜀国的。②

王国维《两浙古刊本考》说：“五季之顷，其行转盛，及宋有天下，南并吴越。嗣后国子监刊书，若《七经正义》，若《史》《汉》三史，若南北朝《七史》，若《唐书》，若《资治通鉴》，若诸医书皆下杭州镂板，北宋监本刊于杭者，殆居泰半。南渡以后，临安为行都，胄监在焉。板书之所萃集。”③ 这与宋代著名藏书家叶梦得所说“今天下印书，以杭州为上，蜀本次之，福建最下”④ 意思一样。杭州出版业之所以有这么辉煌的成就，追根究底还是在吴越国时期延寿参与并主持的诸多

---

① 张秀民．张秀民印刷史论文集［M］．北京：印刷工业出版社，1988：44．

② 宋勇强．五代时期吴越国印刷文化传统［J］．深圳大学学报（人文社会科学版），2008，25（5）：134—140．

③ 袁英光，刘寅生．王国维年谱长编（1877—1927）［M］．天津：天津人民出版社，1996：339—340．

④ 叶德辉．书林清话·书林余话［M］．长沙：岳麓书社，1999：210—211．

出版活动为其奠定了基础。

2．对佛学民间化、世俗化做出了巨大贡献

延寿对佛教世俗化的贡献主要体现在两个方面：

（1）以诗文的形式，深入浅出地弘扬佛法

他文雅好诗道，其流传至今的诗作如《山居诗》就有 63 首。有人请教延寿，什么是永明要义，他便道四句诗：

> 欲识永明旨，门前一湖水。日照光明生，风来波浪起。①

比起动辄上万字的深奥晦涩的佛经来说，这些诗文短小精悍、浅显易懂，富于启迪。有人还是不明白，说："我们久在永明（寺），为什么还领会不到永明的家风呢?"延寿说："那就到不领会的地方去领会吧。"并以诗云："母牛生下象崽，碧海出现红尘。"② 这些话语充满"禅机妙理"，一般不易领会。其实延寿讲的道理与后来陆游的诗句"汝果欲学诗，功夫在诗外"是一个道理。延寿不仅"立文字"，通过著书立说的方式宣扬佛法，而且语言也晓畅通俗。他以诗文的形式深入浅出地弘扬了佛法。

（2）广泛刊刻，普度民众

延寿出版物的对象还包括更广大意义上的佛教信徒、众多的善男信女。他们有的粗通文字，有的根本就是文盲。对这些百姓，延寿采用的是图文结合、甚至是单印咒语的方式，用传单、佛像等类似日历的简易印刷物来进行传播。江浙一带的寺院认为，即使不念经书，每天诵读一句"南无阿弥陀佛"，也是一心向善、皈依佛门的行为。这显然是五代时延寿的遗风。如今江浙一带农村的老妇提到佛，都会念上一句"阿弥陀佛"或"南无阿弥陀佛"。20 世纪，不仅在浙江湖州，在吴越国势力范围之外的安徽无为等地，考古中也发现了吴越国印的

---

① 李哲良．佛光禅影[M]．成都：四川人民出版社，1998：142.

② 李哲良．佛光禅影[M]．成都：四川人民出版社，1998：142.

《陀罗尼经》，可见其影响之广。

3. 加强了与海外的文化交流

延寿所弘之法远播海外。开宝六年（973 年），当时高丽国光宗大成王，“览寿之言教，遣使赍书叙弟子礼，奉金线织成僧伽黎衣，紫水晶念珠、金澡（一作“藻”）罐，使彼国僧主十六人承寿印记，还高丽弘法。”[①] 从此，法眼宗风行海外。近来日本学者三浦彩子发表了《受〈宗镜录〉启示的日本庭园与禅净一致思想》，认为延寿提出的禅净一致思想不仅对佛学思想而且对日本园林艺术也产生了非常深远的影响。[②] 可见，延寿的出版活动为中外文化交流写下了光辉的一页。

当然，除了佛经的印刷，吴越国还有其他一些经典的雕版镂刻，其数量也相当惊人，从吴越国纳土归宋时所献入馆阁的图书可见一斑。《宋朝事实类苑》卷三十一载：“两浙钱俶归朝，遣使收其书籍，悉送馆阁。端拱元年五月，诏置秘阁，至是乃以史馆书万余卷以实其中。”

因此，可以实事求是地讲，如果不是吴越、南唐、蜀国的图书出版资源的巨大支撑，北宋的印刷产业是不可能一下子兴盛起来的。即使后来宋朝最高统治者修缮馆阁、招徕人才、著书立说、编定《五经正义》、大开举之风，也离不开杭州与成都这两个超级“印刷中心”的支持。因为像《史记》《开宝藏》这一类动辄上千卷的巨型图书的印刷，如果没有精良的制作工艺上的支持以及写板、雕版、刷印、装订等人才的庞大储备，是难以完成如此巨大的工程的。为什么不放在开封制作呢？就是因为即使作为都城的汴京也没有这样的财力、物力和人力，就制作材料而言，即使油墨、板材、纸张，都城开封都无法及时、便利地供应。用今天的话来讲，产业链的形成和完

---

① 忽滑谷快天．中国禅学思想史[M]．上海：上海古籍出版社，1994：373.

② 三浦彩子．《受〈宗镜录〉启示的日本庭园与禅净一致思想》//会议交流文集[G]．杭州：杭州市佛教协会，2004：415.

善不是三两年可以造就的。

所以，我们认为，虽然赵宋王朝在北周的基础上用武力统一了中原及南方地区，但就文化而言以吴越、南唐、蜀地等为代表的南方政权做出了很大的贡献。不仅仅是刻印了图书，还通过儒、释、道的不断传播，促进了三者的融合，为中华民族的文化认同奠定了基础。

第五节　瓜沙和闽地的出版活动

一、鲜为人知的瓜沙刻书

由于地点偏僻，瓜州和沙州一般不太被人们注意，但在出版史上有着极其重要的地位。这一地区的印刷品虽然数量上无法与成都、杭州的印刷品相比，但流传下来的珍品往往为世人所瞩目。

五代时期，瓜州（今甘肃安西东南）、沙州（今敦煌）地理位置十分重要，东接中原，西通新疆，自汉代张骞通西域以来，一直是中原与西方交通的“咽喉之地”，是陆上丝绸之路的必经之处。史书称瓜沙地区是“华戎所交一大都会”，因而也是东西方各种文明交汇的重要节点。季羡林先生指出，“世界上历史悠久、地域广阔、自成体系、影响深远的文化体系只有四个：中国、印度、希腊、伊斯兰，再没有第五个；而这四个文化体系汇流的地方只有一个，就是中国的敦煌和新疆地区，再没有第二个。”① 应该说，这个论断大体上是正确的。瓜沙地区不仅出土过回鹘文的经书，甚至出土过西方的《圣经》，壁画中也有印度和尚的画像乃至基督教中疑似圣母或修女的画像。

安史之乱后，唐朝中央政府逐渐失去了对河西走廊的控

---

①　季羡林．敦煌学、吐鲁番学在中国文化史上的地位和作用[N]．人民日报：海外版，2000－9－4（7）．

制。这里一度为吐蕃所占据，后来为唐朝节度使张议潮击败。自公元914年起至1002年的88年里，此两州由归义军节度使曹仁贵及其子孙所统治。到北宋初年，一度归顺宋朝，后又为西夏所占据。敦煌由于20世纪初藏经洞窟的发现而名扬世界。

按周有光先生的说法，这里是犍陀罗文化带的末端。“历史上，敦煌是从巴米扬开始一直延伸过来的犍陀罗文化带（注：印度佛教文化和古代希腊文化的混合），绝大部分都被伊斯兰教毁掉了，只剩下东面头上敦煌这一段，而且不是这个文化带里水平最高的。”①

但是讨论到这一地区的印刷出版事业，实际上还绕不开安史之乱与唐末五代的变乱。因为这一地区的出版文化本来不是很兴旺，正是中原都城的陷落造成了人才的外逃，而使这一区域成为唐代文化的驿站。樊锦诗在《敦煌的地理和历史》一文中写道：

> 五代至宋初，即曹氏政权前期的壁画艺术，犹存唐代余风。山水画、故事画、肖像画，巨幅壁画有独特成就，在画院画师或画行画匠的带领下，使公式化的经变形成了统一风格。壁画人物肌肉丰腴、设色热烈、线描豪放有变化，但失之粗糙简率。至宋代，即曹氏政权后期，经变内容更趋贫乏空洞，人物神情呆板，千篇一律，色彩单调贫乏，线条柔弱无力，缺乏艺术生命力。②

敦煌地区出版事业发展的另外一个重要原因是曹元忠的大力支持。曹元忠是曹仁贵之子，946—967年在位。他在位的20多年间与周边地区少数民族国家进行联姻，加强贸易往来，经济上取得了长足的发展。为了顺应该地区以佛教为主的多元

---

① 他随手在面前的稿纸上写出犍陀罗的英文Gandhara，由于不能确定拼写是否准确，很抱歉地笑笑：“我现在年纪大了，原来知道的东西我都写不出来了。”灵子. 忧郁的常识[M]. 合肥：安徽教育出版社，2013：1.

② 见“敦煌研究院”网站http：//public. dha. ac. cn/Content. aspx? id =60518333848 &Page =4.

文化的融合趋势，曹氏政权组织众多工匠不断开窟造像。据敦煌研究院提供的资料，在曹氏家族统治的一百多年里共开凿了55个洞窟，055窟是其中之一。这说明，敦煌地区的印刷与佛教有很大的关系。

由于他发展经济、体恤百姓，因此他本人在壁画中的像也是一副慈眉善目、谦谦君子的样子。（见图4）此地流传至今的出版物有《金刚经》《大慈大悲救苦观世音菩萨像》《地藏菩萨像》等。《大圣毗沙门天王像》文字如下："北方大圣毗沙门天王，主领天下一切杂类鬼神。若能发意求愿，悉得称心，虔敬之徒，尽获福祐。弟子归义军节度使特进检校太傅、谯郡曹元忠，请匠人雕此印板。惟愿国安人泰，社稷恒昌，道路和平，普天安乐。于时大晋开运四年丁未岁七月十五日纪。"（见图5）① 大晋开运四年，即公元947年，刻印者为"匠人雷延美"；一两年后，他制作的出版物上又署名为"押衙雷延美"。据考证，"押衙"是一个上至宰相、下至画匠都可以称用的官名。②

图4　曹元忠像

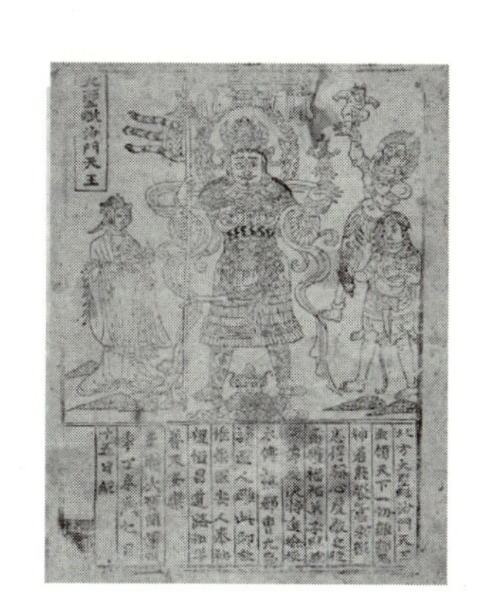

图5　大圣毗沙门天王像

有关学者对此印刷品进行了详细研究：

① 宿白．唐宋时期的雕版印刷[M]．北京：文物出版社，1999：5，129.
② 赵贞．归义军押衙兼知他官略考[J]．敦煌研究，2001（2）：89—96.

板框通高39厘米，宽26厘米。图像部分框高27厘米，文字部分框高12厘米。图中描绘的主人公是毗沙门天王，他在佛教中是一位护法的天神，是所谓四大天王之一，即北方多闻天王。传说他神通广大，颇有灵验，唐天宝元年（742年）不空三藏作法，尝请毗沙门天王显圣，因而平息了外乱，所以在唐代毗沙门天王一直被奉为军神，影响日深。直到五代，特别是在军中，毗沙门天王仍是被崇奉的军神。版画的结构紧凑，形象传神。一个健壮的地神从地上挺然露出半个身躯，用他的双手擎住毗沙门天王的双足。毗沙门天王挺然屹立正中，右手执附旗长戟，左手托着供奉释迦牟尼佛的宝塔。头戴宝冠，旁附羽翼。双肩喷射火焰。腰间紧窄，横佩长剑。铁甲披肩，铠片鳞鳞。目光炯炯，傲视一切。胡须上翘，无所畏惧，充分表现了毗沙门天王勇猛的性格和无穷的威力。辩才天女手捧花果侍立于左；童子与罗刹侍立于右。面目狰狞的罗刹右手高举着一个婴儿，这是为了表现西域于阗国王自认为是毗沙门天王的后裔。国王耆老之后，没有子嗣，祈请毗沙门天王，毗沙门天王显神通从额头剖出婴孩，国家才得以传承不息。整个构图中心突出，结构严谨，刻画线条刚劲而不呆板，人物形象狰狞而不丑恶。图像左上角的矩形条框中竖镌“大圣毗沙门天王”数字。①

敦煌研究院的付华林研究认为，这个毗沙门天王名叫“决海”，是古代于阗地区人民的护国神王。于阗地区的原始居民从游牧生产方式转为定居的农业生活后，并没有掌握先进的农业生产技术，加上工具粗劣，并且还时常遭受到毒龙制造的洪涝灾害，苦不堪言。佛祖来到此地后，率弟子毗沙门天王降服了毒龙，使这一地区风调雨顺。

据此我们可得出以下结论：敦煌地区有数量不少的个体雕

---

① 敝卷半箧斋 http://blog.sina.com.cn/s/blog_5f6791090102w8kh.html.

版工匠为政府雇用（很有可能从中原地区流落至此）；由于雕版印刷的发展，政府在录用的工匠中又选拔了一些管理人员，雷延美就是其中之一；和吴越国一样，地区的最高长官是出版活动的坚定支持者；上至地区最高统治者、下至黎民百姓渴望和平、反对战争的诉求十分强烈。

另外曹元忠还开窟造像，留下了大量的壁画资料，同时也用传统的手抄方式保存了大量唐五代典籍，其数量是印刷品的十倍以上。

当然，生活类的日历、蒙求类图书在敦煌地区也比较常见，自汉代以来儒学的传播一直没有中断过，因此儒学的图书也有《切韵》《唐韵》等。这些图书和佛教类图书被法国伯希和盗走，现藏于法国国家图书馆。详见表1。①

表1　敦煌图文类雕版印刷出版物小计

朝代	年代	名称	施主、主持印刷	雕版印刷	形式	件数
唐	咸通九年（公元868年）	金刚般若波罗蜜经（卷首有佛像插画）	王玠		卷子装	1件
	乾符四年（公元877年）	乾符历书（卷中有插画）			卷子装	1件（残缺）
	中和二年（公元882年）	剑南西川成都府樊家历			单页	1件（残缺）
五代	大晋开运四年（公元947年）	北方大圣毗沙门天王	曹元忠		单页/佛像	17件（其中6件残缺）
	大晋开运四年（公元947年）	大慈大悲救苦观世音菩萨	曹元忠	匠人雷延美	单页/佛像	13件（其中3件残缺）
	天福十五年（公元949年）	金刚般若波罗蜜经	曹元忠	雕版押衙雷延美	经折装	1件

① 吴建军. 五代敦煌曹元忠统治时期雕版印刷研究[M]. 装饰，2013（4）：82—85.

（续表）

朝代	年代	名称	施主、主持印刷	雕版印刷	形式	件数
宋	开宝四年（公元971年）	大佛顶陀罗尼经（曼荼罗形式有梵文）			单页/佛像	1件
	太平兴国五年（公元980年）	大隋求陀罗尼（套印、曼荼罗形式）	李知顺	王文沼	单页/佛像	3件（其中2件残缺）
	甲申年雍熙元年（公元984年）	大圣文殊师利菩萨与四十八愿阿弥陀佛拼合像	比丘智瑞右一大师		单页组合/佛像	1件

注：五代及宋初，敦煌地区隶属于归义军，直到景祐三年（1036年）为李元昊（西夏国王）所灭。文献出处：吴建军. 五代敦煌曹元忠统治时期雕版印刷研究。

二、闽地的出版活动

（一）福建地区：五代滥觞的坊刻

王审知（862—925），字信通，又字详卿，唐淮南道光州固始（今河南固始）人，五代十国时期闽国建立者。唐末动乱时，王审知与兄王潮（河南固始县佐吏）率领家族成员跟随屠夫出身的王绪于寿州起兵。因势力弱小，王绪只好率众南下避乱。但在向南行进途中，王绪生性多疑，滥杀无辜。后王潮废杀王绪，诸将便拥戴他为首领。唐乾宁四年（897年），王潮去世，王审知继其位，朝廷任他为武威军节度使、福建观察使，一直升迁到检校太保、同中书门下平章事，封琅琊王，907年封为闽王。

王审知在位时政治上十分开明，建招贤亭，选贤任能，轻徭薄赋，让百姓得以休养生息。生活上非常俭朴，有时竟然拿榨酒的袋子补衣服，外面进贡的奇器淫巧之物一概废弃。有一次南方使者带回一个当时人们从未见过的玻璃瓶，他玩赏之后竟然打碎在地，教育臣民以“俭约为要”。对外的商业贸易上，

王审知也很开通，大力招揽当时被称作“海中蛮夷”的海外人士前来经商，开通了与中原朝廷的海上航线。在人才和教育上，他礼贤下士，还任用一批有才之人协助自己——王淡是唐朝宰相王溥之子，杨沂是唐朝宰相杨涉之弟，韩偓是唐昭宗欲立为相的翰林学士，徐寅是唐代知名进士。他们都为王审知出谋划策。他另外设“四门学”，以培养闽中优秀学子。

由于其继任者多不孝悌，导致骨肉相残，在其去世后的20年里竟然出现过7个称王或称帝的政权，将王潮、王审知兄弟经营近30年的“海滨邹鲁”搞得残破不堪。因此，闽国虽然比吴越国还要远离中原的战乱，但自己的内乱较多、时间较长，且亡国较早（945年为南唐、吴越国灭），故图书出版事业成就不高。

王审知对出版业的贡献主要集中在藏书和佛经的传播上。他在天祐元年（904年）福州建报恩定光多宝塔。905年王审知藏佛经于寿山，共计541函、5048卷，并且命令“管内军州，搜遗书缮写以上”。① 据宋代梁克家《三山志》云，在晚年时（923年），他又将金银字大藏经5048卷、凡540函奉施于开元寺寿山塔院。他书写和藏书的方法很特别，先是用万两金银书写，然后用红木为卷轴进行装裱，放在红漆刷过的书架上，并在书架上放置龙脑以防蠹虫。

张秀民先生认为，闽国王审知所抄《大藏经》共四部，其中一部可能为新罗（今朝鲜半岛）② 僧人于928年带回国内。福建莆田人徐寅的《斩蛇剑赋》《人生几何赋》等作品也传至渤海国（今吉林省东部）。

---

① 吴任臣．十国春秋[M]．北京：中华书局，2010：1302.

② 新罗王朝大约存在了两个世纪（7世纪末—9世纪末）。670—676年，唐朝征高丽后曾一度占据了朝鲜半岛西边的部分领土纳入安东都护府和熊津都护府（660—665）。后来，新罗统一了朝鲜半岛大同江以南地区，称为“统一新罗”。9世纪末期，统一新罗又分裂成为三个国家，史称“后三国”。935年，“后三国”被高丽统一。参见：谭其骧．中国历史地图集：第五册[M]．北京：中国地图出版社，1982：32—37.

（二）闽地著名的出版人物徐寅

徐寅（849—921），一作“徐夤”①，福建莆田市人。博学多才，尤擅作赋。为唐末至五代间较著名的文学家。早年所作《人生几何赋》《斩蛇剑赋》《御沟水》等远传至渤海等国，其人皆以金书列为屏障。然而，他却屡举进士不第，至唐末乾宁年间（894—897）方以《止戈为武赋》“榜上有名”，被授为秘书省正字。

这时徐寅已过不惑之年，还想在中原地区寻得一官半职。据《十国春秋》载，他当时一不小心，触怒了梁太祖朱温。之后，他为了讨朱温的欢心，绞尽脑汁，献上《过大梁赋》，以“千金汉将，感精魄以神交；一眼胡奴，望英风而胆落”的妙句获赏。徐寅在中原经历了战乱，也亲身体验到了伴君如伴虎的官场之诡谲，便东归故里；闽王审知后任命他为掌书记。不料后唐兴起，“一眼胡奴”李克用的儿子李存勖当上了皇帝，在前来向他贺喜的闽使面前算起了旧账。王审知只好罢了徐寅的官职。《全唐诗》收录其诗220余首。文集有《探龙集》1卷、《雅道机要》及诗8卷（又称《钓矶文集》），另有赋5卷，其中《过骊山赋》最为有名。

徐寅不仅擅长著作，也是一位著名的藏书家。他晚年回到故乡莆田九华山下延寿村后，为造福家乡学子，倾其所有建成了“延寿万卷书楼”，藏书达万卷。书楼不仅借书给学子阅读，还定期讲学，学子们可自由听讲。这些“书楼”和蜀地毋昭裔的“私学”、南唐的李善道等在庐山白鹿洞建立的“庐山国学”成为宋代书院的前身，为中国地方教育事业的发展、为中国文化的传播做出了重要贡献。

《钓矶文集》卷六载：“拙赋偏闻镌印卖，恶诗亲见画图

---

① 闽地出版及徐寅等资料主要参考张秀民《中国印刷史》（浙江人民出版社2006年出版）第31页。《台湾徐公演汐止家谱》载的徐寅生卒年与张秀民认定的不一致，兹录供参考：“寅公（858—929），字昭梦，后唐894年状元，官秘书省正字”。

呈。”因徐寅是福建莆田人，故推测他的《斩蛇剑赋》和《人生几何赋》可能已由莆田书坊印卖。我们来看一下他写的赋：

过骊山赋

六国血于秦，秦皇还化尘。尘惊而为楚为汉，路在而今人古人，但见愁云黯惨，叠嶂嶙峋。时迁而金石非固，地改而荆榛旋新……贵蝼蚁于人命，法财狼于帝德……九州病，万室空……

人生几何赋

叶落辞柯，人生几何？六国战而谩为流血，三神山而杳隔鲸波。任夸百斛之明珠，岂延遐寿？或有一卮之芳酒，且共高歌。岂不以天地为炉，日星为纪？虽有圣而有智，不无生而无死。生则浮萍，死则流水。七十战争如虎豹，竟到乌江；三千宾客若鸳鸿，难寻朱履。

……

尝闻萧史王乔，长生孰见。任是秦皇汉武，不死何归。吾欲挹元酒于东溟，举嘉肴于西岳。命北帝以指荣枯，召南华而讲清浊。饮大道以醉平生，冀陶陶而返朴。

上述两赋中，前者侧重于史论，偏重于对天下兴亡的反思，后者侧重于对人生和社会的思考。从作品中可以看出，诗赋中既有对“六国”争战的讽喻、楚汉相争的叹息，也有对时代的思考、对生命的追问，反映了黎民百姓对唐末战争的厌恶。称王称霸的杀人游戏不仅祸害百姓，也害了自己。诗中儒道合一的思想表现得比较明显。

表 2　闽国历代君王（907—945）

序号	庙号	姓名	生卒时间	在位年份	关系	备注
1	太祖	王审知	862—925	909—925	王潮三弟	
2	废帝	王延翰	？—926	926—927	王审知长子	在位 1 年
3	太宗	王延钧	？—935	927—935	王审知次子	在位 8 年

（续表）

序号	庙号	姓名	生卒时间	在位年份	关系	备注
4	康宗	王继鹏	？—939	935—939	王延钧长子	在位4年
5	景宗	王延羲	？—944	939—944	王审知七子	在位5年
6	昭宗	朱文进	？—945	944—945	部将	在位1年
7	恭宗	王延政	？—945	943—945	王审知十三子	在位2年
8	末帝	卓岩明	？—945	945	和尚	在位1年

注：王审知在898年开始割据，907年受封闽王。

王审知在位期间，政治清明，经济发展，文教也逐渐兴盛，包括图书在内的贸易也有了较大的发展。

方彦寿在《建阳古代刻书通考》① 中认为，闽地在五代就有民间刻书的商业行为。原因很简单，当时也没有知识产权一说，且印刷的图书价格是手抄本的十分之一。② 当时徐寅等人的作品流传至渤海国，说明了闽地的图书贸易也比较发达。加上王审知在位时尊重文士，建"四门学"，提倡教育。所以，官办教育机构及民间蒙学用书的需求也带动了民间出版业的发展。

因此，我们认为，五代时期，除了蜀地、淮南道、江南东道等地区之外，闽地的书坊也在这时萌芽和发展了。正是由于政治环境的宽松（没有书禁之说），加上闽地油墨、纸张等配套生产体系的便利等条件，使福建的书坊在五代获得了很大的发展。如今，海外流传的一些图书有相当比例就是这些书坊印刷的。

第六节　五代出版文化兴盛的社会根源

五代之乱的根源是什么？要回答这个问题，人们不免联想

---

① 叶再生．出版史研究（第六辑）［M］．北京：中国书籍出版社，1998：13—44.

② 叶再生．出版史研究（第五辑）［M］．北京：中国书籍出版社，1997：114.

到唐代中后期的藩镇割据。而藩镇割据的原因何在？一般回答是“安史之乱”的后遗症。而“安史之乱”再向前追溯，离不开唐代初年的政治乱象，这种似是而非的泛泛之论不仅没有解决问题，反而把思维引向歧途。就笔者的观点而言，从更深层次的原因来看，乃民族融合后政治思想多元化造成的后果。

一、统治者的非汉族血统带来的异族文化

众所周知，李唐王朝的开创者李渊的血统并非纯正的汉族。唐高祖李渊（618—626），鲜卑姓大野，字叔德。李渊母亲为隋文帝独孤皇后的姐姐，他与隋炀帝是姨表兄弟的关系。李渊之母与独孤皇后分别是鲜卑贵族独孤信的第四个女儿和第七个女儿。因此，李渊的血统至少有一半是鲜卑族是毫无疑义的。而他的另外一半血统也迷雾重重。李渊祖先为赵郡（今河北赵县）李氏。祖父李虎西魏时官至太尉，北周时为“柱国”大臣，追封“唐国公”。父亲李昞袭封唐公、柱国大将军。

在魏晋南北朝时期，北方多民族杂居的现象十分明显。北方胡人南下，与汉人杂处，历经数百年，逐渐形成多民族融合的状况。在现有相关资料极度缺乏的情况下，要厘清李渊祖先的血脉，是一件几乎不可能完成的任务。因此，一般学者认为，李渊的祖先可能是含有一定北方少数民族血统的汉人，或者至少是受其他民族影响比较深的汉人。

这些文化的痕迹可以从多方面看出来，如：历史中的记载，图画中人物的形象、服饰，陵墓的规制和特点。比如，鲜卑族人以肥为美，且有父死子娶母为妻的陋习，这些风俗在唐代初年的政治文化生活中表露无遗。例如，14 岁入宫的武则天初为唐太宗的“才人”，后为唐高宗的“昭仪”及皇后。父子共用一妇之现象，在儒家传统中被视为“乱伦”的不道德行为。然而放在有鲜卑族血统的语境下来观察，便可以得到合理的解释。

唐太宗李世民发动的“玄武门之变”“弑兄”、逼父退位之

后，自立为君的行为更是大逆不道，是儒家为代表的传统文化所极力抨击的对象。先秦时期，正是由于有了“停尸不顾，兄弟相争”的血腥教训，才会有君王继承“嫡长制”的确立。李世民的这一行为直接导致了唐代后来政治生活中的一系列乱象：外戚干政①，武周称帝，唐隆政变②……

诚然，李治贬黜其舅长孙无忌、褚遂良等顾命大臣，一定程度上打击了豪门地主，进一步瓦解了九品中正制度，为庶族地主乃至贫寒子弟的入仕打开了一条门缝，让他们看到了一线希望。可以说，这是统治者对儒学秩序中“尊卑”二字的稀释。

另外，武周称帝从瓦解儒学观念中“男尊女卑”的角度来看也是一种进步。其实女人执政也不是武则天首创，战国时期秦昭襄王的母亲宣太后（最近比较火热的电视连续剧《芈月传》中女主人公的原型）于公元前306年开始了长达41年（一说为36年）的摄政生涯，并由此揭开了后宫参政的先河。此后也不乏后继者，如西汉的吕雉、辽国的萧太后、清朝的慈禧太后等，只不过这些人都没有称皇帝而已。但这种进步也是有限的，如杨贵妃因为酷似唐玄宗钟爱的武惠妃而得以受到专宠，“遂令天下父母心，不重生男重生女”——历史的天平似乎一时又滑向了女性为重的另一端。

---

① 外戚干政，是指古代皇帝的外戚（尤其是母族）利用皇帝年幼或者无能把持朝廷政权的现象。中国尤以汉朝为最。汉武帝晚年立7岁的儿子刘弗陵做太子，命其母钩弋夫人自尽，就是为防外戚专政。汉哀帝、汉平帝时，外戚王氏相继把持朝政，酿成王莽代汉的结局。

《汉书·外戚传赞》云：“夫女宠之兴，由至微而体至尊，穷富贵而不以功，此固道家所畏，祸福之宗也。序自汉兴，终于孝平，外戚后庭色宠著闻二十有余人。”唐代这种现象也依然存在。

② 唐隆政变是唐隆元年六月庚子（710年7月21日）由当时相王李旦第三子临淄王李隆基和太平公主于帝都长安城共同发起的一场宫廷政变。李隆基以禁军杀了韦后、安乐公主，并彻底剿灭了韦氏集团告终。这次政变的后果是，即位不足一个月的李重茂退位，李旦复辟为唐睿宗，李隆基被立为皇太子，太平公主的权势更加强大。

二、文化上的多元指导

李氏王朝血统的“硬伤”让统治者多方寻求统治的合法外衣。把老子抬出来，放在儒家前面，也是李氏王朝的一种手段。葛兆光先生在《中国思想史》（第二卷）中认为，古代中国的皇权是一种把历史传统、军事权力以及思想、宗教、文化与精神上的权威叠加在一起的、复合式的“普遍皇权”。

按照韦伯（Max Weber）的观察，权力拥有支配的合法性与合理性有三种类型：一是传统型，二是法制型，三是奇里斯玛型。但是古代中国的皇权要比这复杂得多，它是一种……“普遍皇权”（Universal Kingship）。正因为如此，要想取得权力的合法性和合理性，其过程也相当复杂，比如要通过仪式证明自己得到“上天”的符命及其象征性的承诺，要获得上一王朝的臣服以拥有民众对新的政权的信任，要通过历史的书写获得传统的支持，要有一些顺乎时代的政策来赢得时间的绵延以保持政权的稳定，特别是要有文化和思想上的指导力。当然，获得文化与思想的指导权力，从深层支持政治话语的合法性与合理性，在中国来说，更重要的是通过垄断经典思想的解释、建立教育与选举的制度，以及建立一种新的观念系统和与之相应的文化风气。①

正如葛兆光先生指出的那样，7世纪上半叶，唐代统治者对于政权的合法性和合理性是有相当深的忧虑的。于是李唐王朝采取了一系列的手段和措施来为自己编故事、造舆论，让民众相信自己是上承天意来统治百姓的。

李唐王朝声称是老子李聃的后代，因而编造出一些假材料，以在宗族谱系上来证明自己继承天道、做皇帝称天子的合

① 葛兆光．中国思想史·第2卷[M]．上海：复旦大学出版社，2001：72—73.

法性。① 而弑兄篡位的李世民也为自己编了一份假材料。《唐书》记载了李世民“世民”二字的由来：李渊在李世民即将出生时在路上遇到一位书生，书生认真端详了李渊一会接着便大呼遇到了贵人，并说其即将出生之子有济世安邦之才，必将成大器。② 这与刘邦让史家给其父戴绿帽子，说自己是母亲与龙合体而生的造假手段一模一样。

李唐为了给自己脸上贴金，表明血统的正宗和高贵，刻意抬高老子的地位，封老子为“太上玄元皇帝”③，在国内大力提倡道教。武德八年（625 年），唐高祖诏叙三教先后曰：“老教、孔教，此土之基；释教后兴，宜崇客礼。今可老先，次孔，末后释宗。”④ 这里明确地说出了这种安排的原因。而由于道教与天文、历法、算学等相关联，历法的修订与政治生活息息相关，因而李淳风、袁天罡等道家学者就不可避免地介入到唐王朝的政务中。

李淳风（602—670），唐代杰出的天文学家、数学家，道家学者，一度为李世民的谋士，后担任天文历法的制作与修订。一些唐代的历史笔记不乏唐太宗李世民向他问策、密谋的轶事。而道家有时也在唐王朝的政治斗争中呼风唤雨，此处不再赘述。

---

① 唐高祖神尧帝姓李氏，陇西狄道人，其先出自颛顼，颛顼生大业，大业娶女华，女华生咎繇（一说即皋陶），其子孙绵历虞夏，代为理官，遂为理氏。殷末有理徵者，直道不容获罪于纣，子利贞，逃难于伊侯之墟，食李实得全。又改理为李氏。周时有李氏处者，生子曰重耳字伯阳，周柱下史；道家称老君（即老子李耳），秦将李信即其后也。信曾孙广为汉前将军，自此后代为牧守，广十六世孙李暠（也作李皓）是为凉武昭王，薨，子歆嗣位，为沮渠蒙逊所灭，歆子重耳奔于江南，仕宋为汝南郡守，复归于魏，拜弘农太守，赠豫州刺史生熙，起家金门镇将，后以良家子镇于武川，都督军戎百姓之务，终于位，因遂家焉，生天锡，仕魏为幢主，大统时追赠司空。公生太祖景。（《册府元龟·卷一》）

② 诸葛文. 中国历代疑案解密[M]. 北京：中国戏剧出版社，2011：8.

③ 唐朝奉老子为始祖，唐高宗李治于乾封元年（666 年）二月追号为“太上玄元皇帝”；唐明皇李隆基天宝二年（743 年）正月加尊号“大圣祖”三字；天宝八载（749 年）六月又加尊号为“圣祖大道玄元皇帝”。见《旧唐书·高宗纪下》及《礼仪志四》。

④ 唐代道宣撰《集古今佛道论衡》第三卷。

此外，佛教在唐朝也十分流行，一些王公贵族乃至皇帝都对佛教十分感兴趣。佛教的流行当然与南北朝时期佛教的盛行有着历史的传承因素，更与统治者本身的成长经历密不可分。如唐高祖武德四年（621 年）春，在李世民消灭割据军阀、统一天下的过程中，少林寺的和尚联合辗州司马赵孝宰，里应外合，抓住了王仁则，助唐军一臂之力，此事见载于少林寺中裴漼书《皇唐嵩岳少林寺碑》。而作为唐太宗李世民的“才人”的武则天也是在洛阳感业寺出家为尼后再为唐高宗李治所宠幸，后成为一代君王。为了表明自己篡权的合法性，她指使佛教徒怀义①等伪造了一部《大云经》，言其夺取政权符合弥勒的授意。

怀义与法明等造《大云经》陈符命，言则天是弥勒下生，作阎浮提主，唐氏合微，故则天革命称周。怀义与法明等九人并封县公，赐物有差，皆赐紫袈裟、银龟袋。其伪《大云经》颁于天下寺，各藏一本，令升高座讲说。②

道教和佛教不仅大大稀释了以儒家为代表的中国传统文化的教化作用，更成了他们欺骗民众、满足私欲的外衣。有时连统治者自己也陷入了“君权神授”的迷信之中。这就为李唐王朝后来的衰败埋下了地雷。

---

① 怀义，即薛怀义（662—694），原名冯小宝，京兆鄠县（今陕西西安鄠邑区）人，早年在洛阳经商。后来因为长相特别俊美，又能说会道，被唐高宗的女儿千金公主看中，后推荐给武则天。见《旧唐书》卷一百八十三：薛怀义者，京兆鄠县人，本姓冯，名小宝。以鬻台货为业，伟形神，有膂力，为市于洛阳，得幸于千金公主侍儿。公主知之，入宫言曰：“小宝有非常材用，可以近侍。”因得召见，恩遇日深。则天欲隐其迹，便于出入禁中，乃度为僧。又以怀义非士族，乃改姓薛，令与太平公主婿薛绍合族，令绍以季父事之。自是与洛阳大德僧法明、处一、惠俨、稜行、感德、感知、静轨、宣政等在内道场念诵。怀义出入乘厩马，中官侍从，诸武朝贵，匍匐礼谒，人间呼为薛师。

② 《旧唐书》卷一百八十三。阎浮提，梵名 Jambu-dvīpa，又作阎浮利、赡部提、南赡部洲等，梵汉兼译则作剡浮，“Jambu-dvīpa 人世间”的意思。李唐王朝既然称自己是老子的后代，那么武则天也称自己是佛的化身，以宣示自己篡位的合法性。

三、“安史之乱”至五代末年的“百年战争”

唐玄宗在位初期励精图治，任用姚崇、宋璟为相，其后又用张嘉贞、张说、张九龄等饱学之士，他们大多科举出身，或进士，或明经，秉承正统儒学之道，有的还是大文学家。因此，国家得以大治，开创了“开元盛世”的良好局面。然而，到了其统治的后半期，唐玄宗不再奉守儒家的治国之道，转而追求个人的“风花雪月”，因而一手断送了大唐江山的太平盛世。公元736年，唐玄宗的爱妃武惠妃病死，玄宗日夜思念、寝食不安。他听说儿子寿王李瑁的妃子杨氏美貌绝伦、艳丽无双（还有一种说法，说她长得像武惠妃），于是不顾礼节召见她，封为女真人。杨氏名义上是去道观做道士，为母后祈福，实际上是李隆基通过道观将杨玉环“儿媳”的身份漂白，让她成为道姑后再迎回宫中，册封为“贵妃”，心安理得地占为己有。

按儒家学说的观点，这种对传统人伦及治国之道发起挑战的做法将直接导致政治混乱、国破家亡。李治娶父亲的“才人”直接造就了后来的“武周代唐”，而李隆基的“夺媳为妇”则为安史之乱惹下了祸端。

“安史之乱”的后果极其严重。《旧唐书·郭子仪传》载：“宫室焚烧，十不存一，百曹荒废，曾无尺椽。中间畿内，不满千户，井邑榛荆，豺狼所号。既乏军储，又鲜人力。东至郑、汴，达于徐方（今徐州），北自覃、怀经于相土，为人烟断绝，千里萧条。”由此可见，几乎整个黄河中下游，城乡破败，处处白骨，一片荒凉。自此，李唐王朝由盛转衰。中央王朝已无力对地方施加号令，安史余党在北方藩镇割据，各自为政，后来这种状况蔓延全国。这些割据势力或“自补官吏，不输王赋”，或“贡献不入于朝廷”，甚至与唐王朝分庭抗礼，直到唐代灭亡。

从公元9世纪后期，一直到五代，甚至到宋朝建立（961

年），中华大地都是战火纷飞，延续了将近百年。因而，饱受战乱之苦的人民渴望和平。

五代时期，以儒、释、道尤其是佛教类图书为主要内容的出版物风行天下的政治意义是什么？透露了人民什么心声呢？显然，这是对和平的渴望与呼唤，这是对人性的发现——对人的生命权的尊重，对安居乐业的向往。例如，割据瓜州、沙州一带的节度使曹元忠在命人刻《大圣毗沙门天王像》等印刷品时便许愿："天王""福祐"，"惟愿国安人泰，社稷恒昌，道路和平，普天安乐"。其他敦煌出土的资料也可以佐证。

而吴越国地区大量印制的《陀罗尼经咒》则被视为上至君臣、下至黎民百姓的"护身符"。据说此经咒有如此功用：

> 此随求即得大自在陀罗尼神咒，能与一切众生最胜安乐，不为一切夜叉罗刹及癫痫病、饿鬼、塞犍罗鬼诸鬼神等作诸恼害，亦不为寒热等病之所侵损，所在之处恒常得胜，不为斗战怨仇之所侵害，能摧他敌，厌蛊咒咀不能为害，先业之罪悉得消灭，毒不能害，火不能烧，刀不能伤，水不能溺，不为雷电霹雳及非时恶风暴雨之所损害。若有受此神咒者，所以得胜，若能书写带在颈者或在臂者，是人能成一切善事，最胜清净，常为诸天龙王之所拥护，又为诸佛菩萨之所忆念……持此咒者，当得安乐无诸疾病，色相炽盛，圆满吉祥，福德增长，一切咒法，皆得成就。

这些咒语除了能给人一些心理上的安慰之外，几乎起不到任何医治疾病、对抗天灾人祸的作用。但从"寒热""斗战怨仇""毒、火、刀、水""雷电霹雳""恶风暴雨"等文字中，可以看出，当时的人民除了被战乱的洪流所裹胁，还要和天灾作斗争，过着暗无天日的生活。

《同经咒》中还记载如下：

> 若凡人带者，唯当书写此咒带之，佛告大梵若诸人等，能如法书写持带之者，常得安乐，所为之事皆得成就，现世受

乐，后生天上，所有罪障悉得消灭，常受持者恒为诸佛菩萨之所拥念，于夜梦中常得见佛。亦得一切之所尊敬。①

五代十国，无论政府军队还是所谓的起义军，他们烧杀掳掠、胡作非为、敲骨吸髓，种种恶行罄竹难书。而北宋统一南方极其顺利——几乎没有动用兵力进行大规模的战争，蜀国投降，吴越国和平“归顺”，这些“小国”几乎都是刻书发达的地区。

是蜀国、吴越国没有军事实力吗？南方诸小国军事实力肯定不如年年争战的五代中原王朝，但又不全是军事因素，图书出版业的发展、文化的兴起使人们对战争的合法性产生了怀疑。战争除了满足君王的征服欲望之外，能给百姓什么好处？

应该说，两国文化长期的熏陶使君民都对战争产生了厌恶。蜀国在孟昶主政时期也曾试图进军关中，但在军事实力上的确是打不过那些年年征战的沙陀军（李存勖、石敬瑭等都是沙陀人）。因此，后蜀主孟昶选择的也是随遇而安、得过且过的执政态度。吴越国更是以儒、释、道治国，以发展经济为要务，力图避免与中原大国的战争。一旦中原有明君出现，随时准备纳土归顺。

四、图书出版业中出现的“隐形人”和“潜在写作”

唐太宗早在唐初因为实行了科举制度而沾沾自喜，认为“天下英雄入吾彀中矣”。其实早在唐代初年就有很多隐士和处士因为贫困或出身不好等种种原因被隔离在统治阶层之外，只能成为唐王朝的冷眼旁观者，如王绩、孟浩然就是其中两位。王绩（约589—644），山西绛州人，早年在朝廷为官，但是由于经历过隋唐换代的变乱而无意于仕途，后又以前朝官待诏门下省。贞观初年，王绩称病罢官回到故里，躬耕东皋②，自号

① 霍巍．唐宋墓葬出土陀罗尼经咒及其民间信仰[J]．考古，2011（5）：81—93.

② 古绛州龙门县，即山西万荣县通化镇，通化镇1972年由河津县划入万荣县。

“东皋子”。性格上比较高傲，喜欢饮酒，自作《五斗先生传》，著有《酒经》《酒谱》，注《老》《庄》等。其诗歌近而不浅，质而不俗，真率疏放，尤其以五言著称。作为偏隅于山西郡县地方上的隐士，其诗歌阅读和传播也都是小众化的。

野　望

东皋薄暮望，徙倚欲何依？树树皆秋色，山山唯落晖。

牧人驱犊返，猎马带禽归。相顾无相识，长歌怀采薇。

五斗先生传

有五斗先生者，以酒德游于人间。有以酒请者，无贵贱皆往，往必醉，醉则不择地斯寝矣。醒则复起饮也。常一饮五斗，因以为号焉。先生绝思虑，寡言语，不知天下之有仁义厚薄也。忽焉而去，倏然而来。其动也天，其静也地。故万物不能萦心焉。尝言曰：“天下大抵可见矣。生何足养？而嵇康著论；途何为穷？而阮籍恸哭。故昏昏默默，圣人之所居也。”遂行其志，不知所如。

王绩退隐是有着较为不菲的财产作后盾的，他家有良田十顷，即使算不上“土豪”，也足以成为地方上“有房有车”的“中产阶级”；他当然可以在茶余酒后，透过微醺的目光，欣赏树上的“秋色”、山下的“落晖”。碰到山民还能“相顾无相识，长歌怀采薇。”

而孟老夫子就没有这么潇洒了。孟浩然（689—740），名浩，字浩然，号孟山人，襄州襄阳（现湖北襄阳）人。他是唐代著名的山水田园派诗人。孟老夫子出生于襄阳城中一个薄有恒产的书香之家，根据其人生经历，顶多算得上一个处士，而非“隐士”，用现在的话来说应该是一个“闷骚男”。他将近不惑之年，游宦于长安，求官未果的心态表露无遗于《留别王维》一诗：

寂寂竟何待，朝朝空自归。欲寻芳草去，惜与故人违。

当路谁相假，知音世所稀。只应守寂寞，还掩故园扉。

诗中的“寂寂竟何待，朝朝空自归。”写尽了自己入京不仕的伤心事。

唐开元十五年（727 年），孟浩然赶赴长安进行科举考试。当时科举并不规范，录用权基本上被皇亲国戚所垄断，流行的是“干谒”和“投卷”。即要讨好权贵们，才有可能获得录用。以孟浩然的家底和他的人脉关系，除了博取一些诗名之外，应该是没有上榜的希望的。应进士举失败之后，孟浩然心有不甘，仍留在长安献赋以求赏识。据说，他和张说交谊甚笃。一次，张说曾私自邀请他进入自己的办公衙署，刚好唐玄宗来了，没有官场经验的孟浩然情急之下只能躲到床下去了。玄宗发现异常后，“张说不敢隐瞒，据实奏闻，玄宗命出见。浩然自诵其诗，至‘不才明主弃’之句，玄宗不悦，说：‘卿不求仕，而朕未尝弃卿，奈何诬我！’”放归襄阳。①

据金敏、周祖文考证，孟浩然见到皇帝吓得躲在床下的事发生的概率较大，只是引荐人、时间、地点等细节因年代久远难以确定而已。其实这件事情揭示了下面一些事实：连孟浩然这样才高八斗、诗名满长安的人尚且落第，其他被埋没掉的人才有多少？不得而知，但我们的判断是：肯定很多。如武周时期跟徐敬业一起造反的骆宾王，当武则天读到“一抔之土未干，六尺之孤何托”时，认为有这样才华的人不用，是宰相之过。这其实是蚊子叮菩萨——看错了对象。有安乐公主、太平公主这一类把持朝政的皇亲，宰相选才的空间其实很小。这也就涉及第二个问题：李唐王朝家国不分，科举制度没有真正落到实处，或者说门阀的势力依然强大。“七言诗长城”“科举达人”王昌龄仕途坎坷的遭遇就能说明这一问题：科举考试成绩越来越好，但是授予的官职越来越小。

结合前面提到的王梵志诗、寒山诗，我们能更深切地感到

---

① 金敏，周祖文. “转喉触讳”辨：关于孟浩然和唐玄宗的一桩公案[J]. 安徽史学，1999（4）：23—25.

这一股“民间写作”的清泉在山间涌动着，只不过帝王将相们看到的都是御河中的锦鲤、大运河中的白米、洛阳街头的牡丹。如寒山的《天生百尺树》就说明，那些所谓的隐士、处士、隐者，“方外之人”，不过是怀才不遇罢了：

天生百尺树，剪作长条木。
可惜栋梁材，抛之在幽谷。
年多心尚劲，日久皮渐秃。
识者取将来，犹堪柱马屋。

而当这些“百尺树”渴求当一块“柱马屋”的板材都不得的时候，山间的汩汩清泉便汇聚成了山洪，社会良序的滑坡必将造成李唐王朝大厦的崩塌。如黄巢之流，从其《菊花》一诗中便可看出那冲天的杀气：

待到秋来九月八，我花开后百花杀。
冲天香阵透长安，满城尽带黄金甲。

当然，从李唐王朝的晴转多云，到乌云密布，固然令人感到窒息。但这就是历史的冰冷之处。在公元10世纪，当我们把目光投向欧洲的时候，那儿也是一片黑暗。

或许，这就是中国农业文明的宿命。最高统治者永远难以听到底层百姓哭泣的声音。如果有人问著名诗人杜甫的《三吏》《三别》皇帝看到吗？这应该是“显性写作吧”，其文章算是公开出版吧？没有答案。而笔者的推测是很可能看不到。第一，谁来抄写？唐代中期，手抄仍然是重要的传播方式。顶多是亲友之间相互唱和而已。第二，谁来送给皇帝看？除了魏徵之辈，有没有其他人敢冒着砍头的危险“逆龙鳞”？

皇帝要看到《三吏》《三别》的可能性必须满足以下两个条件：第一，该书很畅销，民间自发印刷出版销售，市场上可以购买得到。事实上市场上只有白居易、元稹等人的诗在“模勒”，人们愿意花钱买一些当下的快乐，而不太愿意用银子买一些昨天的“眼泪”、剥开昨天的伤口。第二，皇帝酷爱读书，

常常微服私访，上街能购买到。估计这两点，以唐玄宗为代表的统治者可能都做不到。唯一有较大可能性看到的是太学的学生们，包括皇子在内。至于他们能不能看进去，那就只有天晓得了。

唐王朝的灭亡首先在于指导思想的多元化出了问题。道教优先的原则不仅使儒、法处于次要位置，而且对文官体系的建设远远跟不上国力的发展，具体体现在科举制度的受众面的狭隘性和数量偏少的局限性，有唐以来，200 余年才 3000 余名进士，一年只有 15 名左右，少得可怜。其次，是以道教为优先发展的国策，本来是统治者为了蒙骗老百姓而生造出一个“太上玄元皇帝”，结果把自己也绕了进去。唐玄宗开元年间，不断地修缮道家图书，颁发诏令，编写的道家书籍达数千卷。[①] 真的以为自己是“君权神授”，忘了唐太宗“水能载舟，亦能覆舟”的教训。总之，唐玄宗在唐朝由盛转衰中要负很大的责任。无论藩镇割据，还是宦官专权，这都是唐王朝的两朵奇葩。这些问题都能从唐代的图书出版业中鲜明地体现出来，限于篇幅，兹不赘述。

---

① 开元年间，唐玄宗令士庶家藏《老子》一本。参见：曹之. 中国出版通史：隋唐五代卷[M]. 北京：中国书籍出版社，2008：323. “道教修炼书《刘宏传》雕印多至数千本。”参见：张秀民，韩琦. 中国印刷史[M]. 杭州：浙江古籍出版社，2006：23.

第三章
冯道刻《九经》的背景、过程及意义

梳理唐宋历史文化脉络，我们发现：从安史之乱，到中唐以后的藩镇割据，以至唐末的武人跋扈——割据一方、杀人如麻、涂炭生灵，人们对武人的厌恶已达到极限。而另一方面，统治阶层的骄奢淫逸、为非作歹及其官官相护的封闭性、阶层固化的不可持续性又造成了唐末社会的动乱。无论是内法外儒，还是儒、释、道三家并用，李唐王朝都存在着社会管理技术上的明显失误。在传统的汉族知识分子心目中的“化胡”—“胡化”这一近乎宿命的历史螺旋式地演进着。

以北方游牧民族“表演”为主的五个短暂的中原王朝都延续了藩镇割据时的作风和习惯，因而在政治管理上更加显得稚嫩。后唐庄宗李存勖即是鲜明的一例：与朱梁血战 15 年（908—923），当上皇帝不过三年，就在变乱中被人所杀。这些走马灯一样的军阀争战不仅祸害百姓，对争斗方的当事人也是一场灾难，因为这种你死我活的游戏中几乎没有赢家。这与当时的社会历史背景是分不开的。

（张广达先生指出）中古“西域”，也就是中亚一带，是当时世界上各种宗教、信仰、文化的交集处。仅以宗教而言，汉族中国的儒家与道教、南亚印度的佛教、西亚甚至欧洲的三夷教（景教、祆教、摩尼教）都在这里留下痕迹，因此也可以把它看作另一个“地中海”。尽管它不是经由海上交通，而是经过陆路彼此往来的。这一说法很有意思，如果站在中国的立

场和角度观看“交错的文化史”，“西域”这个区域即蒙元以前中国的左翼确实是一个宗教、语言、文化交汇的陆上“地中海”。汉族文明在那里与其他各种文明互相激荡，因而使“西域”形成了一个极其错综的“历史世界”。①

通西域，既给大唐王朝带来了空前的繁荣，也带来了巨大的灾难。因为无论安史之乱的叛将安禄山（粟特人），还是五代时称霸中原的沙陀族，他们都是“西域”人。

所以，以冯道为首、汉族知识分子为主的文官集团雕刻《九经》就是在这样的历史背景下展开的，因而具有重大的现实意义。

第一节　冯道刻《九经》的历史背景

按照传统史学家的观点，五代十国是中国历史上最黑暗的时代之一。

一、（后唐）李存勖的崛起与后梁的衰微

后唐（见图6）的奠基人是唐朝末年沙陀族②出身的李克用。李克用受封河东节度使，驻守太原，封晋王，在共同辅佐唐王朝的过程中与朱温一起立下了赫赫战功。但是因为一些误会和争功产生的妒忌等因素，在赴朱温宴席之后遭了暗杀，侥幸逃脱后便与朱誓不两立。公元907年，朱温篡唐建立后梁。

---

① 葛兆光. 从“西域”到“东海”——一个新历史世界的形成、方法及问题[J]. 文史哲，2010（1）：19—25.

② 关于沙陀族的来历，说法不一。一般认为其为中国北方少数民族，原名“处月”，西突厥的分支。处月分布在金娑山（今新疆博格多山，一说为尼赤金山）南，蒲类海（今新疆东北部巴里坤湖）东，此地多沙碛，故称“沙陀突厥”，简称“沙陀”或“沙陁”。李克用，本姓“朱邪（ye）”。吕思勉认同“朱邪”即“诸爷”之说：李克用的祖先生于雕窝之中，可能由于气候、营养等原因，长相怪异，便让各族轮流抚养，因此得姓“诸爷”，后讹传为“朱邪（ye）”。李克用的父亲朱邪赤心因参加平定桂林地区的庞勋起义有功而被赐姓李、名国昌。立功后，李氏父子被封于云州（今天山西大同），李克用也是唐代皇帝赐的姓名。

李克用拒绝承认其政权，仍用唐天祐年号。

图6　五代十国示意图①

公元908年，李克用死后，儿子李存勖继承晋王爵位。李存勖（885—926）相貌英俊，“及为婴儿，体貌奇特，沈厚不群”。而且还有一定的文化知识，据说他“十三习《春秋》，手自缮写，略通大义。及壮，便射骑，胆略绝人。”（《旧五代史》二十七卷）。在处理亡父李克用后事的过程中，23岁的李存勖显示出了非凡的政治才能和军事才能，他发现了父亲托孤的叔父有异心之后马上把他除掉，悄悄继任后秘不发丧；然后出其不意地将后梁前来趁火打劫的军队在潞州杀得落花流水。朱温对此又惊又怒，说出了那句著名的激愤之语：“生子当如李亚子，克用为不亡矣！至如吾儿，豚犬耳！”（《资治通鉴》卷二百六十六）又多次在不同场合感叹自己的儿子没有一个能成为李存勖的对手，自己将死无葬身之地。朱温的话一语成谶，自己不久就被儿子杀死，朱梁王朝陷入了争夺王权的内乱之中。而局限于山西一带的李存勖的势力却一天天地在增长，

---

① 该图由姚和阳制作，参见：谭其骧．中国历史地图集：第五册[M]．北京：中国地图出版社，1982：85.

把他的地盘扩展到了河北一带。

公元915年，后梁派驻河北的“邺王”杨师厚死，河北陷入了空前的大混乱，李存勖乘机进军河北，与后梁在隔河对垒中拉开了他称霸天下的序幕。

冯道与李存勖就这样历史性地产生了交集。

二、被誉为“当代圣人”的冯道

冯道，字可道，瀛州景城（李学勤先生认为在今天的河北交河东北，另一说为今河北沧州西北）人。他家先祖曾以耕读为生，农忙时播种、收割，农闲时教教书，因此可见其出身是非常寒微的。有的史书写他出身“田家”，也没错。这种耕读为生的童年生活让他能很好地将书本学习与对社会生活的理解结合起来，活学活用书本知识为他后来的“不倒翁”式的官宦生涯奠定了良好的基础。冯道年少时就有志向，性情纯朴厚道，好学能文。七岁时就曾作诗：“已落地花方遣扫，未经霜草莫教锄”。①

他一点也不觉得粗茶淡饭、衣着简朴有什么不光彩的，除奉养父母外，只是读书吟诗，即使大雪封门、尘垢满席，也依旧兴致盎然。

> 其先为农为儒，不恒其业。道少纯厚，好学善属文，不耻恶衣食，负米奉亲之外，惟以披诵吟讽为事，虽大雪拥户，凝尘满席，湛如也。天祐中，刘守光署为幽州掾。（《旧五代史·冯道传》）②

唐末天祐（904—907）年间，冯道曾任刘守光任“幽州

---

① 陈尚君. 旧五代史新辑会证·卷一百二十六[M]. 上海：复旦大学出版社，2005：3862.

② 陈尚君. 旧五代史新辑会证·卷一百二十六[M]. 上海：复旦大学出版社，2005：3861. 另外，“天祐”是一个很有意思的年号，由于朱温是在天祐年间篡位称帝的。因此，有些地方政权依然奉唐为正朔，用此年号达二十年之久。

掾”。“掾”字从手、从彖（tuàn），彖亦声。“彖”本义指猪的嘴上吻部大于下吻部而将下吻部半包住的情形，后引申为“包边”（如衣服的包边）——总括的意思。“扌”即“手”，表示动作，与“彖”联合起来表示“用手半包住物体”，引申出“帮助，辅助”之义。楚汉相争时，萧何曾为刘邦做事——“为沛主吏掾”（《汉书·萧何传》）。用现在的眼光来看，“幽州掾”大致相当于北京地区政府的秘书，主管文案，级别不高，但事关军政民情的上传下达以及对中央政府与外界的书面沟通，职位很重要。

冯道能够脱颖而出可能有以下两个原因：一是出身低微，没有像样的车马，也无金银细软能像地方的贵族、豪强那样能“衣冠南渡”，一走了之；二是有真才实学，地方上名声较好，是一个人见人夸的青年才俊。因此，在二十多岁就脱颖而出，登上了中国的政治舞台。

乾化元年（911 年），刘守光①率军征讨定州，并询问下属的意见时，冯道加以劝告。生性残暴而愚蠢的刘守光大字不识一斗，器量狭小，立马将冯道投入大牢。后来幸亏被人搭救，冯道才得以出狱。这直接导致了他后来安守本分、不越权言事之性格的转变。他专心致力于文职工作，绝不干涉军政机密。他对后来文职官僚体制的建设起到了一定的积极作用。

守光引兵伐中山，访于僚属，道常以利害箴之，守光怒，置于狱中，寻为人所救免。守光败，遁归太原，监军使张承业辟为本院巡官。承业重其文章履行，甚见待遇。承业寻荐为霸府从事，俄署太原掌书记，时庄宗并有河北，文翰甚繁，一以

① 当时河北北部处于刘氏家族的统治中。刘守光（856—914），五代十国初期的卢龙节度使、燕王，刘仁恭次子。早年因为与父亲的小妾私通（一说为强奸），被父亲刘仁恭赶出家门。907 年，刘仁恭遭到李存勖的进攻，刘守光阻止敌人的前进，趁机代父自立，将父亲囚禁起来；909 年，其兄长刘守文讨伐他，又被他杀死。刘守光 911 年称帝，号燕国，有人劝谏，当场被剐成肉酱。史上称为“桀燕”，这是史学家对他好色、愚蠢、残暴的忠实评价。后遭到晋王李存勖的讨伐，913 年刘守光兵败被俘，次年被杀。

委之。(《旧五代史·冯道传》)

后来，冯道投奔晋王李存勖，被“监军使”张承业辟用为本院巡官。“监军使”即监护军队的官员，这类官员没有一定的品阶，但在当时地位很高。① 巡官是唐代的一种文职官名。节度使、观察使、团练使、防御使等幕僚性质的从属官员位居判官、推官之后。董晋镇守大梁（今开封，宋代称汴梁）时，以大文豪韩愈为巡官；徐商镇守襄阳时，以著名词人温庭筠为巡官。五代时的巡官也是幕僚性质的军队文书类官职。

张承业欣赏他的德行和才华，对他非常器重，后又荐为霸府（在太原）从事。设立“霸府”这一机构，这表明了李存勖称霸天下的雄心。张承业的提拔对冯道日后的高升起到了极其重要的作用，因为他是李克用生前的托孤重臣，有关军政大事，李存勖都要先听一下他的建议。因此，张承业可以算得上冯道通向锦绣前程的第一个“贵人”。

后来李存勖占据河北，将霸府文书全部委托给冯道，任命他为太原掌书记。关于此次任命，《册府元龟》卷七百二十九中讲了一个小花絮：

庄宗归宁太原，置酒公宴，举酒谓张承业曰：“予今于此会取一书记，先以卮酒辟之。”即举酒属道。道以所举非次，抗酒，辞（之）。庄宗曰：“勿谦挹，无逾于卿也。”

掌书记，全名节度掌书记，唐代官制，景龙元年（707年）设置，秩为从八品，类似汉代至南北朝时期的记室参军，

---

① 季德源. 中国历史上的监军制度［M］. 军事历史研究：1994（1）：75—88. 张承业（846—922），本姓康，字继元，同州（今陕西大荔）人，一说为山西交城人，唐末至五代时的宦官。他幼年入宫，是内常侍张泰的养子。乾宁三年（896年），出任河东监军。他执法严明，得到晋王李克用器重，并接受李克用的遗命辅佐李存勖。唐朝被朱温灭掉后，张承业仍旧担任唐朝官职，拒绝李存勖的封赏。在后梁与后唐争霸期间，他留守太原，执掌后方军政，为李存勖灭后梁建立大功。公元921年，李存勖称帝，张承业极力反对，忧愤而死，享年七十七岁。参见：陈尚君. 旧五代史新辑会证·卷七十二［M］. 上海：复旦大学出版社，2005：2199—2206.

为掌管一路（相当于现在的一省，但范围比省大）军政、民政机关之机要秘书。《新唐书》卷四十九下《百官志》“外官”条：“掌书记，掌朝覲、聘问、慰荐、祭祀、祈祝之文与号令升绌之事。”

另据《五代史阙文》记载，李克用临终时将三支箭交给李存勖，交代他一要讨伐反复无常的刘仁恭、二要打败背信弃义的契丹（耶律阿保机）、三要消灭朱温。当时（908 年）这三个目标对势力仅局限于山西一带的晋军来说无异于比登天还难。但李存勖先安内，再攘外。消灭了有异心的叔父李克宁后，他便四处网罗人才。冯道就是其中之一。

选择冯道，他是有充分理由的。但是冯道并没有当场接受，也是完全正确的。因为按照唐末的制度，按职务排列的次序选拔高一级官员的话，应该是卢程，或者是卢汝弼。李存勖是武人，虽然号称文武双全，曾经抄过《春秋》，但对唐代官制不是太了解，只是觉得冯道的口碑好，任人唯贤罢了。因此，对于冯道的升迁，出身官宦世家、早年就中进士的卢程心中充满怨恨，认为是泥腿子爬到名门望族头上了。但事实证明，卢程不过是膏粱子弟，一旦重权在手，便作威作福，差点被唐庄宗杀了。

李存勖选对了人，冯道和郭崇韬一文一武，为他实现父亲的遗愿立下汗马功劳。在后梁贞明二年至龙德三年（916—923）与梁军决战期间，冯道与士兵同甘共苦，凝聚军心，凸现了晋军的“软实力”。

在战争前线（今河南、河北、山东三省交界地带），他在军中只搭一个茅草棚，房间里没有床，也没有席子，晚上就睡在牧草上。白天与仆人、马夫在一个盆子吃饭，一点也不搞特殊化。当将士们把交战中抢来的美女送给他，他实在无法推却时，就安置于别的房间，等找到她的亲人后再送回去。这些亲民爱民的行为在军中传为美谈，也感染了每一个士兵。晋王李存勖对此十分感动，后来继位的唐明宗李嗣源对他也相当欣

赏。这为李存勖的军队加了不少分。①

当然，对于工作，冯道也有着很好的操守，工作十分勤勉，偶尔也会在适当的时候对君王进行规劝。《旧五代史·冯道传》载：有一次，李存勖军队与梁军隔黄河相对峙。一天，主持军政大事的郭崇韬以诸低、中、高级军官都来聚餐人数过多、主管人供应不起为由，请求减少参加的人数，李存勖发怒说："我想给那些为我效力的人管几顿饭，自己都做不得主，那么河北三镇②就请三军另外选择一人任主帅，我请求回太原，以避贤让路。"随即命冯道当面草拟文书，以向部下宣告。冯道持笔待了很久，庄宗严厉催促他，他缓缓起身答道："我的职责就是掌管笔墨文书，哪里敢不奉命执行？只是如今大王您屡建大功，刚刚平定南方寇乱，郭崇韬的谏言未必失当，拒绝他可以，却不可用刚才那番话挑起众议。敌人若是得知，便会说大王您这里君臣不和了。希望您再三考虑一下，则是天下的万幸。"③ 郭崇韬是庄宗所倚重的重臣，常常参与军政大事的筹划，可以说打下后梁有他的一半功劳，地位远在冯道之上。后来郭崇韬听说冯道为他说话，马上借坡下驴主动上前向庄宗道歉，一场不大不小的君臣纷争就因冯道的一席得体的妙答而化

---

① 他因父丧丁忧守孝期间遇到饥荒，他就用自己的薪水来救济乡亲，自己却去种田、打柴。当他得知有人家因为人手不足而致田地抛荒时，他就在晚上去帮助耕种，事后人家前来道谢，他并不接受。这和后来宋代名相王旦私下拒绝寇准的请托而在皇帝面前举荐寇准为宰相之事相媲美。

② 河北三镇，又称"河朔三镇"，是成德、魏博、卢龙三个藩镇的合称，是指唐朝"安史之乱"后藩镇割据时位于河朔地区的三个藩镇势力。卢龙，又称"幽州"或"范阳"，今河北省北部，北京、保定及长城附近一带；成德，幽州以南和山西接壤的地区，今河北省中部；魏博后改称"天雄"，渤海湾至黄河以北，今河北省南部、山东省北部。908—915 年，此三镇陆续纳入晋王李存勖的势力范围，晋军完成了战略上从西路、北路和东路对后梁的包抄，为 923 年打败梁军奠定了基础。

③ 此段译文参见：林之满. 二十五史精编：第五卷［M］. 北京：中国戏剧出版社，2002：978. 其实郭崇韬的性格可能一直比较耿直，也因此而丢了性命。由于庄宗宠幸宦官伶人，同光三年（925 年）郭任大将随庄宗的儿子李继岌远征前蜀中立下赫赫功绩，但由于对前来监军的太监向延嗣冷眼相对而被进谗言，遭庄宗的刘皇后下令诛杀于西川，可见庄宗之昏聩、朝廷中各派势力斗争之险恶。

解了。人们由此而敬重冯道的胆识。

与李存勖相形见绌的朱友贞做个太平世道的君主应该问题不大，但在乱世就投错胎了。他既不懂用兵之道，更没有雄才大略，危难之际不善于应变。因而这场持续 8 年的“夹河之战”以朱友贞身死国灭、李存勖称帝而告终，见图 7。

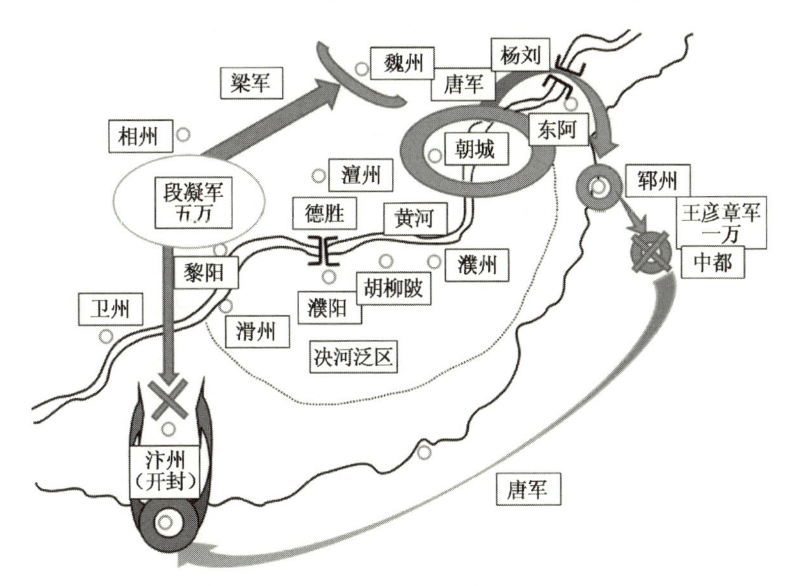

图 7 梁唐夹河之战示意图①

庄宗改元同光，在位期间仅三年（923—926）。他可以说是中国古代皇帝中由勇将蜕变为昏君的一个典型。称帝后，他认为父仇已报、中原已定，不思进取，开始享乐。他自幼喜欢音乐和戏曲，作战时曾编军歌，以鼓舞士气。这在朝臣或汉族知识分子看来可能是胡人的习惯，不足为奇。但是李存勖即位后，常常涂脂抹粉，穿上戏装，登台表演，不理朝政，并自取艺名为“李天下”，这就太过分了。

不仅如此，他还宠幸伶人，任其胡作非为——用伶人做耳目，去刺探将相的言行；把战功赫赫的将士晾一边，封戏子当

① 此图由姚和阳制作。

刺史。这或许是对其父托孤重臣张承业（宦官）反对其称帝的安抚与怀念——因为张为后唐王朝的创立有着不可磨灭的贡献，没有张承业的后方经营、源源不断的粮草支援，李存勖要打败后梁几乎是不可能的——于是李存勖下令召集在各地的原唐宫太监，把他们作为心腹，担任宫中各执事和诸镇的监军。他天真地认为每一个太监都和张承业一样，对他忠心耿耿。这样，大臣们不仅受到伶人的侮辱，还多一层宦官的监视，他们卖官鬻爵，读书人也断了晋升之路。不但如此，李存勖听信伶人、宦官的胡说八道（后宫人少，容易闹鬼），强抢民女入宫，两三年内后宫人数达几千人。[1] 搞得众叛亲离，怨声四起。

同光三年（925 年），天灾人祸不断，单单水灾就让全国各地河流决口、农民歉收，但习惯于横征暴敛的租庸使（相当于现在的税务总局局长兼财政部部长）孔谦依然一次次地上门催促收租税，许多百姓家破人亡。到了年底，李存勖依然带着皇后儿子四处打猎，看到冻死、饿死在路上的百姓和士兵，毫无同情怜悯之心。

最致命的一击是公元 926 年李存勖听信宦官和后宫的谗言，冤杀了平蜀的柱国大将郭崇韬，并对其灭族，连跟郭有牵连的、自己的亲兄弟李存乂都杀了，一些无辜的大臣也被卷入而遭冤杀。郭崇韬对朝政的影响举足轻重——手握重兵且拥有免死铁券——他对后唐与后梁的争战有着极大的功劳。在关乎两方生死存亡的夹河之战中，双方争战数年，难分胜负，有人甚至暗地向后梁投降。正是郭崇韬侦探并摸透敌方信息，为李存勖献上计谋：擒贼先擒王——在军粮只有半个月的劣势下，后唐军队绕道迂回作战，把后梁的帝都给端了，后梁由此灭亡。

现在手握重兵的郭崇韬一杀，全国上下更加人心惶惶。君

---

① 陈尚君. 旧五代史新辑会证・卷三十六・唐书十二[M]. 上海：复旦大学出版社，2005：1037.

臣离心离德，政治谣言四起。最离谱的一个谣言是：因为刘皇后的儿子李继岌在班师回朝的途中被杀了，她怪罪于皇帝，把庄宗李存勖杀了。

北方三镇的叛乱成了压死骆驼的最后一根稻草。最后，李存勖以惨死在伶人箭下的方式完成了他的人生谢幕。作为文官体系中的第二梯队，冯道仅是翰林学士，说不上话，也没有他说话的机会。他只能默默地看着这一切，明哲保身，以顺应时代的变化。从十多年前他的“第一任上级”刘守光暴虐无道、囚父杀兄，到最终被杀（914 年）；再联系到朱温篡唐后于 912 年被儿子朱友珪杀死在床上，后梁朱友贞的国破自缢而死（923 年），再到唐庄宗李存勖的败亡（926 年），历史轮回的风车被刀枪拨弄得呼呼乱转。似乎只有重新拾起老祖宗流传下来的儒学经典，才能匡扶天下。

另外一个好消息是，征蜀的军事参谋李愚老先生也跟着班师回朝了，他也从蜀中带回了一些有用的信息，比如蜀中刻书业比较发达等见闻。

第二节　冯道刻《九经》的时代背景

一、唐明宗：冯道的第二位贵人

（一）唐明宗开明

庄宗死后，李嗣源在一片混乱中登基，他被称为“唐明宗”。李嗣源之所以被称为“明宗”或“五代明君”，主要是由于以下几个方面的突出政绩：

第一，他杀掉伶人和宦官，革除了庄宗时代的弊端。命令各地的节度使诛尽阉宦后，撤掉监军一职。[①] 对于伶人，大多

---

① 北京马步都指挥使李从温奏：准诏诛宦官。初，庄宗遇内难，宦者数百人窜匿山谷，落发为僧，奔至太原七十余人，至是尽诛於都亭驿。参见：陈尚君．旧五代史新辑会证·卷三十六·唐书十二[M]．上海：复旦大学出版社，2005：1036.

也被诛杀，除了政治的一大隐患。①

第二，整顿吏治，消除腐败根源。唐明宗将盗掘唐朝陵墓的温韬和后梁降将段凝赐死（段凝开始被流放边疆，后又将他赐死在流放地）。对豆卢革、韦说这样的士族奸臣先是贬到外地，然后再下诏赐死。对于李存勖曾经重用聚敛民财的租庸使孔谦，唐明宗也是顺应民意，果断诛杀。②

第三，唐明宗以俭治国，一反唐庄宗的奢侈之风，轻徭薄赋。禁止进献鹰犬珠宝珍玩之类的奢侈品，将数千宫女基本上遣散回去，择优留下一百人，内官只留三十人，教坊留一百人，鹰坊留五十人，御厨房留五十人。对政务和衙门也是尽量精简。撤销了各个部门有名无实不起作用的机构。并下诏命各部军队就近征调粮草。③

第四，大赦天下，平反冤假错案。左拾遗李同上言："天下系囚，请委长吏逐旬亲自引问，质其罪状真虚，然后论之以法，庶无枉滥。"④

……

上述措施为唐明宗后来创造的"粗为小康"（司马光《资治通鉴》语）局面打下了良好的基础。

（二）明宗即位后，在朝野的交口称赞中，冯道登上了权力的顶峰

明宗入主洛阳后，拜冯道为端明殿学士。"端明"之号就是从冯道开始设立的，后为宋朝沿用。"端明殿"学士比"翰

---

① 郭从谦是郭崇韬的干侄子，又是睦王李存乂的养子，因此这两个人的冤杀直接导致了郭的造反，导致了唐庄宗的灭亡。唐明宗对郭从谦先是安抚，让他做景州刺史，后来再找理由把他杀了。其手腕也由此可见一斑。参见：欧阳修．新五代史·卷三十七[M]．北京：中华书局，2016：451—452.

② 陈尚君．旧五代史新辑会证·卷三十六·唐书十二[M]．上海：复旦大学出版社，2005：1031.

③ 陈尚君．旧五代史新辑会证·卷三十六·唐书十二[M]．上海：复旦大学出版社，2005：1030.

④ 陈尚君．旧五代史新辑会证·卷二十八·唐书十四[M]．上海：复旦大学出版社，2005：1099.

林承旨”还要高一层次，实际上就相当于宰相的职位。

明宗入洛，遽谓近臣安重诲曰：“先帝时冯道郎中何在?”重诲曰：“近除翰林学士。”明宗曰：“此人朕素谙悉，是好宰相。”未几，迁中书侍郎、刑部尚书平章事。凡孤寒士子，抱才业、素知识者，皆与引用，唐末衣冠，履行浮躁者，必抑而置之。①

不久冯道迁中书侍郎、刑部尚书平章事。凡出身贫困、微贱却有才干、有抱负的，只要是他素来相知的读书人，他一律提拔重用；唐明宗时期，豪门大族中行为浮躁的人他必定贬抑不用。有位工部侍郎名叫任赞，退朝时，和吏部侍郎刘岳用俚语评论冯道。在后面嘲笑冯道说：“他如果走得太快，一定会掉下《兔园册》。”唐宋时期，人们一般是宽衣大袍，书多揣在怀中，因而有遗漏的可能。

这刚好给了冯道树立威信的一个机会——刘岳去了秘书监，这个职位相当于国家图书馆馆长，刚好让这个膏粱子弟多读点书；任赞任散骑常侍，也是降级使用。

《兔园册》又称《兔园策》或《兔园策府》。据王应麟《困学纪闻》云，这是一本类书，是唐太宗之子李恽任梁州都督后命令杜嗣先仿效应试科目的策问制成。梁州又名宋州，是汉代梁孝王所封之地。梁孝王刘武建有梁园，以聚四方英才。梁园又名“兔园”，故此书取名《兔园策》，寓有培养人才的深意。该书引用经史解释，收集古今事迹、典故，以对偶的文句分类编集，有48门、30卷。据《敦煌遗书总目索引》中的残篇显示，有以下分类：王、公主、公卿、御史、刺史、县令、朋友、人才、文笔、勤学、宴集、富贵、酒、送别、客游、荐举、报恩、兄弟、父母、孝养、丧孝、孝行、丧葬、婚

① 陈尚君．旧五代史新辑会证·卷一百二十六·周书十七［M］．上海：复旦大学出版社，2005：3864．

姻、重妻、弃妻、弃夫、美男、美女、贞男、贞妇、丑男、丑女、闺情、神仙等。所涉及的都是人情世故之学，反映了中国传统文化在日常生活的应用。① 《北梦琐言》云："《兔园策》乃徐、庾文体，非鄙朴之谈，但家藏一本，人多贱之。"也就是说这种私塾教学用的课本一般士大夫是比较轻视的。

冯道听说朝臣对《兔园册》的非议，就把任赞叫来对他说："《兔园册》的文章都是名儒编集的，我可以背诵。旧朝廷一些士子不过读了些考场上的华丽辞藻，就去应试、窃取公卿的名位，真是何等浅薄、狭隘。"任赞听了十分惭愧。

冯道的真才实学并非虚言，而是受到实践检验的。

早在张承业掌管太原时期，约907—908年间，李存勖曾经在军帐中召卢程拟一个文件，卢程就推辞说自己是徒有虚名，公文不太熟悉。于是军政文书这类差事便不再考虑他了。又有一次，张承业让卢程做个出纳，做点会计性质的事情，卢程又推脱说这不是自己的强项。张承业把他批评了一通，这个也不会，那个也不行，那会点啥呢？所以，卢程在掌书记的职位上与冯道"竞职"失败是很自然的事情。

还有一件事情能表明冯道肚子里的学问是货真价实的。(《周书十七·列传六》中《冯道传》载：

复有梁朝宰臣李琪，每以文章自擅，曾进《贺平中山王都表》，云："复真定之逆贼"。道让琪曰："昨来收复定州，非真定也。"琪昧于地理，顿至折角。其后百僚上明宗徽号，凡三章，道自为之，其文浑然，非流俗之体，举朝服焉。道尤长于篇咏，秉笔则成，典丽之外，义含古道，必为远近传写，故渐畏其高深，由是班行肃然，无浇漓之态。继改门下侍郎、户

① 晁公武《郡斋读书志》的说法却不一样，他认为是唐朝虞世南所著，十卷；五代时流行于村塾，作为蒙童课本。《新五代史·刘岳传》云："《兔园册》者，乡校俚儒教田夫牧子之所诵也。"今已不存。仅敦煌石窟有唐代贞观年间手抄本《兔园策府》残卷及杜嗣先序。

部吏部尚书、集贤殿弘文馆大学士，加尚书左仆射，封始平郡公。①

天成、长兴年间，天下连年丰收，朝廷无事。明宗在延英殿处理朝政结束后留下冯道，询问他朝廷外面的事。冯道说："陛下以至上的道德承受天命，上天以丰年昭示祥瑞，陛下更要日日谨慎，以酬答上天之心。微臣常常回忆起在先帝霸府任职时，曾奉命出使中山（今河北定州），过井陉（今井陉县，在河北省西部，太行山东麓）险地时，唯恐马匹失蹄，不敢放松缰绳，等到平地，便不再小心谨慎，结果从马上摔下来，差点摔残废了。臣所说的这件事虽然小，却可以小中见大。陛下不要因为天下清明安定、连年丰收，便无节制地享乐。兢兢业业是臣对陛下的希望。"② 明宗非常赞同。

有一年，农业丰收了，明宗问冯道老百姓的日子是不是好过一些？冯道回答说："谷贵饿民，谷贱伤农，这是常理。臣记得近代有个叫聂夷中的举子有首《伤田家》的诗：'二月卖新丝，五月粜秋谷。医得眼下疮，剜却心头肉。我愿君王心，化作光明烛，不照绮罗筵，遍照逃亡屋。'"③ 唐明宗听了觉得很有道理，便命侍臣将这首诗写在屏风上，经常诵读。

1. *君王提倡多读经书*

李嗣源也是沙陀人，行伍出身，是一个标准的"大老粗"。由于不识文字，四方奏章都由粗通文字的枢密使安重诲诵读，于是他就每天跟着学习一些治国之道。安重诲建议设置端明殿学士，任冯道等为大学士，宣讲儒家经书。他从谏

---

① 陈尚君. 旧五代史新辑会证·卷一白二十六[M]. 上海：复旦大学出版社，2005：3864—3865.

② 陈尚君. 旧五代史新辑会证·卷一百二十六[M]. 上海：复旦大学出版社，2005：3866.

③ 陈尚君. 旧五代史新辑会证·卷一百二十六[M]. 上海：复旦大学出版社，2005：3866.

如流，自己也听得很有兴趣。还鼓励大臣督导子弟学习儒家经典。由于李嗣源善于学习中原传统文化，因此粗暴的性情纠正了很多，虽然他也是马上得天下，但能够把国家治理得比较清明安定。他在位的七八年时间是五代史上难得的一段勉强称得上“小康”的时期。

2. 朝廷人才极度缺乏，常常无人可用，需要刊刻经典图书来培养人才

从当朝君王文化知识的缺乏，到朝廷重臣的不知礼数，乃至臣吏的贪求无已，种种道德失范、缺乏社会良序的现象比比皆是，如庄宗时期的郭崇韬，因为心直口快，伤害了李存勖宠信的宦官，而被冤杀；而更为可笑的是，杀害他的“教令”出自他提议册封的刘皇后。郭崇韬的不能“知人”以及刘皇后的愚昧在这一事件中表现得淋漓尽致。① 直接原因可能与他们的性格及纷乱的时事有关，而间接原因则是连年征战、不晓诗书等因素。

唐明宗时期倚重安重诲和任圜两位大臣。这两个人虽然对李嗣源很忠贞，办事也很认真，但两人之间不能互相配合，相反却互相攻击，有时在朝堂上竟然相互争吵，以至于后宫的老宫女都能听到，弄得朝政混乱，大臣们也不能团结。“白头宫女在”，肯定要“闲坐说玄宗”：“皇上，大臣们在朝廷上吵架这种没有规矩的事，在大唐长安的皇宫是没有的。”老宫女们这么一议论，任圜就被解职了。927 年，任圜居然被安重诲矫

① 郭崇韬还非常喜欢读书。在攻下镇州以后，李存勖派他去验收府库，有人献给他珍宝，他一概不收，只是买了些书带回来。可惜的是，他虽然精通治国之道、擅长军事谋略，但无明哲保身之法。这也可能与他出生于代州雁门（今山西忻州市代县）、久习胡族风气有关。而刘皇后更是“败家娘们”的杰出典型，李存勖做皇帝三年就“身死国灭”有她的一半“功劳”。她除了擅长歌舞、后宫专权、善于逢迎唐庄宗，还“好聚敛”，后宫财物堆积如山，却不用于救灾，任由军民饿死、冻死在路上，此外她在庄宗败亡后还试图投身小叔子，在逃亡的路上与其私通，后被明宗赐死。

诏赐死。①

粗通文墨、刚愎专断的安重诲由于力主削藩、诬杀宰相任圜等，在处理李从珂的问题上与后唐明宗发生了分歧，渐为明宗嫌弃和猜疑，就让他退休回老家了。长兴二年（931 年），他以离间孟知祥、董璋、钱镠的罪名，被明宗派李从璋赴河东将其诛杀。

这些年间发生的一幕幕悲剧让冯道、李愚等深深地感觉到，政局稳，军民安。君臣不和、军阀动辄作乱是影响国家安定团结的重要因素，因此要提高君臣的政治素质、文化素质，就必须大力刊刻文化典籍、大力发展教育。

二、国子监、太学等教育机构之状态

由于连年的战争，唐代的史馆、集贤院、弘文馆、秘书省、崇文馆、司经局等几乎都不复存在了。农民起义及军阀混战使都城长安及洛阳、开封等中原地区的大城市一次次地被战争洗劫，图书大多四下散失了。五代有多位皇帝下诏征集图书，大多是无果而终，有时半年都征集不到一本完整的图书。

沙陀血统的李存勖早年跟着父亲南征北战，既无时间读书，也无书可读。到了十三岁时，曾经抄写过《春秋》一书。众所周知，《春秋》文字过于简质，一般人不容易理解。如果没有相关的参考书对其进行解释和说明，也没有教师指导，只能知其然而不知其所以然。例如，《左传》中洋洋洒洒 700 多

---

① 任圜（？—927），五代十国时期后唐大臣，陕西京兆三原人。其父任茂弘，曾任西河令，驻守太原，任圜随父于任上。他英俊潇洒，能言善辩，得晋王李克用见爱，以侄女嫁他为妻。后唐时，以镇州（今河北正定一带）为北京，拜任圜为真定尹、北京副留守知留守事，历任工部尚书，兼任黔南节度使，官至宰相。927 年，后唐明宗出巡汴州，民间讹言纷起，宣武军节度使朱守殷颇怀疑惧，遂谋叛变。权臣安重诲借机诬陷任与朱守殷通谋，密遣供奉官王镐赴磁州，矫诏赐任圜自尽。任圜受命怡然，聚族酣饮，饮药自尽。

安重诲（？—931），河东应州（今山西应县）人，沙陀族人。五代十国时期后唐大臣。其父安福迁，晋王李克用为将。安重诲少事后唐明宗李嗣源，随从征战，颇见亲信，为人明敏谨恪。明宗即位，以拥戴功充任左领军卫大将军、枢密使，兼领山南东道节度使，累加侍中兼中书令，护国节度使，总揽政事。

字的郑国兄弟相争的事件①在《春秋》中只有9个字："夏五月，郑伯克段于鄢。"没有深厚的历史知识与文字学功底，是很难读懂这一行字的。

新政权建立之初，首要任务是安抚军队、安定民心、稳定政局。因而在同光元年（923年）十二月庚辰日（第17天），御史中丞李德休就上奏：

当司刑部、大理寺本朝法书，自朱温僭逆，删改事条，或重货财、轻入人命②，或自徇枉过，滥加刑罚。今见在三司收贮刑书，并是伪廷删改者，兼伪廷先下诸道追取本朝法书焚毁，或经兵火所遗，皆无旧本节目。只定州敕库有本朝法书具在，请敕定州节度使速写副本进纳，庶刑法令式，并合本朝旧制。③

上述奏章的主要意思是，目前从朝廷到州县，颁布并通行

---

① 初，郑武公娶于申，曰武姜，生庄公及共叔段。庄公寤生，惊姜氏，故名曰"寤生"，遂恶之。爱共叔段，欲立之。亟请于武公，公弗许。及庄公即位，为之请制。公曰："制，岩邑也，虢叔死焉，佗邑唯命。"请京，使居之，谓之京城大叔。祭仲曰："都，城过百雉，国之害也。先王之制：大都，不过参国之一；中，五之一；小，九之一。今京不度，非制也，君将不堪。"公曰："姜氏欲之，焉辟害？"对曰："姜氏何厌之有？不如早为之所，无使滋蔓！蔓，难图也。蔓草犹不可除，况君之宠弟乎？"公曰："多行不义，必自毙，子姑待之。"既而大叔命西鄙、北鄙贰于己。公子吕曰："国不堪贰，君将若之何？欲与大叔，臣请事之；若弗与，则请除之。无生民心。"公曰："无庸，将自及。"大叔又收贰以为己邑，至于廪延。子封曰："可矣，厚将得众。"公曰："不义不暱，厚将崩。"大叔完、聚，缮甲、兵，具卒，乘，将袭郑，夫人将启之。公闻其期，曰："可矣！"命子封帅车二百乘以伐京。京叛大叔段，段入于鄢，公伐诸鄢。五月辛丑，大叔出奔共。书曰："郑伯克段于鄢。"段不弟，故不言弟；如二君，故曰克；称郑伯，讥失教也：谓之郑志。不言出奔，难之也。遂置姜氏于城颍，而誓之曰："不及黄泉，无相见也。"既而悔之。颍考叔为颍谷封人，闻之，有献于公，公赐之食，食舍肉。公问之，对曰："小人有母，皆尝小人之食矣，未尝君之羹，请以遗之。"公曰："尔有母遗，繄我独无！"颍考叔曰："敢问何谓也？"公语之故，且告之悔。对曰："君何患焉？若阙地及泉，隧而相见，其谁曰不然？"公从之。公入而赋："大隧之中，其乐也融融！"姜出而赋："大隧之外，其乐也洩洩！"遂为母子如初。君子曰："颍考叔，纯孝也，爱其母，施及庄公。《诗》曰：'孝子不匮，永锡尔类。'其是之谓乎！"参见：左丘明．左传[M]．北京：中华书局，2012：6—14.

② 《册府元龟》卷五百十七作"轻人生命"。

③ 陈尚君．旧五代史新辑会证·卷一百四十七[M]．上海：复旦大学出版社，2005：4508.

的是前朝朱温“伪梁”的伪法律，本朝是大唐王朝的延续，理应继承唐代的大统，因而首先要从政治和法理上恢复唐朝的本来面目，因此急需颁布唐朝的法律，沿用唐朝的制度。

后唐的庄宗在《答李德休请详定本朝法书敕》对他进行了表扬：

> 李德休誉洽朝端，任隆台宪，将举行于旧典，请删定其法书，载阅申陈，备见公切。①

庄宗批示按李德休的意见来办。

不久，定州节度使王都派人写了《唐朝格式律令》的复本献上，共二百八十六卷。同光二年（924 年）二月，在刑部尚书的主持下，卢质（一说卢价）等人模仿唐宣宗时的《大中刑律统类》，编纂了《同光刑律统类》十三卷。②

虽然在建国方针上士大夫们形成了初步的统一，但是作为一国之君的李存勖并没有认真实施，而是任由志在聚敛、一心讨好皇上的孔谦胡作非为。如果是在战争年代，征粮多一点，也情有可原。但是在和平年代，而且是在天灾不断、农民歉收、穷得要逃荒的情况下，还纵容孔谦一味地搜刮，也就失去了民心。加上之前李存勖重用宦官和伶人，也慢慢失去了军心，以致最终走上了不归路。

经历了变乱后的后唐大臣们进一步地认识到了帝王之术的重要性。“君—臣—兵—民”四者之间有着相互制约的种种游戏规则，而其中最重要的便是君王要学会如何“坐天下”。于是，在后唐明宗登上帝位的第二年，即天成二年（927 年），

---

① 周绍良. 全唐文新编·卷一百四·后唐庄宗[M]. 长春：吉林文史出版社，2000：1198.

② 关于究竟是卢质还是卢价编写此书，尚无定论。《旧五代史》影印本作“卢价”，陈尚君据《册府元龟》《五代会要》改为“卢质”，但是《卢质传》显示，卢质一生中也未担任过“刑部尚书”。罗火青也认为，任推官的卢价不可能领衔编此书，究竟当时谁是“刑部尚书”，还待考证。参见：罗火青. 五代时期卢价墓志考[J]. 中国历史文物，2009（2）：72—79.

国子监便开始刊刻《贞观政要》。①

《贞观政要》由唐吴兢（670—749）编撰，是记载唐太宗在位23年中君臣讨论政事的重要文献。该书“缀集所闻，参详旧史，撮其指要，举其宏纲”，其目的在于“用备劝诫”，也表现出作者对现实政治生活的历史反思。全书十卷，计四十篇，分类编辑唐太宗与魏徵（580—643）、房玄龄（579—648）、杜如晦（585—630）等大臣的问答以及大臣的谏诤、奏疏。全书从总结治国施政经验、告诫当今皇上的意图出发，将君臣问答、奏疏、方略等材料按照为君之道、任贤纳谏、君臣鉴戒、教诫太子、道德伦理、正身修德、崇尚儒术、固本宽刑、征伐安边、善始慎终等一系列专题内容归类排列。既有史实，又有很强的政论性，对于后世的帝王有很强的借鉴价值。②

为什么要刻《贞观政要》呢？因为当时驰骋中原的都是马背上的民族，他们的思想意识中根本没有如何“下马治天下”的知识储备，就连号称明宗的李嗣源也在这方面栽了跟头。

帝王去世后，其谥号是有讲究的，有的恰如其分，有的便有反讽的意味：“庄宗”做事并不一定“庄重”，唐庄宗的谥号便是如此而已。“明宗”并不一定“明君”，有人评论其“仁而不明”：

> 一个缺乏政治、历史知识的人是很难有知人论世的能力的。后唐明宗李嗣源是五代在位时间较长的一位君主。但他“仁而不明”，昧于识人，不辨忠奸、优劣。在外管不好军队，在家又没有管好自己的儿子，他在李从荣之乱平息后含恨而亡。③

---

① 见汪应辰的《文定集》卷十《跋〈贞观政要〉》：偶访刘子驹于西湖僧舍，出其五世所藏之本，乃后唐天成二年国子监板也。

② 孔德凌，张巍，俞林波．隋唐五代经学学术编年（下）［M］．南京：凤凰出版社，2015：469—471.

③ 王春南．后唐明宗为何饮恨而终［J］．人民论坛，2008（17）：58—59.

三十多岁的庄宗在位时并非不喜欢文墨，但他不去认真地学习经义、不去虚心地学习怎样坐天下，而是附庸风雅学习怎样吟诗作赋，以至于三四年就皇冠落地、身死国亡。

六十岁的李嗣源被乱军拥戴、坐上龙椅时根本没有思想准备，内心非常惶恐。低微的出身、沙陀族的血统、近乎文盲的文化水平让明宗心里非常自卑。因为他从来就没有过当皇帝的美梦，也缺乏这方面的才能。李嗣源的无能表现在以下几个方面：

一是教子无方。不知道如何选才、育才，为自己培养合格的接班人。次子李从荣专横跋扈、骄纵不法，居然还让他掌握兵权，位于宰相之上，而不是控制使用。其实他应该选声望较高、比较贤良的三子李从厚（914—934）作为太子，进宫接受太子太傅的训导。另外，带着太子听政，让他学习如何执政。

二是无法甄别贤良与庸才。该重用什么人、不该用哪些人他不清楚。他把“情”放在首位，而不是知晓如何用人。比如，一代名相任圜一年就能把国家治理得井井有条，但是由于他非自己的嫡系，又由于与明宗宠幸的安重诲发生争执，让他非常不高兴。老宫女的一两句闲话就让明宗罢了任圜的官。

三是驭臣无术。对于如何君臣关系，唐明宗常常苦无良策。如对于矫诏杀人、乱操权柄的安重诲一时居然毫无办法，任由他把治国能臣任圜给灭门了，自己同甘共苦的发小杨彦温也成为安重诲的棋子被冤杀。只能一个人到庙里去祷告，以宣泄内心的苦闷。①

四是由于明宗在皇位继承上的无知，后唐迅速败亡。李嗣

---

① 《五代史阙文·明宗》云：明宗出自戎虏，老于战陈，即位之岁，年已六旬，纯厚仁慈，本乎天性。每夕宫中焚香，仰天祷祝云：“某蕃人也，遇世乱，为众推戴，事不获已。愿上天早生圣人，与百姓为主。”陈尚君. 旧五代史新辑会证·卷四十四[M]. 上海：复旦大学出版社，2005：1487.

源根本就没有“储君”这一概念。当大臣们规劝他要准备好接班人时，他居然大发脾气：你们是要让我现在退位吗？这种“很傻很天真”的行为让众大臣如履薄冰。

由于明宗在世时没有安排好接班人，以至于次子李从荣夺位失败被杀，年仅20岁的三子李从厚仓促继位，更不知道如何治理朝政，任由权臣摆布。由此又制造出君臣嫌隙，李从珂被逼反叛，李从厚登基5月而亡。养子李从珂继位后也仅20个月就身死国灭。后唐就这样被石敬瑭灭亡了。

由此可见，军人干政、军阀混乱已成为当时一大社会公害。上至君王权臣，下至黎民百姓，莫不惨遭荼毒。要改变此现状，就要对君王、大臣、军人等进行良好的教育。他们的子女也要接受正规的教育，都需要大批的经典图书。

当时的国子监几乎是名存实亡。隋唐的相关史料显示，隋代初年，国子监就有140名学生，设有国子学、太学、四门学以及书学和算学。教师分博士和助教两个等级，前三种“学科”每门课各有博士5名、助教5名；后两门课各有博士2名、助教2名。唐承隋制，在唐初的武德二年（618年），单单国子学就有学生300名，主要是招的贵族子弟，教师24名。唐代贞观元年起，学校机构的设置又进一步细化：“祭酒”（相当于教育部长，从三品）1人，“司业”（从四品下）2人，丞1人，主簿1人，录事1人；博士共38人（其中，国子学博士①5人，五经博士各2人，太学博士6人，广文馆博士4人，四门学博士6人，律学博士3人，书学博士2人，算学博士2人）；助教共22人（其中，国子学助教5人，太学助教6人，广文馆助教2人，四门学助教6人，律学助教1人，书学助教1人，算学助教1人）；直讲共8人（其中国子学直讲8人，四

① 国子学博士官品较高，为正五品上，唐代韩愈就担任过此职，《进学解》为此时所作。书学、算学博士品阶较低，为从九品下。

门学直讲8人）；教务官共71人；事务官共3人。[①] 参见图8。

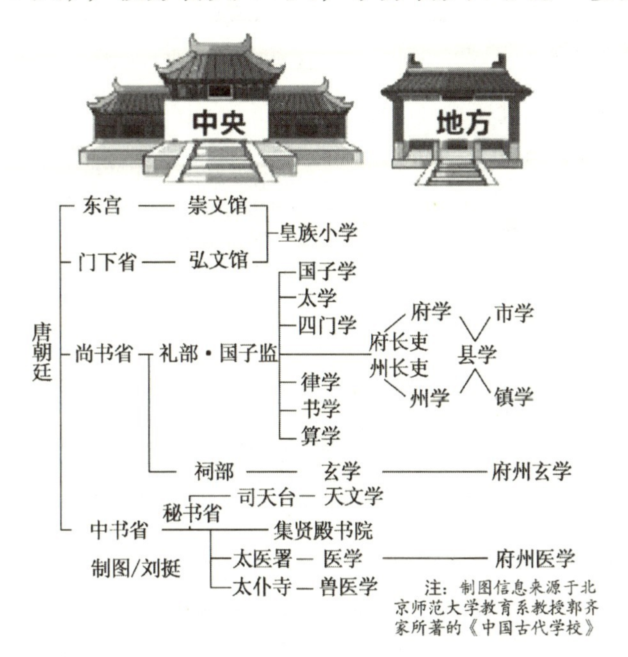

图8　唐代学制系统[②]

而到了唐末，由于战争的破坏，国子监也衰败了。[③] 校舍被破坏，建制也大为缩减，学生人数也大为缩减。

表3为五代历届国子监职官人员的统计数据。

如果要刻石经，对于五代“日不暇给”的短命王朝来讲，根本没有那么多的财力来支撑，而人才、技术也不具备；如果要快速、高效地办成，只有采用民间雕版印刷的方法才能达此目的。

---

① 周家凤. 五代中央官学考[D]. 长春：东北师范大学，2004：21.

② 郭晓蓉. 唐朝官宦子弟国子监拼爹拼爷　百姓民办书院受教育[N]. 华商报，2014-6-10（A15）.

③ 唐昭宗天祐元年（904年），朱温胁迫昭宗迁都洛阳，并拆毁长安城。同年，朱温命韩建留守长安，收拾残局。韩建放弃了长安外郭城和宫城，以原皇城城垣为基础缩建长安城。在建新城时，韩建将已处于“城外”的“太学并石经”移入城内，置于“唐尚书省之西隅”。由此，孔庙和太学也搬进了城里。当时国子监在尚书省西边，后历经搬迁，现位于西安碑林博物馆（西安古城碑林区三学街15号）。

表3　五代历届国子监职官①

朝代	学官名称	任职人	备　注
后梁	祭酒	孔拯	贞明四年（918年）孔拯为国子祭酒。（《旧五代史》卷九）
	司业	邵岳	邵岳，京兆人。唐末大乱，挈家来湖南。彭玕刺史全州时辟岳为判官，会贼鲁仁恭寇连州。迁岳国子司业、知州事，遂家于桂阳。（《十国春秋》卷七十五）
	博士	马希范 田敏	马希范：著作佐郎兼国子博士；田敏：国子四门博士
后唐	祭酒	朱守素 崔协 马缟 索继昭 李存璋	朱守素于天成三年（928年）春正月，以国子祭酒的官职卒于任上，天子为此罢朝；崔协以宰相之职兼国子祭酒；马缟以兵部侍郎兼国子祭酒。
	司业	张溥 田敏	长兴元年（930年）夏四月，国子司业张溥奏："请复八馆，以广生徒。" 清泰中（934—936）田敏迁国子司业。
	国子丞	李锷	后唐清泰中（934—936）升官至国子丞，"九经印板多其所书，当时颇贵重之。"
	博士	李锷	后唐平蜀，明宗命太学博士李锷书五经，仿其制作，刊板于国子监。（《挥麈录余话》卷二）
		田敏	后唐天成初，改《尚书》博士，赐绯，满岁为国子博士。（《宋史》卷四百三十一）
		杜昉	杜昉为国子博士，天成二年八月以国学所设，比教胄子，近为外官多占居，请令止绝。（《册府元龟》卷六百二十）
		赵著见	天成四年（929年）国子监奏："如有京中诸官子弟及外道举人，况四门博士赵著见讲《春秋》，若有听人，从起所欲。"（《册府元龟》卷六百四）

① 周家凤. 五代中央官学考[D]. 长春：东北师范大学，2004：18—21.

（续表）

朝代	学官名称	任职人	备　注
后唐	博士	李玭	长兴二年（931年）七月，吏部南曹奏："前郓州卢县令李玭，曾任秘书丞，一任国子《毛诗》博士。"（《五代会要》卷二十二）
		蔡同文	后唐长兴三年（932年），官国子博士。（《全唐文》卷八百四十八）
		夏光隐	末帝清泰三年二月，以太子正字夏光隐为国子太学博士。（《册府元龟》卷一百三十一）
		楚馥	楚馥为《尚书》博士，长兴三年（932年）奏请皇子习《尚书》，知君臣父子之义。（《册府元龟》卷六百四）①
	助教	刘温叟	七岁能属文，善楷隶……以荫补国子四门助教。（《宋史》卷三百六十二）
后晋	祭酒	唐汭 田敏	天福四年（939年）春正月，唐汭任祭酒，约在秋后由田敏接任。
	司业	田敏	天福四年（939年）春时任司业。
	博士	谢攀 王震	天福六年……国子博士谢攀，使高丽行册礼。（《旧五代史》卷八十）王震曾以博士的身份教石重贵。（《新五代史》卷九）
后汉	祭酒	田敏	后汉时，田敏由司业任祭酒，一直到后周初年。
	司业	樊伦	隐帝乾祐二年（949年）国子司业樊伦上言：游惰之民，多归僧舍。朝廷用兵，须丰军食。请三五年间止绝僧尼戒坛。（《册府元龟》卷一百六十）
	博士	李巘 王处讷 聂崇义	乾祐元年十一月，因其兄长太子太傅李崧被人诬告，李巘被连诛。王处讷主要负责占卜星相历书，时为《尚书》博士。聂崇义为《礼记》博士，参与校订《公羊春秋》，后国子监以此为本进行板刻。

① 周家凤认为刘鼎做过后唐的"《尚书》博士"，推究刘鼎与后梁的渊源，笔者认为应该这是后梁的事。因此存疑，暂未列入表中。参见：陈尚君．旧五代史新辑会证·卷一百八·刘鼎传［M］．上海：复旦大学出版社，2005：3275—3276．参见：周家凤．五代中央官学考［D］．长春：东北师范大学，2004：19—20．

（续表）

朝代	学官名称	任职人	备　注
后周	祭酒	田敏 尹拙 刘温叟	显德元年（954年），以兵部郎中兼太常博士尹拙为国子祭酒（《旧五代史·卷一百十四》）。显德六年（959年），后周恭帝柴宗训时，刘温叟为工部侍郎兼判国子祭酒。（《宋史》卷二百六十二）
	司业	赵铢 樊伦 聂崇义	广顺三年，献印版九经书五经文字。太祖优诏嘉之，赐袭衣缯彩银器。又赐司业赵铢袭衣缯彩。（《册府元龟》卷六百一）樊伦、聂崇义时为司业。
	博士	李光赞 聂崇义 郭忠恕	仍差……国子博士李光赞，大理正苏晓，太子中允王伸等一十人，编集新格，勒成部帙。（《旧五代史·卷一百四十七》）。聂崇义曾任国子博士。郭忠恕为后周的《周易》博士。（《十国春秋》卷一百八）

三、“粗为小康”背景下的刻《九经》

明宗之朝是五代时期难得的、勉强称得上“小康”的时期。这也为冯道的刻印图书提供了良好的物质基础。

唐明宗以任圜为管理国家财政的长官，代替了只知道一味搜刮百姓的孔谦，取得了成效。任圜进行了一系列改革，如：严格法制，禁止官吏压榨百姓，禁止富户投名影庇和逃免徭役，禁止高利贷，禁止买卖人口，禁止虐杀奴仆，禁止虐待父母，禁止任意网罗、弹射、狩猎，禁止宰杀耕牛等。数年之后，后唐的社会经济有了明显的好转，人民生活水平有了较大改善，以至于“雁门以北，东西数千里，斗粟不过十钱。”

四、吴越、蜀中出版事业的启发

吴越国宝大二年，即公元925年，吴越国向后唐进贡了很多财宝，里面就有雕版印刷的图书423卷：

冬十月，镇海镇东留后王子传瓘、中吴军节度使王子传

璙，各贡唐锦绮千件及《九经》书史四百二十三卷，又贡佛头螺子青一、山螺子青十，婆萨石蟹子四、空青四。①

而几乎与此同时，后唐的李存勖听了高季兴在洛阳的建议后派军队进入蜀中，郭崇韬花了70多天就把蜀国灭了。郭崇韬虽然是一个武将，但是喜欢搜罗图书，加上随行的翰林学士、都统判官兼军师的李愚（相当于总参谋长兼秘书长）也是一介儒生，喜欢图书。因此，从蜀中带回来许多中原少见的图书。

后唐平蜀，明宗命太学博士李锷书《五经》，仿其制作，刊板于国子监，为监中刻书之始。②

南宋学者王明清在《挥麈录》中说，他自己家也有五代李鹗（即李锷）书写的印本《五经》，书上题有“长兴二年”（932年）的字样。这一版本与后来冯道奏请雕版印刷的《九经》不同。王明清（1127？—1202?），字仲言，生于藏书世家，问学于李焘门下，南宋著名文人，与尤袤、陆游等交游。他著述严谨，言之有据，所记当非虚妄之辞。

这说明在明宗时期，最迟至长兴二年（932年），后唐的刻书工作已经开始了。

因此，吴越、蜀中雕版刻印图书，对后唐板刻《五经》乃至板刻《九经》影响是直接的、不容忽视的。

第三节　冯道刻《九经》的艰难历程

一、冯道主持刻书成功的主要原因

冯道本人早年所读《兔园册府》之类的教材往往为出身于豪门望族的人所轻视。因此，冯道对于《九经》的雕刻是既契

---

① 吴任臣. 十国春秋（三）[M]. 北京：中华书局，2010：1099.

② 陈尚君. 旧五代史新辑会证·卷四十三[M]. 上海：复旦大学出版社，2005：1395.

合了时代的需求，又具备一定的可行性——有最高统治者的支持、资金来源、技术人才的储备等。

这种良好的君臣关系、冯道在朝廷中的较高威望以及对官员和僚属队伍教育的迫切需要，是冯道得以施展才华、倡议刻《九经》的一个先决条件。

换言之，其他人来倡导和实施，其结果是不确定的。比如，冯道的亲家刘昫是《旧唐书》的领衔主编，虽然位居宰辅之高位，但李愚就经常与其发生争执。很多事情往往意见不统一，或议而不能决，后来只能挂冠而去。

另外，还有很多使雕版印刷图书成为现实的必然性因素。其一是石经刻写费用巨大，当时没有这个财力，只能选择雕版刻书；其二，是要有编写—校对—书写—雕版—刷印—装订等配套的技术人才。

用黄镇伟先生的话来说，一是政治上的需要，二是出版技术上的成熟可行，二者结合，那么官方倡导刻《九经》这件事便顺理成章了。

关于冯道的评论，历来褒贬不一。自欧阳修及司马光在《新五代史》《资治通鉴》中对冯道极尽诋毁之能事后，冯道的几近圣人的光辉形象便从云端跌落到地狱，主要观点是指责其不忠。这种观点自北宋后一直比较有市场。清代的赵翼、现代的范文澜等学者皆持此观点。但王安石、李贽则力挺冯道，称赏有加。

“今日我们企图放宽历史的眼界，更应当避免随便作道德的评议。因为道德是真理最后的环节、人世间最高的权威，一经提出，就再无商讨斟酌之余地，故事只好就此结束。传统历史家忽视技术因素的重要，也不能体会历史在长时间上之合理性，这都是引用道德解释历史，操之过急，将牵引的事实过于简化所造成的。”① 黄仁宇想用历史解释代替道德评判。李学勤

---

① 黄仁宇．赫逊河畔谈中国历史[M]．北京：生活·读书·新知三联书店，2003：148—149．

先生更进一步，在否定旧道统的同时，站在中华民族的高度，对冯道作了更高的评价："如果有第三条道路，那就是以人类的最高利益和当地人民的根本利益为前提，不顾个人的毁誉，打破狭隘的国家、民族、宗教观念，以政治家的智慧和技巧来调和矛盾、弥合创伤，寻求实现和平和恢复的途径。这样做的人或许只是为了实现自己的价值，但他对人类的贡献无疑会得到整个文明社会的承认。"① 从民族融合与文化传承的角度来看，冯道刻《九经》的行为就显得有着特殊的意义。

下面我们从治国理政的高度来梳理冯道主持板刻《九经》的艰辛历程，力图还原出这一伟大创举的大致轮廓。

二、刻书经费的筹措与对石刻的借鉴

需要指出的是，《九经》的雕版印刷并非贸然之举，而是在《贞观政要》印刷成功的基础上，才将新型技术扩大应用范围。

《贞观政要》在天成二年（927 年）便已有雕版印刷的图书问世。后唐闵帝一即位便"延访学士，读《贞观政要》"（《旧五代史》卷六十七）。汉隐帝即位后欲修德政，大臣们也劝他读《贞观政要》(《旧五代史》卷一百三)。可见，《贞观政要》的印刷比《九经》早。

从唐末到五代，当时官方流行的图书传播观念还是抄书。刻书之行为被士大夫和富贵之家所鄙视。因此，平民出身的李

① 葛剑雄. 乱世的两难选择——冯道其人其事[J]. 读书，1995（2）：137—144. 后来在石敬瑭做儿皇帝时，派冯道出使辽国。冯道之委曲求全便可见一斑——不仅机智应答，还在适当的机会夸奖辽主，只有耶律德光才能解民于倒悬，一定程度上打消了他把中原变牧场的念头。以口舌之辩，为保全交战地区的百姓立下汗马功劳。从保全民生的角度出发，在朝廷更迭之际，无论是先帝的托孤也好，抑或是朝廷内的君位之争也好，冯道总是审时度势，从大局出发，尽量把"内耗""变乱"向伤害最小化引导。当时人们把冯道视为当代的孔子，冯死后更是空前地获得了极大的荣誉——被后周国主柴荣封为瀛王。"道既卒，时人皆共称叹，以谓与孔子同寿，其喜为之称誉盖如此。"（《新五代史・卷五十四・杂传第四十二》）孔子一生为了实现自己的理想，周游列国，而未能如愿。但冯道在宛如春秋战国的五代乱世一定程度上实现了保全民生、减少战乱的愿望。他自称三不欺：上不欺于天，中不欺于人，下不欺于地。享年 73 岁，自封"长乐老"。

愚、冯道等人为了推动这一事业的前进，得到最高统治者的授权后制订了一系列的优惠措施。如参与刻书者，提拔时可降格录用，或减少一门业务的考核等。

《册府元龟》载："后唐宰相冯道、李愚重经学，因言汉时崇儒有三字《石经》，唐朝亦于国学刊刻，今朝廷日不暇给，无能别有刊立。曾见吴蜀之人，鬻印板文字，色类绝多，终不及经典。如经典校定，雕摹流行，深益于文教矣。"（《册府元龟·卷六百八》）李愚、冯道因而奏请后唐君主，请求官方刻印《九经》。《九经》一般指"三礼"、"三传"、《易经》、《尚书》和《诗经》。"后唐长兴三年二月，中书、门下奏：请依石经文字刻九经印板。敕令国子监集博士儒徒，将西京石经本，各以所业本经句度，抄写注出，仔细看读，然后顾召能雕字匠人，各部随帙刻印板，广颁天下。如诸色人要写经书，并须依所印敕本，不得更使杂本交错。其年四月，敕差太子宾客马缟、太常丞陈观、太常博士段颙、路航、尚书屯田员外郎田敏，充详勘官，兼委国子监于诸色选人中，召能书人端楷写出，旋付匠人雕刻，每日五纸，与减一选。如无选可减等第，据与改转官资。"①

国子监其实原来始自汉代的太学，汉代以后每个朝代的称呼都不一样，如国子学、国子寺等，其功能也有所不同，有时还兼有管理教育的功能。隋代大业三年（607 年），改国子学为国子监，使之成为一个独立机构。监内设祭酒一人，专门管理教育事业，相当于现在的教育部部长，详见上文 111—112 页。据《隋书·百官志下》记载，教师 38 人，学生 140 人。国子监所管理的国子学与太学是专门研习儒家经典的经学学校，一般供贵族或高级官员的子弟就读。唐代至五代都沿用了这一制度。但五代的国子监与隋唐时期的不同在于，它不仅仅是一个教育管理机构和学校，还兼有出版的功能。

---

① 王溥. 五代会要[M]. 上海：上海古籍出版社，2006：128.

关于五代国子监的出版情况，李明杰的《五代国子监刻书》、王志国的《五代国子监刻书及对后世的深远影响》等文章都做了深入的研究。我们从相关资料中发现：国子监经费十分紧张，其刻书行为是从无到有，逐渐积累，时机成熟后如春蚕吐丝般绵延不绝，长达二十多年才大功告成。早在后梁建国之初，连学生上课的地方都没有，修建孔庙的费用还是开平三年（909 年）起从官员的俸禄中每贯抽取 15 文扣下来的。另外，招收学生也只能一再缩减学员规模，并且让学生交“束脩”（即学费）来筹措经费。如唐武德元年（618 年）国子监的学生名额为 300 人，而在后唐明宗天成三年（928 年），国子监祭酒崔协因经费匮乏，奏请国子监每年只置监生 200 员。两年后，国子监又上奏，请求补充进入国子监的学生，按旧例入学时应交束脩二千，及第后要再交光学钱一千（《五代会要》卷十六）。而一般认为始自 932 年的国子监刻书更是四处化缘式地筹措经费，如动用政事堂厨钱和诸司公用钱、收取及第举人礼钱等，才得以进行下去。

近来关于官刻《九经》的首倡者一般都提及李愚。理由是该奏本为中书门下所启，而自长兴二年（931 年）三月起（吴缜疑之更早），李愚即为中书侍郎兼中书门下平章事，这份奏折他不可能不署名。二是李愚位高年长，且曾随后唐军队入蜀，应该见识了蜀地的书肆、书铺，因其民间板印的经济高效而受到启发，遂有此动议。

从上述史料中也看出官方出版的特点：一是版本之正宗，依据的是唐代“开成石经”。尽管开成石经存在一些错误，但是在熹平石经缺失的情况下，它仍不失为较好的范本，用其他典籍和不同的版本校对后再雕版、印刷，图书质量应该是有保证的。二是“抄写—校勘—书丹—雕版—印刷”分工明确，出版流程规范有序，保证了出版的质量，这也是一般民间书坊所无法比拟的。三是主事者的坚守和历时之长。自 932 年始，从后唐、后晋、后汉到后周，皇帝换了 7 个，中间还有契丹入

侵。李愚已于935年去世，冯道、田敏等人不仅“苟全性命于乱世”，而且还多方筹措经费，网罗各色人才（书手如李鹗、郭嵘，校对如马缟、陈观、段颙、路航等），使之坚持22年，方将《九经》雕刻完毕，成为中国出版史上不朽之盛事，实属不易。其后出版的《经典释文》被南宋著名学者洪迈称之为“字画端严……更无舛误”的出版典范之作。[①] 四是宣告了官方对雕版印刷的正式承认。五代以前，官方认可的传播方式主要是手抄（如唐及前朝就有馆阁人员专门从事此业；民间更是有人以此为业，从东汉一直到清代末年，号称“佣书”，如：东汉的班超、王溥，南北朝的崔亮，乃至鲁迅笔下的孔乙己等），或刻石经（将经文刻于石板［壁］之上），但这两种方式不仅费时、费力，而且费钱，而用枣木、梓木等材料加工成的木板进行雕刻印刷相对要经济得多。因而，民间发明的这一传播方式从此正式登堂入室，成为出版的主流。沈括在《梦溪笔谈》中对其肯定有加。五是经注合一，即在经文边上夹注，便于阅读和理解经文的含义。这一创举也为后世所仿效。南宋黄善夫的《三家注〈史记〉》便是此样的典范之作。

五代时期，其他地方也有史书的出版。毋昭裔除了《九经》之外，还刻有《史记》《汉书》等史籍，南唐的建业文房也雕版印刷过唐代刘知几的《史通》、南朝陈代徐陵编选的《玉台新咏》[②] 等。

三、三大刻书体系的形成及标志

一般学者大多认为刻书存在三大系统，即坊刻、私刻（又称家刻）和官刻。坊刻，即书坊刻书，这是五代出版活动的中坚力量。所谓书坊，即中国封建社会中晚期（唐代—清代）为满足市场需要而进行生产兼销售印本书的私营单位。书坊又称

---

① 张秀民，韩琦. 中国印刷史［M］. 杭州：浙江古籍出版社，2006：30.

② 张秀民，韩琦. 中国印刷史［M］. 杭州：浙江古籍出版社，2006：37—38.

“书肆”“书铺”等，大多采用“前店后坊”的手工业、商业相结合的经营模式。① 坊刻的兴盛直接带动了私刻。私刻即个人出资，雇人抄写、刻印，但不以赢利为目的。例如，后唐诗人和凝将自己的作品篆刻于板，刻印后发送给他人。② 前蜀的任知玄也是出钱雇人刻印，图书刻成后藏于龙兴观，供他人印造流通。毋昭裔私刻了大量的图书，也是供学馆之用。而官刻则是以官方机构为主导，出资、出人、出物进行雕版印刷图书的活动。从三者的发展顺序上来看，坊刻在前，私刻随之，官刻最后登场。三者在五代各有特点：坊刻规模宏盛，私刻内容独特，官刻质量考究。

从出版传播的角度来看，“板印”在五代以其“经济、便捷”的特点全方位地渗透到社会的每一个方面，沉重打击了手抄、石刻这些落后的生产方式，最终雕版印刷为官方所认可，这不仅对中国产生了重大影响，而且对世界影响深远。换言之，由“下里巴人”发明创造的印刷术及其生产方式得到了官方的认可并逐渐取代了原来的手抄、石刻等传播方式。它对于社会的影响是双重的：一是兴起了一个新的产业，并由此带动了从雕版刻字、印刷装订乃至油墨制作、纸张供应、海内外图书贸易等整个产业链的发展，养活了一大批手工业工人，也造就了大批的图书商贾，很多人因此而致富；二是图书出版的便捷、流通的广泛使得相关的瓦子、说书等产业更加发达，促进了平民思想的开化，极大地传播相对进步的商品意识、平等思想，这对于反抗封建压迫是有力的思想武器。

第四节　五代刻书对后世的重大影响

五代时期，无论坊刻、私刻还是官刻，对当代及后世的文

① 戚福康．中国古代书坊研究[M]．北京：商务印书馆，2007：24.
② 张秀民，韩琦．中国印刷史[M]．杭州：浙江古籍出版社，2006：31.

化传播都有着十分重要的意义。地方长官为长治久安而大力布施，如瓜州的曹元忠、吴越国的钱俶、闽国的王审知等，因而对宗教类图书的出版十分支持。据相关学者考证，由成都向北，其图书的流通一路流向长安，另一路向西北经瓜沙流向"国外"，如经丝绸之路印刷术首先传播到吐蕃、夏州、西域的高昌、于阗等地，为印刷术向西方的流传奠定了基础。肖东发等认为西方近代古登堡的印刷术就是在中国印刷术的基础上改良而成的。

五代时向东对国外的传播以海上丝绸之路为主。得益于海上丝绸之路的发达，闽国王审知所抄《大藏经》共四部，其中一部为新罗（今朝鲜半岛）僧人于928年带回国内。福建莆田人徐寅的《斩蛇剑赋》《人生几何赋》也传至渤海国。[1] 再往东北，五代时大量图书传入韩国。如1966年发现的《无垢净光大陀罗尼经》，与吴越国的出版物风格十分相似，疑似是五代从吴越地区传入。开宝六年（973年），高丽国光宗大成王看了五代高僧延寿板印的《宗镜录》，"遣使赍书叙弟子礼，奉金线织成僧伽黎衣，紫水晶念珠、金澡罐，使彼国僧主十六人承寿印记，还高丽弘法"[2]。从此，法眼宗风行海外，印刷术也随着传入韩国，使其成为当时继中国之后最早掌握印刷术的国家之一。

顺着中国沿海—韩国—日本这一线路，我们不难发现，一心向中国学习的日本从汉学到印刷术无不是脱胎于中国文化而来。据王勇研究，中国图书的大量流入正是始于唐代时期。到了五代，中日官方交流基本停止。仅吴越、闽等地方政权与朝鲜半岛、日本等地区文化交流较多。这一时期，以汉籍的回流为特色。[3] 以宗教为例，日本学者三浦彩子发表了《受〈宗镜

① 张秀民，韩琦．中国印刷史[M]．杭州：浙江古籍出版社，2006：31．

② 忽滑谷快天．中国禅学思想史[M]．上海：上海古籍出版社，1994：373．

③ 王勇．日本文化——模仿与创新的轨迹[M]．北京：高等教育出版社，2001：192．

录〉启示的日本庭园与禅净一致思想》，认为延寿提出的禅净一致思想不仅对佛学思想而且其对日本园林艺术也产生了非常深远的影响。[①] 总而言之，五代的出版活动为中国文化的海内外传播写下了光辉的一页。

① 三浦彩子．受《宗镜录》启示的日本庭园与禅净一致思想//会议交流文集[G]．杭州：杭州市佛教协会，2004：415．

第四章
五代时期的新闻传播：官方传播系统

五代时期，战争连绵不断。众所周知，战争是政治的延续。而媒介宣传则是战争常态化语境下政治传播的有效手段，在战争双方的战略战术中发挥着重要作用，是主动而有效的武器，是一种更经济的政治统治手段。① 美国政治学家、传播学四大先驱之一拉斯韦尔于1926年写成的《世界大战中的宣传技巧》一书提出，现代战争必须在三个战线展开：军事战线、经济战线和宣传战线。② 因此，五代时期的新闻传播既有李彬在《唐代文明与新闻传播》中认为的“民间传播、官方传播、士子传播”等方式，还有着其独特的“乱世”风格。

关于新闻的定义，国内外新闻界颇有争议。宁树藩认为，新闻是向公众传播新近事实的讯息③；成美、童兵认为，新闻的构成有三要素：事实、新意和时效④。我国学界一般采用前中宣部部长陆定一1943年给新闻下的定义：新闻是新近发生的事实的报道⑤。商务印书馆出版的《现代汉语词典（修订本）》对新闻的解释是：（1）报社、通讯社、广播电台、电视

---

① 彭芳群. 政治传播视角下的解放区广播研究[M]. 北京：中国传媒大学出版社，2014：2.

② 哈罗德·D. 拉斯韦尔. 世界大战中的宣传技巧[M]. 张洁、田青等译. 北京：中国人民大学出版社，2003：173.

③ 郝雨，杜友君. 新闻学概论（当代教程）[M]. 上海：上海交通大学出版社，2015：25.

④ 成美，童兵. 新闻理论教程[M]. 北京：中国人民大学出版社，1993：31—37.

⑤ 郝雨，杜友君. 新闻学概论（当代教程）[M]. 上海：上海交通大学出版社，2015：24.

台等报道的消息；（2）泛指社会上最近发生的新事情。笔者认为，实际上昨天的“新闻”就是今天的“历史”。只要是曾经发生的“事实”，一度口耳相传，甚至载入史书，我们认为它就是“新闻”。即本章中官方的“新闻”包括露布、檄、牓、报状、传首等传播形式，在民间则以谣（童谣、谣言）、谚、号、谓、传等口头传播方式为主。

下面，我们将从官方传播、民间传播、士人传播三个方面，结合相关案例来进行阐述。

第一节　新闻传播形式的演化

关于古代的新闻传播方式，一般认为经历了以下几个阶段。

一、先秦时期：中国新闻采集活动的始发点

（一）新闻在先秦时期（西方的古希腊时代）包含在信息的传播之中

我们认为，正如语言、文化的产生是与人类的进化同步进行一样，新闻在人类文明的早期也是与其他事物联系在一起的——诸如军令和政令的颁布、私人的讲学、公开的辩论、西方的议会讨论、中国朝政的汇报和讨论等。

如在《理想国》第一卷中，保留了苏格拉底的朋友克法洛斯与索福克勒斯（公元前495—公元前406年）的一段对话：

“索福克勒斯，你对于谈情说爱怎么样了，这么大年纪还向女人献殷勤吗?”

“洗手不干啦！谢天谢地，我就像从一个又疯又狠的奴隶主手里挣脱出来了似的。”①

---

① 柏拉图. 理想国[M]. 郭斌和、张竹明译. 北京：商务印书馆，1986：3.

按《理想国》第五卷的说法，男人被称为“老人”的年龄是55岁，按此逻辑推断：这段话应该是在公元前440年后的事。这件事在当时的古希腊人看来应该是一件新闻——风流倜傥的悲剧作家索福克勒斯居然“金盆洗手”了！即使放在当下语境，也足可玩味。写下《安提戈涅》《俄狄浦斯王》这样不朽诗篇的著名作家不再拈花惹草了！这一“新闻”如果刊登在时下的娱乐小报上或发在知名人士的微博、微信朋友圈里肯定轰动一时。

《论语》中也保存着这样的对话，记录了当时的一些时事和新闻——鲁哀公六年（公元前489年），孔子困于陈、蔡（今河南和安徽交界处）。八年后，颜渊早死（公元前481年），孔子伤心不已，但拒绝了弟子要他变卖马车用来厚葬颜渊的想法，这些都保存在孔子与弟子的对话中。颜渊的去世、葬礼的安排等在当时的鲁国（面积仅相当于山东泰山以南的部分地区）来说也是一件影响很大的新闻。

由此可知，口口相传是当时新闻的重要传播方式。

（二）先秦时期，官方的新闻采集活动离不开“遒人”

在夏商周时期，有一种被称为“遒人”（古代帝王派出去了解民情的使臣）的官员摇动木铎（以木为舌的大铜铃，见图9），巡行于各地，既宣达政府的命令，又在各地观察民风、了解民情，并进行“采风”，将所见所闻汇报给“天子”。

> 每岁孟春，遒人以木铎徇于路。官师相规，工执艺事以谏，其或不恭，邦有常刑。①

因此，最早的新闻传播与朝廷的议政是分不开的。因为这里是百官聚集之所，他们要交流各自的信息、讨论应对之策。这里的“徇”即“询”，即了解各地的情况。规，即规劝，既包括百官之间的相互监督、规劝，也包括对最高统治者的谏

① 尚书[M]. 王世舜、王翠叶译注. 北京：中华书局，2012：375.

正。“规”字的后面隐含了官员对地方一些“失政”“失察”等信息的知晓，如地方民众的反抗、百姓的不满等。西周共和元年（公元前841年）的“周召共和”行政事件起因就是执政者制定了山林湖泽由国家专营、禁止国人渔猎的政策。部分国人失去谋生之道后无法生存的信息、新闻乃至舆论不断传到周厉王耳中。周厉王没有引起应有的重视，结果“国人暴动”、周厉王被逐。我们已无法考证国人不满的具体新闻事件，而周厉王被逐、“流于彘”（今山西霍州）在当时可能是轰动全国的“新闻”，载入了史册。《国语·周语上》就有这样的描述：

故天子听政，使公卿至于列士献诗，瞽献曲，史献书，师箴，瞍赋，矇诵，百工谏，庶人传语，近臣尽规，亲戚补察，瞽史教诲，耆艾修之，而后王斟酌焉，是以事行而不悖。①

文中的“百工谏”“庶人传语”应该就是通过“遒人”来传达来自民间的声音和信息，其中就隐含着新闻的因素。

日本有学者认为，《诗经》就是最早的古代报纸的汇编本，还有观点认为《春秋》也是官方新闻的汇编本。

当然，当时的“采风”也和观察民情、教化百姓联系十分紧密。学者徐梓认为，

先秦时期没有现代的通信技术，甚至没有便利的书写材料，宣教布政，往往是口说耳听，再耳听口传。为示郑重，引起人们的注意，往往需要振铎示警。“古人出一号，发一令，皆声以警之。”（《礼记集说》卷七十九）因此木铎用得很广，在《礼记》的《檀弓》《明堂位》《月令》以及《周礼》的小宰、宫正、小司徒、乡师、小司寇、士师、司烜氏中，都有使用木铎的记录。其作用都是发声作响，警醒他人。木铎的使用不限于宫廷朝堂，京师都邑，而且及于乡里村落，市井民间。②

---

① 国语[M]. 陈桐生译注. 北京：中华书局，2013：10.

② 徐梓. “木铎金声”的由来[J]. 中国教师，2007（6）：33—34.

政治清明的年代，最高统治者一般都比较重视倾听民声，搜集民间的歌谣，以警醒自己。那些漠视民瘼、不听取民间疾苦、防民之口甚于防川的王朝大多很快就覆灭了。由此可见，从对待新闻的态度可以看出政治生态的健康与否。

图 9　北京师范大学校徽的木铎①

另外，除了刻在金石、简牍上的文字、图画（大多以图书形式保存下来），标识、烽烟、旗鼓等也是当时有效的信息传播工具。

关于“酒旗”：《韩非子·外储说右上》便讲了一个“狗猛酒酸”的故事：“宋人有酤酒者，升概甚平，遇客甚谨，为酒甚美，悬帜甚高。”然而由于店门口的猛狗喜欢咬人，吓跑了顾客，导致酒酸。这里的“帜”即酒旗，用来传播商业信息的工具。

关于“烽烟”：在先秦，它已成为一种重要的军事信息

① 图片来源：北京师范大学网站 http://news. bnu. edu. cn/sdtk/sdfj/10454. htm

传递的工具。即使是远在“东夷”的吴国，也已使用“烽烟”传送军情。在“楼船横海”的“阖闾之世”，军事设施已较为完备——“烟墩障戍，滨海相望，而犹时有烽烟之警”。由此可见，狼烟已不是北方地区军事信息传递的专利了。而今，在江苏张家港的南沙镇香山，即历来为长江沿岸的传递之所，军情从长江中游的西陵峡传到这里，只要“三鼓”的时长。①

总而言之，中国先秦时期或西方的古希腊时期，新闻传播处于萌芽状态。这一时期新闻传播有两个特点：一是它往往包含在其他事物之中；二是它的传播方式是口口相传。鉴于本书的研究重点是中国五代新闻传播研究，故西方传播史的内容不再赘述。

二、自两汉、三国时期起，官方新闻发布活动的发展

（一）两汉时期，新闻的采集方式基本上承袭了前朝的做法

上古时期，官方采集的“诗”往往是由民间的歌谣、童谣加工而成的，谱上曲后易于传唱，因而“采诗”这一新闻采集、传播方式一直延续了下来。《前汉书》卷二十四上云：“孟春之月，群居者将散，行人振木铎徇于路以采诗，献之大师，比其音律以献于天子。”每年初春之时，万物复苏，农民四散于野，开始耕作。采诗官手摇木铎，四处巡游，探访民情。采集的内容献给太师，然后由太师编辑成符合音律、可以传唱的诗歌，以便天子体察民情，这也符合“知屋漏者在宇下，知政失者在草野”的古训。

① 方汉奇．中国新闻传播史[M]．北京：中国人民大学出版社，2009：5.

（二）信息、新闻的传播形式主要有四种

1. 羽檄和檄文

人们所熟知的鸡毛信就源于秦汉时期的紧急公文“羽檄”。《史记》记载了刘邦的一段话：“陈豨反，邯郸以北皆豨有，吾以羽檄征天下兵，未有至者，今唯独邯郸中兵耳。”裴骃在《集解》中解释道：“魏武帝《奏事》曰：‘今边有小警，辄露檄插羽，飞羽檄之意也。’推其言，则以鸟羽插檄书，谓之羽檄，取其急速若飞鸟也。”① 后遂以“羽檄”指紧急公文，也称“羽书”，这是古代快速传播信息的重要方式。当时的简一般是宽0.5～1厘米，长汉尺一尺，约23.5厘米。而唐代颜师古认为，羽檄一般长为两尺，即47厘米左右。

值得注意的是，檄文作为布告的一种，仍然是汉代的一种重要新闻载体。

> 檄者，传布告召之。文自丞相、尚书令、大将军、藩府州郡，皆用之。或以征兵，或以召吏，或以命官，或以谕不庭，或以讨叛逆，或以诱降附，或以诛僭伪，或以告人民，皆指陈事端罪状，开说利害，晓以逆顺，明其去就。其文峻，其辞切，必警动、震竦、撼摇、鼓荡，使畏威、服罪，然后为至已。其制以木简为之，长一尺二寸，若有急，则插以鸟羽，谓之羽檄；取其疾速也，故亦谓之羽书。初，汉高帝谓：“吾以羽檄征天下兵。”又谓：“可传檄而定。”则三代先秦已自有之，而其文未见也。至孝武遣司马相如责唐蒙等始见。《喻巴蜀》一篇首曰：“告巴蜀太守”，终曰：“咸谕陛下意毋忽（也）”，盖古制然也。②

《谕巴蜀檄》是一篇政府文告。汉武帝好大喜功，使臣唐

---

① 司马迁．史记·韩信卢绾列传第三十三［M］．韩兆琦译注．北京：中华书局，2010：5857—5858.

② 《郝氏续后汉书》卷六十六上（文渊阁四库全书电子版，迪志文化出版有限公司，上海人民出版社，2000）后面的引文，如不作标注，皆出自该版本。

蒙认为从夜郎的牂牁江（今乌江，一说为北盘江）向南可以开凿出通到粤地的水路，以征服南越国。[①] 遂拜唐蒙为中郎将，派其出使西南的夜郎、僰中地区。唐蒙征用巴蜀吏卒一千人开漕河，地方郡县把役夫扩大到万人左右，河道挖了两年也没有开通，民夫倒死了很多。役夫中有人带头抗议，被官府杀掉了，因而激起民愤，埋下了社会动荡的种子。于是武帝派司马相如前往责备唐蒙，并代表朝廷告诉巴蜀百姓：唐蒙所作所为并非皇帝本意，用以安抚民众。可见，檄文也是一种重要的新闻载体，它有着官方的权威性，在时间上也有快速到达的要求。这一及时下达的政令既有安慰、体恤民众的意味，也有着新闻的准确性、时效性等鲜明特点。

2. 布告和牓

布告可能早期是写在麻布或帛布上的，故称布告，是“以布帛告之”的意思。《史记·吕太后本纪》云：“刘氏所立九王，吕氏所立三王，皆大臣之议，事已布告诸侯，诸侯皆以为宜。”“布告”一词在《史记》中出现21次，在《前汉书》《后汉书》及相关续书中出现34次，以“布告天下”“布告诸侯”等词条为多。“布告”一词汉初即为政府发布文告，有“昭告天下”之意——当然汉代初年信息、新闻可能只是在诸侯间通知，随着时间的推移，才扩大了传达的范围。但直到唐五代时期，它也多以“布告天下”的形式出现，可见“布告”从汉到唐五代一直是作为动词来使用的。它与当今社会中所用的“布告”是两个不同的概念。

大概到汉朝后期，出现了一种名为“牓”的新闻传播形式，表“公示”“公告”之义。《后汉书》卷一百七云：

---

① 一般主流观点是，牂牁江即北盘江。但《中国历史地理图集》中把筰、僰标在夜郎郡和巴郡、蜀郡的交界处，即峨眉山南侧、宜宾南侧。有人认为牂牁江即乌江。见杨政奎《牂牁江与夜郎国》，贵州铜仁网站 http://www.trs.gov.cn/zjtr/lswh/lsdg/201705/t20170509_2297019.html。

(阳球)乃僵磔(王)甫尸于夏城门,大署牓曰"贼臣王甫"。尽没入财产,妻、子皆徙比景。

阳球是《酷吏列传》中的人物,该例讲述他诛杀奸猾之徒中常侍王甫的事。为了起到警示作用,被施以车裂刑罚后的王甫尸体边还挂了一个木牌,上书四个大字"贼臣王甫"。之后,同为中常侍的曹节受到王甫被"曝尸公示"的刺激,对阳球采取了报复措施。而在下例的"牓"中,更是将卖官鬻爵做到了公开报价。《郝氏续后汉书》卷八十九云:

于是悬鸿都之牓,开卖官之府,公卿以降,悉有等差。

该"牓"与"榜"通假,有"明文公布"之义,也是当时公开报道的一种形式;从这些例子来看,它可被称为今天"公示""公告"的滥觞。由此可见,新闻的传播形式在汉代有了一定的发展。

(三)两汉时期,信息、新闻传播的载体还是以简牍为主

众所周知,西汉中后期,中国发明了造纸术,但由于制作复杂,没有大规模应用。皇帝批阅奏折时还是以简牍为主。东汉时期,宦官蔡伦对造纸技术进行改良,用树皮、麻头及敝布、渔网等原料,经过挫、捣、抄、烘等工艺制造纸,因其封"龙亭侯",故史称"蔡侯纸"。这种经过改良的技术扩大了造纸的原材料,使纸张的批量生产成为可能,其应用扩大到了社会的层面。因此,钱存训认为,纸张在两晋时期渐渐登上了历史舞台,成为书写用品的主流。大家耳熟能详的成语"洛阳纸贵"便是一个例证。

随着造纸技术日趋成熟,加上最高统治者的提倡,这使得纸张的应用逐渐流行起来。这也使得信息和新闻的传播更加便捷。有学者认为,灞桥纸和新疆近期考古发现的纸就是两汉时期的产物。

（四）三国时期，颁布《邮驿令》，纸张为信息、新闻传播的主要载体

1．曹丕颁布《邮驿令》

三国时期，新闻传播的渠道和方式有了进一步发展。魏文帝曹丕制定了中国历史上第一部专门化的邮驿法令《邮驿令》，内容包括军事布阵中的声光通信（如鼓声、白幡、绛旗等）、“遣使于四方”的传舍规定，以及禁止与五侯（指长安、洛阳、许昌、邺、谯）私自交流信息等政治禁令——顺便说一句，直到汉代，地方王侯与朝中大臣私下传递信息、新闻的行为仍然被严格限制，如御史大夫桑弘羊即被指控与燕王“交通私书”、涉嫌谋反而被诛。这里的“交通私书”即私自传递信息、交流朝廷变动等时政新闻。由此可见，包括新闻在内的信息传播当时都严格控制在官方手中。

曹丕颁布的这部法令对后世邮驿、驿传立法及信息、新闻的管理等方面产生了深远影响。《邮驿令》虽然已经失传，但部分内容仍然保存在一些其他的类书中。由此，新闻的传播也和邮驿结下了不解之缘。以至于清代末年，西学东渐之时，还有报纸以“邮”字命名，如1880年天津创办的《北方邮报》、1894年烟台创办的《芝罘快邮》等。

“露布”是一种以流动的方式“露而宣布，欲四方速知”的传播载体。① 如三国时期曹操在《让县自明本志令》说：“人有劝术（袁术）使遂即帝位，露布天下。”这一时期的露布含义有三种：一是可流动传播的公文；二是捷报，常与“檄文”相对应使用；三是作檄文用，即作战前征讨敌人的檄文。刘义庆《世说新语·文学》记载了这么一件趣事：“桓宣武（桓温）北征，袁虎（袁宏）时从，被责免官。会须露布文，唤袁倚马前令作，手不辍笔，俄得七纸，殊可观。”② 桓温，东

① 方汉奇．中国新闻传播史[M]．北京：中国人民大学出版社，2009：4—5.

② 刘义庆．世说新语[M]．朱碧莲、沈海波译注．北京：中华书局，2010：268.

晋时的一代枭雄，北伐中原，收复国都饮马黄河，纳了位美妾，还留下了“我见犹怜”的成语①，在命人书写战书时也留下了“倚马可待”的成语。这一故事还透露了一个重要的信息，即纸张已取代布帛，成为书写的主要工具。故孙毓修在《中国雕版源流考》中认为，“竹帛废而纸大行，当在魏晋间矣”②。这一论断与钱存训等学者的观点相仿。也就是说，东汉末年，纸张已取代了简牍的主导地位，成为信息、新闻传播的主要载体。

2．驿传向水路的延伸和纸张的大量使用使传播更加便捷

南北朝时期，官方的传播渠道驿路由陆路向水路延伸，再加上纸张的大量使用，大大促进了新闻信息的传播。“翰动若飞，纸落如云”（《西晋文纪》卷十四）等成语就出现在西晋时期。翻检《晋书》，还有“以赤纸为诏”“以小纸为书”“青纸”“黄纸”等记载传递信息的词语。

魏晋南北朝时期，军阀割据混战，政治长期分裂，驿传制度虽然遭到了严重的冲击和破坏，在局部地区却有所恢复和发展。其中驿传发展的一个重要特征就是纸质文书逐步取代简牍，使邮书的传递相对便利。由于江南地区河流众多、水网密布，从东吴时期始，统治者便利用这一地理条件，扩充邮驿至水路，普遍建立水驿。至南朝时，形成了以水路为主、水陆相兼的驿传系统，从而进一步健全了驿传体系。③

但这种正常的邮驿制度经常因为统治阶层的胡作非为而遭到破坏。南齐萧子良在《请停台使书》中形象地揭露这种

---

① 桓温北伐灭掉成汉后，纳成汉后主李势的妹妹为妾。南康公主妒火中烧，欲持刀杀李氏，但见李氏在窗前梳头，发垂委地，姿貌绝美。李氏见状，徐下结发，敛手向公主说：“国破家亡，无心以至。若能见杀，实犹生之年。（国破家亡，我到这里来也是身不由己，如果被杀掉，倒也一了百了，刚好成全了我。）神色闲正，辞气清婉。”南康公主掷刀走上前抱着李氏说：“阿子，我见汝亦怜，何况老奴。”（好妹妹，连我看了都会心动，何况是那个老家伙。）

② 方汉奇．中国新闻传播史[M]．北京：中国人民大学出版社，2009：5．

③ 李玉峰．唐代邮驿与信息传递[D]．西安：陕西师范大学，2011：7—8．

弊端：（官员）“朝辞禁门，情态即异，暮宿村县，威福即行。”（《册府元龟》卷二百八十八）这完全是一副假借天子名义要派头而在驿站指手画脚、训斥驿吏、八面威风的德行。即使官员们想要与亲朋好友互通音讯、传递消息，那也是很困难的。

《世说新语·任诞》记载：东晋殷洪乔从京城赴南昌做太守，京城（南京）各界人士（绝大多数是官员）求他捎带了一百多封书信，他一是嫌拖累，二是私拆信件后发现信函中有一些请托之事，顿时产生厌恶之情，到了石头渚（江西赣水西口），就把这些信投入水中，任其在河中漂流，这便是史上有名的“付诸洪乔”的故事。在今天的人们看来，这可真谓是“咄咄怪事”，京城人士以此传递新闻、信息的希望化为泡影。

南朝名人陆凯托驿臣给史学家范晔捎去一枝梅花，已觉得十分难得，因而留下了千古名句：“折梅逢驿使，寄与陇头人。江南无所有，聊赠一枝春。”

由此可见，到了魏晋南北朝时期，邮传系统有了较大的进步，传递对象除了政府官文之外，将士大夫、官员的通讯纳了进来；纸张的普遍使用使新闻的传播更加便捷；邮路、驿路扩大到了江南地区，水路也成为驿路的选择之一。因此，从这个角度来看，信息及新闻传播的对象扩大了，传播的渠道也更加多元化了。

三、新闻传播开始的标志：唐代邸报的出现

有人认为，从中国的汉代（西方时为古罗马时期）起就有严格意义上的新闻传播了。然而这个观点没有得到业界的普遍认可。

自西汉起，各地诸侯在京城长安都设有办事机构。这个办事处称“邸”，一般前为办公场所，后为住宿之处。各地派专员在皇帝和各地方长官之间做信息沟通、新闻传播的工作。他们除了定期把皇帝的谕旨、诏书、臣僚奏议等官方文书报告长

官之外，还要搜集宫廷秘闻、臣僚动向、政治变化等相关信息，通过隐秘渠道传送给地方长官。当然，诸侯入京觐见皇帝，也是住在这些官邸中，听取各种信息，做好思想上的准备。与汉代时期相近的古罗马帝国已有“每日纪闻”，刊登帝王旨谕、百官奏折、官吏升降、军政要闻等。有人认为它具有时效性和新闻性，是新闻传播的开始。

业界公认的看法是，中国古代的报纸起源于唐朝的邸报，依据就是孙樵的《开元杂报》。孙樵在《经纬集 · 读开元杂报》上讲：有一次他看到一张纸，上面记载着某日京城百官在长安安福楼南举行大射礼。某日皇帝亲自耕田，行九推礼。某日皇帝自东封还，对百官按品阶、功劳进行了不同的赏赐等。他当时远离京城，后来找到熟悉时政的人一问，才知道这是很多年前的事了。《开元杂报》只是孙樵自己给这个报纸起的名字，并不是官方正式名称。《开元杂报》今已失传。《中华印刷通史》上有人根据史料仿制了一幅《开元杂报》（见图 10）。如今，只有敦煌石室中遗存的两份进奏院状，还能让人依稀看到昔日“报状”的大致轮廓。（见图 11、图 12）①

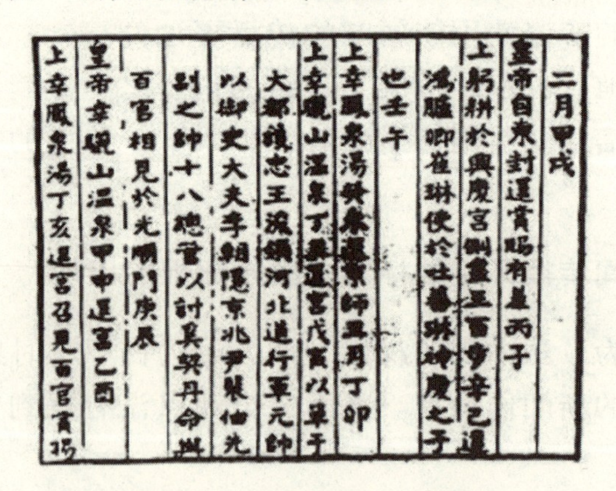
二月甲戌
皇帝自東封還賞賜有差丙子
上躬耕於興慶宮側盡三百步辛巳還
鴻臚卿崔琳使於吐蕃琳神慶之子
也壬午
上幸鳳泉湯癸未還京師五月丁卯
上幸驪山溫泉丁丑還宮戊寅以皇子
大都督忠王浚領河北道行軍元帥
以御史大夫李朝隱京兆尹裴伷先
副之帥十八總管以討奚契丹命將
百官相見於光順門庚辰
皇帝幸驪山溫泉甲申還宮乙酉
上幸鳳泉湯丁亥還宮召見百官賞賜

图 10 《开元杂报》仿制品

① 图 11、图 12 由苏州大学文学院黄镇伟教授提供。

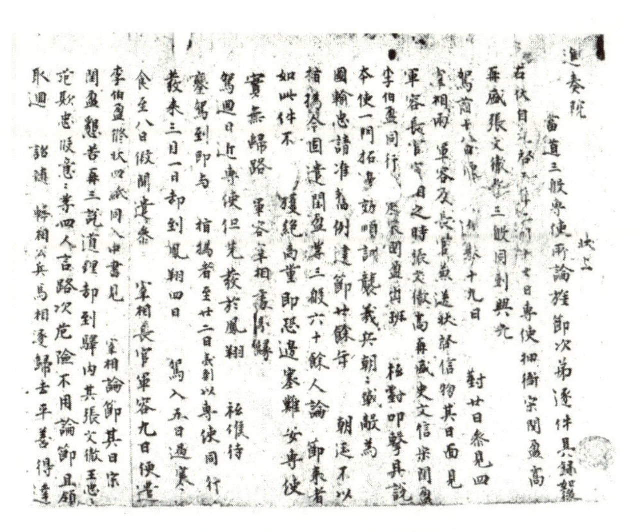

图 11　英国藏敦煌进奏院状

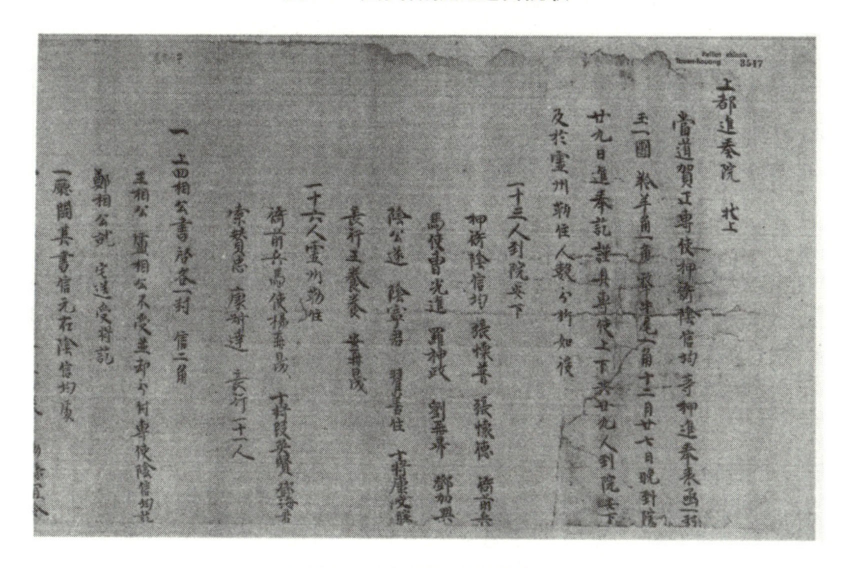

图 12　法国藏敦煌进奏院状

唐代新闻传播发达的状况可以从下列几个方面得到印证：

1. 驿站之发达

即使在唐代，驿站的地位也十分特殊，一般由地方节度使直接负责。因为它既是官员调动（如外派、流放等）、出使必经之站点，也是邮差传送公文、信件的必由之路。因此，它成

为各路人马信息交流的一个节点，因而也是新闻传播的一个重要场合。

由于京杭大运河的开通，到了隋唐时期，邮传系统进一步发展，升格为馆驿，驿站中设有驿官和驿夫、驿马、驿船等，迎来送往、传递新闻、情报等功能强化了其住宿、消费等行为。在盛唐时，全国有馆驿1639个，从事驿站工作的人员有2万多人。这使得当时的官员在任职、出差、休假往返时能用朝廷发放的凭证在各地驿站免费享用食宿的福利——史称“给券乘驿”。① 正是有了这种制度，官员们在酒足饭饱之余还有闲情逸致在驿站的墙壁上尽情挥洒，如许浑的《秋日赴阙题潼关驿楼》、杜牧的《题乌江亭》等。当然也有无数的悲剧在驿站上演，如元稹在敷水驿被十多个太监群殴，杨贵妃在马嵬驿自缢……

公元755年末，安禄山起兵时，唐玄宗就是通过邮传系统在第一时间了解到这一重大新闻的——从幽州到长安，最近的路线也有2500多里，按急递日夜兼程的速度（山路300里/天，平地500里/天），六天后到达长安，也算得上是十分高效了。该速度相当于现在的特快专列或专机。由此，我们认为，邸报产生于唐代的结论大致是公允可靠的。新闻的传播自从唐代起就有了新的发展。

---

① 统治者非常重视驿传系统的建设，在水陆交通要道上广设馆驿，构成了以长安、洛阳两京为中心，遍布于全国各地的驿传交通体系，为唐代邮驿制度的完善成熟奠定了坚实的基础。唐代时，每三十里置一驿，全国共计水陆驿1639所，陆驿有马，水驿置船，马船之数视驿事之繁简而定。全国驿站属于中央尚书省兵部驾部司驾部郎中、员外郎负责，每道之内的驿站由节度使负责，置馆驿巡官四人、判官一人治理每州内的驿站，由州府中的兵曹负责每县的驿站由县令兼管每驿置驿长一人，驿夫若干。唐后期，又设置进奏院，以承担通信职能、发挥沟通中央和地方的作用。唐代奉差乘驿传送公文者，称为“驿使”，唐律对发驿遣使有严密的规定，且实行严格的符券制度。符券有四种，即银牌、角符、传符与纸券。驿使往来须持有符券，伪造符券者处以绞刑。驿使行程中，一般陆路日行七十里，水路舟船溯水行河三十里，行江四十里，若有紧急公务，最快日行五百里。参见：李玉峰. 唐代邮驿与信息传递[D]. 西安：陕西师范大学，2011：8.

2. 新闻传播形式之多样

在唐代，除了“邸报”“院状”，“露布”的使用还比较常见。《唐书》中的主要新闻形式还有“牓”“檄”等，见表4。

表4　《旧唐书》《新唐书》中的常见新闻形式

	烽燧	露布	檄	牓	报状	进奏院状	布告	告谕
《旧唐书》	5	15	46	42	0	1	9	11
《新唐书》	4	16	138	33	0	0	0	0

注：文本为文渊阁四库全书电子版（迪志文化出版有限公司、上海人民出版社出版）

《旧唐书》《新唐书》中没有发现有“报状”的用例，但在《唐会要》卷七十八有“委中书门下，据报状磨勘闻奏”的例子。王建的《赠华州郑大夫》中也有“报状拆开知足雨，赦书宣过喜无囚”的诗句，可见“报状”应该是一种官方文书向新闻报纸过渡时的初级产物。

“牓”也渐渐有了公开告知的用法，成为信息和新闻公开发布的一种方式，有时也写作“榜”。

需要说明的是，“布告”在唐代仍然是作为动词使用，如“布告中外”“布告遐迩”等。“告谕”也是如此，如“告谕天下”“告谕四镇”“告谕贼众”等，即为“公开告诉（百姓），使其知晓”之义。

3. 新闻传播形式之丰富

唐代时的新闻传播内容十分丰富。李玉峰将唐代的新闻传播内容归纳为以下几个方面：政治信息、军事信息、经济信息、文化信息和其他信息。

以经济信息和新闻传播为例，唐代著名诗人元稹在《估客乐》中对此有相关的描写：“求珠驾沧海，采玉上荆衡。北买党项马，西擒吐蕃鹦。炎洲布火浣，蜀地锦织成，越婢脂肉滑，奚僮眉眼明……经游天下遍，却到长安城。城中东西市，

闻客次第迎。”① 该诗至少说明了两点：一是中外客商云集长安；二是唐代在全盛时期经济信息、新闻传播十分广泛，身居都城，却能了解全国各地乃至国外的商贸新闻。

唐代神童、著名的理财专家刘晏收集各地经济信息、新闻，用“常平法”平抑物价。换言之，即用政府的宏观调控加市场调节的方法，使各地经济平稳发展。具体办法是：“置驿相望，四方货殖低昂及它利害，虽甚远，不数日即知。是能权万货重轻，使天下无甚贵贱而物常平，自言如见钱流地上。”②刘晏能把“安史之乱”后各地凋敝的情形较快地扭转过来，使全国人口很快增加，正是通过邮驿传递了解来自全国各地的物价信息，并加以计算和分析，采用全国一本账、各地算小账，采用“常平库”代表政府意志，将各地物价分为上、中、下三等，物价贵则卖出，物价贱则买入收储（如粮食），有效避免了“谷丰价贱则伤农”“谷贵则伤民”的恶性循环。刘晏这种利用经济信息、探索经济规律、把政府调控与市场自动调节相结合的做法在历史上传为美谈。

关于文化信息和新闻的传播，则主要是通过官员、士人之间通邮、诗歌赠答等形式来传播。另外，在驿馆、寺庙等地的题壁诗也是当时人们传递信息和新闻的一种方式。李彬在其著作《唐代文明与新闻传播》中有详细的阐述，兹不赘述。

第二节　五代时期官方新闻传播系统

自唐末以来，各地虽然历经变乱，但是其社会系统还是按照以往的模式在运行。因此，五代时期，虽然邸报这一传播形式有式微的倾向，但进奏院、驿站等机构仍旧是官方发布新

---

① 《元氏长庆集》卷二十三，文渊阁四库全书电子版，迪志文化出版有限公司、上海人民出版社出版。

② 《新唐书》卷一百四十九，文渊阁四库全书电子版，迪志文化出版有限公司、上海人民出版社出版。

闻、传播信息的主要渠道。

一、五代时期的驿站：地方与中央互通信息的中枢系统

五代是乱世，新闻传播也呈现出独特的形式，即以军事、政治事件的传播为主。此外，它还有其他一些时代特点。

1. 唐末驿站管理混乱、传播新闻和信息的功能大大降低

五代时中原王朝的面积大大缩水，这使得各地邮驿难通，新闻的传播功能大大降低。盛唐时期（龙朔年间）的国土面积为1237万平方公里，而到了朱温称帝时仅有约56万平方公里，相当于盛唐时的4.5%。在唐代，由于节度使是驿站管理的最高长官，这就使各地的驿站有的被各地势力所占据，有的充当前沿阵地，有的就荒废掉了。

后梁开平元年九月（907年），朱温上台后下了一道诏书，从中我们可以看出当时驿站的现实状况：

> 敕以“近年文武官、诸道奉使，皆于所在分外停住，逾年涉岁，未闻归阙。非惟劳费州郡，抑且侮慢国经。臣节既亏，宪章安在？自今后两浙、福建、广州、安南、邕、容等道使，到发许住一月；湖南、洪、鄂、黔、桂，许住二十日；荆、襄、同、雍、镇、定、青、沧，许住十日；其余侧近歇泊（文渊阁版及影库本作“不过”）三五日。凡往来道路，据远近里数，日行两驿。如遇疾患及江河阻隔，委所在长吏具事由奏闻。如或有违，当行朝典，命御史点检纠察，以儆慢官。”（《旧五代史》卷三）

以上文字说明了两个问题：一是驿站往往为一些官员占用，他们因时局变乱而久居在此。二是邮驿系统因为战乱而无人管理，以至于官方不得不再次重申：凡是邮驿差使，一般每天要行两驿，即不管骑马还是坐车，一天要有六七十里的行程。朱温篡位后社会的混乱由此可见一斑。

另外，还有相关的例子表明，邮驿不通，各地的新闻和消

息都比较闭塞。《旧五代史》中有“音驿不通”2例，“音驿断绝”3例。例如：

天祐七年，周德威援灵、夏。党项阻道，音驿不通。(《旧五代史》卷五十)

公元910年，晋王李存勖派大将周德威救援灵、夏；但是由于党项族兴起，将驿站都占领了，因此无法联络。李嗣肱奉命自麟州渡河，前来接应周德威，打败了党项军，才能与周德威会师。

五代时的很多驿馆亭台园圃杂草丛生，办公用房破败不堪，通过驿递来传递公文、信息的情况大为减少。很多地方的传驿机构基本上都处于半瘫痪状态。有时连政令也传达不了——因为有的地方还存在驿传机构，而边远贫穷之所早已荡然无存了。

《旧五代史》中有“驰驿”18例，由此可以看出，主要是传递政治和军事信息，对时效的要求比较高。其中，“驰驿发遣”10例，“驰驿放遣”1例，“驰驿以闻”2例。下面各举1例：

王峻责授商州司马员外置，所在驰驿发遣。（卷一百十二)①

两浙吊祭使、左谏议大夫李知损，责授登州司马员外置，仍令所在驰驿放遣。(卷一百十二)

麻答（一作满达）与河阳节度使崔廷勋、洛京留守刘晞，并奔定州，驰驿以闻。(卷一百)

五代十国时期，社会的经济发展呈现出整体倒退、局部发展的特点。除了蜀地、吴越等地相对安定之外，其他地区（如中原和北方地区），战争连绵不断，既有中原的龙椅争夺大战，也有北方游牧民族对中原农业文明的侵袭。每一次战乱都对当

① 因为书名在正文中已交待，故括号内的“卷××”不加书名号，下同。

地的社会经济、文化造成了很大破坏——秦宗权、李罕之、孙儒等军团在混战中甚至以人为食；沙陀兵打胜仗后一般都要纵兵抢劫，连最仁慈的、后来称帝的郭威在打下开封城后也不得不纵兵抢劫开封皇城一天；而契丹入主中原后，打家劫舍几乎停不下来……到北宋初年，全国户口从唐末的490多万户下降为330多万户，半个多世纪人口减少了1/3。① 而唐代天宝年间唐朝人口接近1000万户。国家的分裂导致的社会凋敝可见一斑。

因此，政权走马灯般地更替就造成了驿站不可避免地陷入了管理混乱的险恶境地，信息（新闻）的传播相当艰难。

2. 各地割据，造成五代驿站四分五裂

五代各地势力割据，造成驿站系统也处于分裂状态，彼此音讯不能通达。

由此，连割据淮南地区的杨行密想要目睹一下远在山西的晋王李克用的尊容都是不可能的事。他只能派个画家前往河东（今山西一带）写真。但是很不幸，这位画工一入境就被人盯上了，被扭送到了李克用的面前，精彩的一幕发生了：

淮南画工者，失其姓名。晋王李克用之有河东也，太祖恨不识其状貌，密使画工诈为商人入其境写之。及至河东，有发其谋者禽之。晋王初甚怒，既而谓曰：吾素眇一目，试召使图之，观其所为如何？俄画工至，晋王按膝厉声曰：淮南使汝来绘吾真，必画家之尤也。写吾不及十分，阶下即汝毕命地矣！画工再拜下笔，时方盛暑，晋王执八角扇。因写扇衣半障其面，晋王曰：是谄吾也。遽使别图之，又应声下笔。绘其背弓捻箭之状，仍微合一目以审箭之曲直。晋王大喜，厚赂金帛而

① 天下州府及县，除赤县、畿县、次赤次畿外，其余三千户以上为望县，二千户以上为紧县，一千户以上为上县，五百户以上为中县，不满五百户为中下县。宜令所司，据今年天下县户口数，定望、紧、上、中、下次等，奏闻户部。据今年诸州府所管县户数目，合定为望县六十四，紧县七十，上县一百二十四，中县六十五下县九十七。（《文献通考》卷十）合计约为53.7万户。

还。(《十国春秋》卷十一)

河东，即黄河以东，大致范围在今天山西境内一带。比如，柳宗元别号河东，河东即其籍贯（山西运城永济）所在地。淮南这位画工无愧于秘密使者的称号，虽然身处险恶环境，但心理素质极好，在给外号“独眼龙”的李克用写真时先画了他手执八角扇遮住不雅一面的肖像；李克用不满意之后，他又描摹了晋王眯眼瞄准、张弓搭箭的状态。这一形象令晋王非常满意，他才得以完成任务，全身而退。

由上述案例可见，身在扬州的地方军阀要获得山西一带的信息，是何等的艰难！不过比起下面的情况，这还不算什么。

后梁初期，朱温称帝，天下反对。因此各地割据，政令不通。开平三年（909 年），朱温命司马邺出使两浙，前往吴越地区。这真是北方的旱鸭子跌入深池——悲剧开始上演了。当时驿路不通，淮水等为吴国（902—937，又称“杨吴”“南吴”或“淮南”）所据，使者必须绕道万里才能到达目的地。从陆地上出行，要取道襄阳、荆州、湘潭、广西，越过南岭，从广东的番禺入海才能到达闽地（福建）、吴越地区。回程复命要走近路则要坐大船，从长江口到登州（今山东省蓬莱）或莱州登陆。司马邺与西晋末代皇帝同名，结局也同样很惨，出发时走的是陆路，渡长江、翻五岭，行程万里，苦不堪言，好不容易才从闽地进入杭州。后来想从海路走捷径复命，结果这位籍贯河内郡温县（今河南焦作）的司马大使因不熟悉海路，在海上漂流了一年，船只搁浅于躭罗国（今韩国济州岛），人员全部淹死。[①] 可见，一旦政令、新闻、消息等传递路径中断，绕道第三国的代价有多大！

---

① 开平三年（909 年）使于两浙时淮路不通，乘驿者迂回万里。陆行则出荆、襄、潭、桂入岭，自番禺泛海至闽中，达于杭越。复命则备舟楫，出东海至于登莱。而扬州诸步多贼船，过者不敢循岸，必高帆远引海中，谓之入阳，以故多损败。邺在海逾年，漂至躭罗国，一行俱溺。后诏赠司徒。(《旧五代史》卷二十)

3．有名可考的驿站在五代仅有16个

唐末及五代的战乱带来了社会的衰败，国家的驿站系统也遭到了极大的破坏。据《旧五代史》记载，驿站数量约为盛唐时期的1/10，有名可考的仅为15个。结合史料及谭其骧主编的《中国历史地图集》，考证如下：

（1）上源驿，位于汴州，在当时的开封城内。（8例）

（2）金堤驿，又作“金隄驿”，在河南安阳滑县四间房乡大吕庄。（3例）

（3）洞涡驿，又称“同戈驿”，今山西太原清徐县王答乡同戈站村。（3例）

（4）甘泉驿，一说在洛阳西南郊，一说为陕西北部甘泉县。（1例）

（5）临皋驿，一说为陕西西安西郊枣园村，一说为西安莲湖区三民村。[①]（1例）

（6）白马驿，今河南滑县。（2例）

（7）金岭驿，今山东省淄博市临淄区。（1例）

（8）怀德驿，五代时中山附近，今河北石家庄所辖区域。（2例）

（9）都亭驿，此驿名为多义词，在长安、开封、邺城都曾设置。（5例）

（10）须水驿，《四库全书》文渊阁版仅见一例，疑为敷水驿。[②]（1例）

（11）秦川驿，以八百里秦川而得名，时在长安城西北角。（3例）

（12）甘棠驿，今河南三门峡市陕州区。（1例）

（13）通津驿，系甘棠驿改名而来。[③]（1例）

---

① 程义．唐代宫人斜与临皋驿地望考证[J]．唐史论丛，2014（1）：101—106.

② 侯振兵．唐代水驿述略[J]．唐都学刊，2016（2）：24—29.

③（天福八年秋七月）癸巳，改陕州甘棠驿为通津驿，避庙讳也。（《旧五代史》卷八十二）

（14）陈桥驿，今河南省新乡市封丘县东南部，赵匡胤兵变之处。（1例）

（15）永定驿，河北定州。（1例）

都亭驿为同名多义词，在长安、开封、邺城都曾设置过。如在《旧五代史》中有3例：

李从温奏，准诏诛宦官。初，庄宗遇内难，宦者数百人窜匿山谷，落发为僧，奔至太原七十余人，至是尽诛于都亭驿。（《旧五代史》卷三十六）

［天福五年（940年）八月］戊子，改东京上源驿为都亭驿。（《旧五代史》卷七十九）

［天福六年（941年）八月］壬子，改邺都皇城南门应天门为乾明门，大明馆为都亭驿。（《旧五代史》卷八十）

实际上，都亭驿之名，唐已有之，在长安城内，紧邻通衢大道。因为唐末时期李克用在汴州（今开封）上源驿蒙难，后唐明宗的女婿、晋高祖石敬瑭可能出于避讳的原因改名“都亭驿”。但是过了一年，又把邺都（故址在今河北省临漳县西，曾是曹魏的都城所在地，也是李存勖称帝的地方）的大明馆改名叫“都亭驿”，可能是为了更好地和契丹人打交道。其实中央政府所在地一般还有四方馆，相当于现在中国的钓鱼台国宾馆，迎来送往各国政要、各诸侯国、藩国使者等重要人物。同样这些地方也是重要的新闻、情报、信息等收集的场所。

甘棠驿即通津驿，晋少帝时因避讳而改。如果把这两个重名的驿站算作一个，那么《旧五代史》中有名考可者仅14个馆驿。但查《新五代史》，则有唐末的当涂驿[①]、太平驿[②]。当涂驿，在宝鸡和汉中之间，位于秦岭大散关一带，即大家熟知

① （唐僖宗）移幸兴元，以建为清道使，使负玉玺以从。行至当涂驿，李昌符焚栈道。（《新五代史》卷六十三）

② 昊以张元徽为先锋，自将骑兵三万攻潞州。潞州李筠遣穆令钧，以步骑三千拒元徽于太平驿。元徽击败之，遂围潞州。（《新五代史》卷七十）

的“明修栈道，暗度陈仓”故事发生地。而太平驿位于潞州（今长治）和太原之间，即今山西长治市襄垣县西面。

因此，综合而言，《旧五代史》《新五代史》中所提到的有名称的驿站为 16 个。这可能仅仅统计了中原王朝的驿站，实际上数量远不止 16 个，但即使考虑到五代十国的实际情形，按十国计算，即扩大 10 倍——按 160 个来计算，和唐代盛期 1639 个驿站相比，驿站的数量还是明显减少了。

因此，无论官方还是个人，五代时期的新闻、信息传播还是十分困难的。后唐庄宗时刘皇后以教令乱政、诛杀郭崇韬事件的原因之一，就是邮传这一官方信息传播渠道的缺失——官方对新闻的发布、传播等功能不健全，使得谣言满天飞，统治者无法通过官方正规渠道获得各地包括新闻在内的真实信息。

二、五代时期的新闻形式及进奏院状和报状

笔者对《旧五代史》《新五代史》中的几种新闻形式进行了统计，兹列表 5 于下：

表 5　《旧五代史》《新五代史》中的常见新闻形式

	露布	檄	牓	报状	进奏院状	传首	布告	告谕
《旧五代史》	11	31	16	2	1	4	1	17
《新五代史》	0	15	5	1	0	3	0	1

注：文本为文渊阁四库全书电子版，迪志文化出版有限公司、上海人民出版社出版。所检索例子均用《旧五代史》《新五代史》（中华书局版）核实，下同。

由表 5 可知，“檄”在五代主要用于传递军情，是当时常见的新闻载体。而“露布”这一以前军中常用的新闻发布形式则退居其次；一些地区的军民甚至遗忘了其制作和展示的具体方式，以至于王缄在为晋王李存勖书写战胜刘守光大捷的露布时还一度闹了笑话。可见此军事新闻专用文体已不为寻常百姓所喜闻乐见了。

“牓”在《第一批异体字整理表》中被纳入“榜”的异体

字。但它在五代时还是与“榜”有着严格的区分。《旧五代史》《新五代史》中，“榜”基本与“榜笞”连用，与“棒”通假；而“牓”自从汉末以来基本上历经了从“示众”到“公示”的演化，被视作早期的公告类文书，如放牓、春牓，在五代时它与科举、职官的选拔有着密切的联系，可视为政事类新闻载体。

鉴于“传首”的传播方式，其军事特色较浓，在下一章节详细阐述。

关于“告谕”，其基本上是由最高统治者或中央政府直接向下传达而让军民知晓的意思，用作动词，和“布告”一样，还不是新闻的体裁。而“报状”“进奏院状”则是地方官员向最高统治者或中央政府汇报地方动态、重大事件的传播形式。

进奏院状和报状的用例在史书中的记载不多，但在五代时期它仍然是官方新闻传播的主要途径。关于报状的新闻功能，方汉奇在《中国新闻传播史》中予以了肯定。进奏院这一官方新闻（情报）传递机构直到五代时期仍然在发挥着相当大的作用。它的功能大致相当于国务院的新闻办公室。它一般都掌握在当权者的手中。例如，记载后晋人物的《桑维翰传》中就提到了“状报”（有时也称“报状”）这样的新闻传播方式：

> 近者，相次得进奏院状报：吐浑首领白承福已下，举众内附。镇州节度使安重荣上表，请讨契丹。（《旧五代史》卷八十九）

用现代的白话来说，最近进奏院接连来报告，北方的吐（谷）浑率领部落来归附，有的地方军政长官借此机会请求北伐契丹国。这件事的背景要追溯到后晋高祖石敬瑭，他为了称帝，割让雁门以北（包括吐谷浑部落）给了契丹。于是契丹就把吐谷浑当做牛马来役使。吐谷浑的百姓苦不堪言，所以来投靠后晋。桑维翰身材矮小、诡计多端，是石敬瑭割幽云十六州、向契丹称“儿皇帝”的主谋，后来位居宰相之职。上述引

文是他在天福六年（941年）六月向石敬瑭秘奏力阻安重荣与吐谷浑勾结、以防节外生枝的内容。他在奏折中陈述不能与契丹为敌的7条理由。又据称，他身居要职时曾“营邸肆于两都之下，与民争利”。邸肆相当于20世纪中国大陆地区的招待所。这也从侧面说明当时都城洛阳与地方还保持着比较多的往来，新闻渠道大体上还是畅通的。

另外，还有相当多的资料表明，“报状”这种官方的报道和记录已成惯例。

唐文宗朝，命其官执笔立于殿阶螭头之下，以纪政事。后则明宗朝，命端明殿及枢密直学士皆轮修日历，旋送史官，以备纂修。降及近朝，此事皆废。史官惟凭百司报状，馆司但取两省制书，此外虽有访闻，例非端的。（《旧五代史》卷一百十四）

从诲笑顾左右，取进奏官报状示鏻，颢（yǐ）与文纪皆拜平章事矣。（《新五代史》卷五十七）

由上述两例可知：（1）“报状”是当时通行的一种行政公文；（2）这些状报明显具有发布新闻的功能；（3）史官基本上就以“状报”为素材来进行史书的编修。

清代学者赵翼更是把“报状”理解为“朝报”：“报状，上枢密院，然后传之四方。而邸吏辄先期报下，或矫为家书，以入邮置。”

总之，五代时期，就中原王朝的国都而言，进奏院、驿站等这些机构的编制还在，其人员可能减少，传递能力虽有所下降，其新闻传播的功用还在。但地方上的邮传系统遭到的破坏很大，新闻传播的能力较弱。

三、五代时期的官方新闻传播的军事特色

由表5可知，《旧五代史》中，“檄”以31例的用法名列第一位，其次是“牓”和“露布”。“檄”和“露布”大多传

递的是军事信息，“牓”传播的政治信息、社会新闻多一些。由此可知，五代时期政治、军事情报的传播才是重头戏。

统观五代，中原、蜀地等经常混战，城头经常变换大王旗。新闻舆论（主要是政情和军情）战场一点也不亚于军事上的厮杀。而这种新闻往往包含或传递战争的发动、战争的进程、战果的汇报等信息。当然，这些信息、新闻的传播与驿站联系十分密切。我们先探讨下当时驿站的情况。

以后唐为例，截取一个历史的横截面，来观察当时的新闻传播的轮廓。后唐历时 13 年，其中唐明宗统治时期较长。他也算是一个开明君王，其所统治的时期被司马光称作“粗为小康”。因此，选后唐作为五代新闻传播的一个观察时段，是比较有典型意义的。以《旧五代史》卷二十五至《旧五代史》卷四十八《唐书第二十四》为例，“驿”字共出现 14 例。例(1)到例(4)都与军事有关。例(5)到例(7)都是政治事件。有关各新闻事件的注释，见例子后面的括号中的文字。分列如下：

(1)（中和四年［884 年］春，李克用）班师过汴，汴帅迎劳于封禅寺，请武皇休于府第，乃以从官三百人及监军使陈景思馆于上源驿。(《旧五代史》卷二十五，李克用战胜黄巢后在上源驿休息，后遭到朱温暗杀)

(2)（光化二年春）武皇（李克用）令周德威击之，败汴军于洞涡驿，叔琮弃营而遁。(《旧五代史》卷二十六，驿站变战场)

(3)（天祐十年［913 年］）守光又乘城谓德威曰：“予俟晋王至，即泥首俟命。”祈德威即驰驿以闻。(《旧五代史》卷二十八，传递军情)

(4) 嗣源飞驿告捷，帝置酒大悦，曰：“是当决行渡河之策。”(《旧五代史》卷二十九，传递军情)

(5)（同光二年六月）裴枢等六人，皆前朝宰辅，为梁祖

所害于白马驿，至是追赠焉。（《旧五代史》卷三十二，朱温杀戮唐朝旧臣）

（6）（天成元年）初，庄宗遇内难，宦者数百人窜匿山谷，落发为僧，奔至太原七十余人，至是尽诛于都亭驿。（《旧五代史》卷三十六，明宗诛杀戮宦官）

（7）宰相豆卢革贬辰州刺史，韦说贬溆州刺史，仍令所在驰驿发遣，为谏议大夫萧希甫疏奏故也。（《旧五代史》卷三十六）

（8）诏辰州刺史豆卢革可责授费州司户参军，溆州刺史韦说可责授夷州司户参军，皆员外置同正员，仍令驰驿发遣。（《旧五代史》卷三十六）

（9）诏贬右散骑常侍、集贤殿学士、判院事萧希甫为岚州司户参军，仍驰驿发遣，坐诬告之罪也。（《旧五代史》卷四十一）

（10）六军判官、殿中监王居敏责授复州司马，六军推官郭晙责授坊州司户，并员外置，所在驰驿发遣。（《旧五代史》卷四十四）

（11）—（13）明宗遣宣徽使孟汉琼驰驿召帝……遂与弘赟同谒于驿亭，宣坐谋之……敬瑭尽诛帝纵骑五十余辈，独留帝于驿，乃驰骑趋洛。（《旧五代史》卷四十五）

（14）帝（李从珂）乃以濛摄馆驿巡官。（《旧五代史》卷四十六，以盲人张濛为馆驿巡官，很可能是凤翔驿巡官）

例(7)—例(10)皆为“驰驿发遣”。豆卢革、韦说、萧希甫、王居敏、郭晙等皆是因为政局变化或被参奏（弹劾）而贬官。他们不必到朝堂向皇帝、宰相等告别，直接从驿站出发即可。例（11)—例（13)，讲的是李从厚年仅二十岁便接受父命匆匆登基，却懦弱无能，为权臣左右，国破身亡。例(14)讲的是明宗养子李从珂在镇守凤翔时迷信盲人术士张濛的事。

在唐代，驿站已由邮驿发展成馆驿，规模较前朝也为宏

大。它既有当今邮电局、招待所（旅馆、饭店）的功能，还担当着诸多其他的政治、军事功能。而新闻传播的功能也杂糅在其中。比如例（1）提到的汴州上源驿，唐中和四年五月甲戌（884 年 6 月 14 日），朱温在此摆宴席为李克用庆功，这在当时看来是一件值得让人关注的新闻——汴州东边暂时可以安定一阵子了；同时这也是一个政治事件，唐代末年，两大军事巨头站在了一起，让以皇帝为首的统治集团看到了一丝和平的希望。不料，朱温却在深夜趁着李克用酒醉酣睡时发动袭击，最后演化成了军事冲突。朱温原以为稳操胜券，却由于突然雷雨交加、水深一尺而发生了戏剧性的转折：整个事件以晋军三百多将士的战死和李克用死里逃生为结局。① 第三天，当他到达营地（封丘一带，开封北面一两百里）强压怒气率军撤退时，写信并用快马送达朱温，声讨其罪行。朱温找了个托词，回信说是朝廷的使者和属下杨彦洪干的，自己并不知情。

（李克用）驰檄于汴帅。汴帅报曰：窃发之夜，非仆本心，是朝廷遣天使与牙将杨彦洪同谋也。（《旧五代史》卷二十五《唐书第一》）

“檄”多用于军事文书，传递军事信息，有时也可以视作战书。李克用作为朱温请来的客将，是来帮朱打仗的。但朱温在上源驿上演了这么一出戏，即使李克用眼睛再不好（外号“独眼龙”），也能看出这是怎么回事。这是李克用永生难忘的耻辱，如果不是他夫人的一再劝解，肯定马上和朱温拼个你死我活。但从朱温的角度来看，决策也并非错误——沙陀兵作为雇佣军，利用完之后应将其马上剪除，否则将有后患。马基雅维利在《君主论》中也指出过雇佣军的危害。

---

① （四年春五月，李克用）甲戌次汴州，节度使朱全忠馆克用于上源驿。全忠以克用兵力寡弱，大军在远，乃图之。是夜置酒邮舍，克用既醉。全忠以兵围驿，纵火烧之。雷雨骤作，平地水深尺余。克用踰垣仅免，其部下三百余人及监军使史敬思、书记任珪，皆被害。（《旧唐书》卷十九下）

而此时朝廷为宦官田令孜把持，游荡在蜀地、宝鸡和长安一带的唐僖宗及大臣们并不了解此事的来龙去脉。直到两个月后李克用回到太原多次给朝廷上书申告，此事才为天下所知。此政治事件可以称得上是影响后世上百年的重大新闻，但由于传播渠道不通畅，直到数月之后才为人所知。

可见，在唐代末年，中央政府和各地的新闻、信息渠道时有淤堵。而这些含有军情、政情的新闻、信息一旦为人所控制或堵塞，其后果是相当严重的。

从例(8)到例(11)均为“驰驿发遣”，共4例，即文书送到驿站后立刻出发。

《旧五代史》卷二十五《唐书第一》至《旧五代史》卷四十八《唐书第二十四》中还有其他新闻类例子，试举例如下：

“檄”出现13例。

(1)（李克用）先移檄太原，郑从谠拒关不纳。(卷二十五)

(2)（李克用）驰檄于汴帅。汴帅报曰：“窃发之夜，非仆本心，是朝廷遣天使与牙将杨彦洪同谋也。”(卷二十五)

(3) 朱玫于凤翔立嗣襄王煴为帝，以伪诏赐武皇，武皇燔之，械其使，驰檄诸方镇，遣使奉表于行在。(卷二十五)

(4) 武皇遂举兵表三帅之罪，复移檄三镇，三镇大惧。(卷二十六)

(5) 甲午，师次代州，刘仁恭遣使谢罪于武皇，武皇亦以书报之，自此有檄十余返。(卷二十六)

(6) 武皇以汴寇方盛，难以兵服，佯降心以缓其谋，乃遣牙将张特持币马书檄以谕之，陈当时利害，请复旧好。(卷二十六)

(7) 己亥，遣史建瑭、周德威徇地于邢、魏，先驰檄以谕邢洺、魏博……(卷二十七)

(8) 今若驰檄告谕梁人，却取卫州、黎阳，以易郓州，指河为界，约且休兵。我国力稍集，则议改图。(卷二十九)

(9) 壬戌，魏王继岌率师至凤翔，先遣使驰檄以谕蜀部。(卷三十三)

(10) 利州、阆州进纳东川檄书，言将兵击利、阆，责以间谍朝廷为名。(卷四十一)

(11) 是日，从进已得潞王（李从珂）书檄，潜布腹心矣。(卷四十五)

(12) 是夜，帝令李专美草檄，求援诸道，欲诛君侧之罪。(卷四十六)

(13) 初，帝以檄书告藩邻，惟金遣判官薛文遇往来计事，故以节镇奖之。(卷四十六)

上述例子中有一半以上的用例和军事、战争有关，如例(7)中的“檄”即《晋王谕邢、洺、魏、博、卫、滑诸郡县檄》，相当于战书，或战前动员令，此檄发布后晋王李存勖便和朱梁集团开始了决战。其他例子即使可释为“晓谕”或“告知”“安抚”，也大多和战争前的动员、战罢的善后有关。如例(2)是李克用派人责问朱温。例(3)朱玫称帝，李克用烧其伪诏书，向其他藩镇发函表明自己坚决保卫大唐王朝的立场。例(5)和例(6)分别是刘仁恭与李克用、李克用与朱温息战、媾和的事宜。仅例(13)似与战争没有多大关系。

《旧五代史》卷二十五《唐书第一》至《旧五代史》卷四十八《唐书第二十四》中有“露布”1例：

辛酉，(明)帝御咸安楼，受定州俘馘，百官就列，宣露布于楼前。礼毕，以王都首级献于太社。(《旧五代史》卷四十)

这时的露布似乎被当作了一种仪式，《五代会要》卷五详细描述了这一情形：

尚书兵部宣露布于楼前，宣讫，尚书刑部侍郎张文宝奏曰：“逆贼王都首级请付所司。”大理卿萧希甫受之以出，献于郊社，其王都男并蕃将等磔于开封桥。

《旧五代史》卷四十云：

时露布之文，类制敕之体，盖执笔者误，颇为识者所嗤。

由此可见，当时的露布被当作一种庄严的宣布战果的形式。连文体都与“制敕”这样的文体类似，让一些有历史常识的人觉得好笑。王都原为王处直义子，后夺其兵权，因勾结契丹，被后唐镇压。参见彩图6。

五代时期的新闻传播有鲜明的军事特色，比如“传首”这一非常血腥的行为就常常使用。

1．传首

《新五代史》3例：

（1）牙将安居受亦叛，杀克恭及元审。使人召霸，霸不受命。居受惧而出奔，行至长子，为野人所杀，传首于霸，霸乃入潞州，自称留后，以附于梁。（卷十四）

（2）三年正月，茂贞与梁约和，斩韩全诲等二十余人，传首梁军。（卷四十）

（3）重遇亦杀文进，传首建州以自归。（卷六十八）

《旧五代史》4例：

（1）友宁为青军所败，临阵被擒，传首于淮南。（卷十三）

（2）既而庆州奏：王行瑜将家属五百人到州界，为部下所杀，传首阙下。（卷二十六）

（3）居受惧，将奔归朝廷，至长子，为野人所杀，传首冯霸军。（卷五十）

（4）杜重威奏：今月丁巳收复镇州，斩安重荣，传首阙下。（卷八十）

《十国春秋》9例：

（1）（孙）儒大怒，甲戌，手刃宗衡于酒间，传首于汴。（卷一）

(2) 田頵擒儒于陈，斩之，传首京师。(卷一)

(3) (朱) 友宁旁自峻阜驰骑走，马仆。青州将张土枭斩之，传首广陵。(卷一)

(4) 頵曰：今日不胜，必杀钱郎！已而頵死，不及祸。頵传首扬州，太祖泣下……(卷十三)

(5) (孙钦) 因绐曰：今内外未安，请为公巡察。即跃马出，帅兵入府，攻承丕，斩之，传首成都。(卷四十九)

(6) (孙钦) 遂帅兵入府，攻承丕。承丕左右欲拒战，钦直前叱之，皆弃兵走，执承丕，斩于阶下，并其亲党，传首成都。(卷五十四)

(7) 六月，镠出师会宣州兵，败孙儒于宣城。行密遂斩儒，传首京师。(卷七十七)

(8) 十二月，威武军节度使李孺赟复贰于我。东南面安抚使鲍修让攻孺赟，戮之，族其家。己酉，传首国城。(卷八十)

(9) (鲍修让) 天福十二年为戍将，护李孺赟于福州。孺赟叛，修让随杀之，传首杭州。(卷八十七)

上述三部史书中的例子表明：无论是在胡人逞强的中原大地，还是在海滨邹鲁的闽地、天府之国的蜀地，"传首"这一击败敌人后的标准动作，似乎成为唯一有公信力的"新闻"传播工具。

2. 传箭

传箭，即传递令箭，古代北方少数民族下令手下起兵，以传箭为信符。唐代杜甫有诗《投赠哥舒开府翰》云："青海无传箭，天山早挂弓。"这里表明两点：一是由上往下的信息传播；二是传箭是战争的信号，类似于现代的作战令。

《旧五代史》卷三十八载：

青州节度使霍彦威差人走马进箭一对，贺诛朱守殷，帝却赐彦威箭一对。传箭，番家之符信也，起军令众则使之。彦威本非蕃将，以臣传箭于君，非礼也。

这是后唐明宗天成二年的事，青州节度使霍彦威派人骑马进京送上一对箭，表示祝贺诛朱守殷一事，明宗不好意思直接回绝，又赐予他一对箭。这说明了传箭这一番族的习俗在五代中原时期是与露布一样的具有军事特色的新闻传播方式。

3．报聘

报聘是天子与诸侯之间，诸侯与诸侯之间，派使臣回访他国。这在古代是国与国之间非常正式的传达信息的一种方式。

《新五代史》5 例：

(1) 契丹遣使来聘，(南唐) 以兵部尚书贾潭报聘。(卷六十二)

(2) 兀欲闻旻自立，颇幸中国多故，乃遣其贵臣述轧、高勋以自爱黄骝、九龙十二稻玉带报聘。(卷七十)

(3) 阿保机遗晋马千匹。既归而背约，遣使者袍笏梅老聘梁，梁遣太府卿高顷、军将郎公远等报聘。(卷七十二)

(4) 德光立三年，改元曰天显。遣使者以名马聘唐，并求碑石为阿保机刻铭。明宗厚礼之，遣飞胜指挥使安念德报聘。(卷七十二)

(5) 初，兀欲常遣使聘汉。使者至中国而周太祖入立。太祖复遣将军朱宪报聘。(卷七十三)

在《旧五代史》《新五代史》中，“遣使来聘”几乎成为一个惯用语。其中《旧五代史》中有 3 例。《新五代史》中有 1 例，如上面的例 (1)。例 (3) 中，“梅老”二字据《新五代史》(2016 年中华书局版) 改，文渊阁版《旧五代史》原作“美楞”。

《旧五代史》有“报聘”1 例：

唐庄宗平梁，遣使告捷于蜀。蜀人恟惧，致礼复命，称“大蜀国主致书上大唐皇帝”，词理稍抗。庄宗不能容，遣客省使李严报聘。(卷一百三十六)

《十国春秋》有“报聘”14 例，现举 3 例如下：

(1) 王遣司农卿卢苹，献金器二百两、银器三千两、罗锦一千二百疋、龙脑香五斤、龙凤丝鞢一百，事于唐。又遣使张景报聘，称“大吴国主上书大唐皇帝”。(卷三)

(2) 契丹主亦遣使来报聘。(卷三)

(3) 三月甲戌，至于辽。辽主兀欲与帝约为父子之国，使伊喇摩哩来报聘。(卷一百四十)

例 (3) 中“兀欲”即辽世宗，《资治通鉴》作“永康王”。此外，还有“报状”“院状”“春榜”等传递信息。

“报状”1 例：

(长兴三年) 史馆奏：宣宗已下四庙未有实录，请下两浙、荆湖购募野史及除目、报状。(《旧五代史》卷四十三)

这里的“除目”即官员任免名单。报状即各地报送的反映地方政治、军事、社会新闻的材料。方汉奇先生认为，“除目”和邸报有相当密切的联系，是新闻滥觞时的产物。

“院状”1 例：

中书门下奏，太常礼院状，明宗以此月二十日祔庙，宰臣摄太尉行事。(《旧五代史》卷四十六)

这里的院状即太常礼院的奏状，提醒明宗本月二十日祔祭后死者于先祖之庙比较适宜。

“春膀”1 例：

天成四年春正月壬申朔……幽州节度使赵德钧奏：“臣孙美，年五岁，默念何《论》《孝经》，举童子，于汴州取解就试。”诏曰：“都尉之子，太尉之孙，能念儒书，备彰家训，不劳就试，特与成名。宜赐别敕及第，附今年春膀。”(《旧五代史》卷四十)

“春膀”即春天考试后公布的中举名单。幽州节度使赵德钧把 5 岁的孙子吹捧了一通，因此他孙子去京参加童子试时，还未考试，就被皇帝恩准及第了。赵美，后改名赵匡赞，入宋

后避讳为“赵赞”。“何《论》”文渊阁版作“论语”。

另外，还有“牓子”两例，但似为汇报事情的札子类文体。

(1) 或事属机宜，理当秘密，量事紧慢，不限隔日，及当日便可于阁[①]门祇候，具牓子奏闻。(《旧五代史》卷四十七)

(2) 诸道都押衙、马步都指挥、虞候、镇将、诸色场院，无例谢辞，并进牓子放谢放辞，得替到阙，无例入见。(《旧五代史》卷四十八)

关于“牓子”的释义，宋代孔平仲在《孔氏谈苑》中认为，“唐人奏事非表非状者，谓之牓子，亦曰录（原作“録”）子，今谓之札子。”唐代虽然也有公告类的用法，但是在五代可能并不流行。宋代也有类似用法。[②]

另外，翻开《旧五代史》，与驿站相关的军政大事比比皆是，兹举数例如下：

(1) (杜让能被) 赐死于临皋驿。(卷十八)

(2) (敬) 翔不喜武职，求补文吏，即署馆驿巡官，俾专掌檄奏。(卷十八)

(3) 唐宰相柳璨希太祖旨，谮杀大臣裴枢、陆扆等七人于滑州白马驿。(卷十八)

(4) (史圭) 为宁晋日，擅给驿廪，以贷饥民，民甚感之。(卷九十二)

例(1)讲述的是唐末时居宰辅之职的杜让能被冤杀之事。杜让能（841—893），唐京兆杜陵（今陕西西安东南）人，字群懿，初唐贤相杜如晦的七世孙。中进士，历任中书舍人、翰

① 原作“閤”，有两个读音：一为 hé，全，总共；闭合。二为 gé，大门旁的小门；宫中小门；同“阁”。此处应为“宫中小门”之义，暂用简体字“阁”替换。下同。

② 唐人的牓子也有“布告”“启事”之义，《太平广记》卷四百九十一有《谢小娥传》：“岁余至浔阳郡，见竹户上有纸牓子，云：‘召佣者’。”宋代也有类似用法，不过已写作“榜子”。《朱子语类》卷一百二十七载：“当时人骨肉相散失，沿路皆帖榜子。”

林学士、宰相。唐昭宗轻率决定派禁军攻打李茂贞，杜让能力陈不可，后禁军果然兵败。唐昭宗不得已，将责任推卸到杜身上。杜让能在被贬雷州司户（今广东雷州）的路上——西出长安第一站的临皋驿就被赐死了。这是明显的政治事件，也可以说是军事冲突后的尾声。

例(2)讲述的是朱温重用敬翔之事。朱温篡位前后大力招募人才，敬翔慕名而来，两人相谈甚欢。本来朱温打算委以重任，但敬翔不愿带兵打仗，遂低调地成为朱温的谋士，以专掌朱温政府军政文件的身份兼任馆驿巡官，身份虽不显赫但地位十分重要。

例(3)讲述的是唐末的著名政治事件“白马驿之祸”。柳璨（？—906），唐代名臣柳公绰和书法名家柳公权之族孙。但到柳璨时，家境贫困。柳璨白天砍柴，晚上读书，以点树叶来照明。因文章见解新奇、分析精到，而受唐昭宗青睐，从入仕到升职为中书侍郎仅四五年时间，是一个前无古人的“火箭式”干部，未免引起朝廷中其他元老重臣的不满。后柳璨投靠朱温，得势后和李振等人借机把裴枢、陆扆等所谓“清流”于天祐二年（905 年）在滑州白马驿（今河南滑县）投之黄河之中（谓之“浊流”），史称“白马驿之祸”，又称“白马之祸”。这一事件中，朱温是主谋，李振是主要执行者，柳璨是借机报复，把政敌列上了黑名单，后来他自己也被朱温杀死。

例(4)讲述的是史圭用驿站的钱粮救民于饥荒之事。史圭在担任宁晋长官时，擅自拿出驿站仓库的钱粮，来借给饥荒的百姓渡过难关，人民很是感激他。

另外，我们发现，“知而不问”或“以权势压制民间舆论”是官方对待负面新闻通常采取的方法。

柴守礼，后周皇帝柴荣的生父。他在洛阳仗势欺人，与其他一些官员的父亲一起交游、胡作非为，被称为“十阿父”。有一次，他“激情杀人”，当地官员不敢责问，身在开封的柴荣知道了也不过问。这说明至少洛阳和开封之间的信息传播渠

道还是比较顺畅的。这是官方对负面新闻“知而不问”的一种处理方式：

> 柴守礼及当时将相王溥、王晏、王彦超之父游处，恃势恣横。洛阳人畏之，谓之“十阿父”。帝既为太祖嗣人，无敢言守礼子者，但以元舅处之，优其俸给，未尝至大梁。尝以小忿杀人，有司不敢诘，帝知而不问。（《资治通鉴》卷二百九十三）

后周皇帝郭威因家庭成员在变乱中全被杀害，因此只能将帝位传于养子柴荣。柴守礼虽然是柴荣的生父，两人也不能相见。

“十阿父”，笔者认为是史家的曲笔。古代，一般称祸国殃民之人为“贼”。在五代，“十”“贼”读音相近，都念/zəʔ/，实际上民间称为“贼阿父”，但史家不能秉笔直书，只能写“十阿父”。考柴守礼交游之人，只有“王溥、王晏、王彦超之父”这三个老人，按理应写作“四阿父”。故“十”乃“贼”的曲笔。

第五章 五代时期民间的新闻、信息传播

第一节 五代时期的民间新闻、信息传播的特点

五代时期，士人可以通过书信来传递时事消息，官方主要是通过使者、公文、告示、驿站等来传递信息。民间主要还是以口口相传的人际传播为主。比如，韦庄在流落江南时，曾一度想北上故国报效国家，但是后来从流落到江南的人士口中得知，北方已是一片焦土，战争并没有停止，因而转道去了蜀地。韦庄的名作《秦妇吟》就是模拟了流离失所的逃难女子的口吻进行的控诉。

当代著名学者费孝通先生曾云：中国的百姓是远离文字的。此话不虚，中国20世纪30年代以前出生的农村老人多有崇拜文字的习惯，有的把有文字的报纸、图书奉若神明。如有人把书刊扔进灶膛，他们会认为是“作孽”，造下了“业障”。这和几千年来统治阶级对百姓的愚民政策有关。

盛唐以后，长安、洛阳这样功能完备的大都市的出现，才使私人信息的传递成为可能。这一传统一直延续到中唐，如出生于和州乌江（今安徽和县乌江镇）的张籍（766—823）因秋风乍起而想起了家乡，一纸书信写完了封上还想拆开再增加一些信息：洛阳城里见秋风，欲作家书意万重。复恐匆匆说不尽，行人临发又开封。这说明私人邮件传递系统已在唐代的大

都市发展起来了。但是维持这种依托驿站建立起的信息传送系统开支的费用是很大的。据相关史料记载，唐朝在全盛时期人口达五六千万，而到了五代时期，全国人口仅一千多万，国力的衰落无法支撑起全国的邮驿系统，加上军阀割据，平民难以用文字来传递信息和新闻。即使有信息和新闻传播能力的士子、官员，也因为邮驿不通而“凭君传语报平安”。这也是五代时期公共信息、新闻传播系统发展不起来的原因之一。

第二节　民间的口头传播分类

有学者认为，民间的传播活动主要是在贩夫走卒、村妇、野老、孩童等之间进行（比如口耳相传的谚语、代代相传的儿歌、童谣以及人们的街谈巷议、飞短流长），还有经过和尚、文人等加工过的俗讲、变文等文学作品。① 笔者认为，因为五代时期的英雄、君王、大臣等大部分出身于草野之间，所以五代口头传播的内容（如外号、童谣、讹言、飞语等）如果见于史书或笔记、野史——只要其在民间传播，也可以视为非官方的传播活动。

归纳起来，五代时期的民间口头传播有以下几类：一为“号”，二为“谣”，三为“谓之”，四为“讹言”，五为“飞语”，另外还有“传”“族谈巷语”等形式。

为了对五代时期的民间传播有一个清晰的了解，笔者对《旧五代史》《新五代史》《十国春秋》，以“号”“童谣”“飞语”等为关键词，进行了穷尽式的检索和甄别，得到了以下数据，见表6。

---

① 方汉奇．中国新闻传播史[M]．第2版．北京：中国人民大学出版社，2009：10.

表6 《旧五代史》《新五代史》及《十国春秋》民间传播中的常见形式

史书名称	号	谣言/童谣/谣	谓之	讹言	飞语
《旧五代史》	22	7	43	8	3
《新五代史》	62	2	21	2	0
《十国春秋》	65	18	49	2	2

注：文本为文渊阁四库全书电子版，迪志文化出版有限公司、上海人民出版社出版。所检索例子均用《旧五代史》《新五代史》《十国春秋》（中华书局版）核对过，下同。

一、号

《旧五代史》有“号”22例。

（1）是时，陈州四面，贼寨相望，驱掳编氓杀以充食，号为“舂磨寨”。（卷一）

（2）先是，蒲、绛之间有山曰摩云，邑人立栅于其上，以避寇乱；罕之以百余人攻下之，军中因号罕之为“李摩云”。（卷十五）

（3）太祖有所乘乌马，号“一丈乌”。（卷二十）

（4）武皇一目微眇，故其时号为“独眼龙”。（卷二十五）

（5）（镇州节度使王）武俊嘉其勇干，畜为假子，号“王五哥”。（卷五十四）

例（1）讲的是唐末战争时期以人肉为食的悲惨事件。陈州，其政府所在地在今河南周口淮阳宛丘一带，黄巢被唐军围困于此后，以杀人为食。例（2）中的蒲州管辖运城、永济等地区，其政府所在地即今天山西省永济市西南；绛州，管辖山西侯马的翼城、太平、垣县、夏县等地，其政府所在地在今山西省运城市新绛县。[①] 李罕之（842—899），陈州项城人，唐末靠造反

① 谭其骧. 中国历史地图集：第五册［M］. 北京：中国历史地图出版社，1982：44—45.

起家，生性残暴，绰号“李摩云”。他大肆屠杀百姓的摩云崖，疑似在今天侯马、运城之间的孤山、稷山一带。①

例(3)中太祖指的是朱温，他的坐骑是一匹黑马，外号称“一丈乌”。例(4)中武皇指李克用，一只眼睛不好，外号“独眼龙”。例(5)中“王五哥”指的是北方军阀王镕的先祖，原为回鹘人，后被镇州节度使王武俊重用，收为养子而赐以“王”姓。这里的“号”有的史书上写作“呼”。

(6) 重霸说承休求镇秦州，仍于军中选山东骁果，得数千人号“龙武都”。(卷六十一)

(7) 梁祖之镇汴也，选富家子有材力者，置之帐下，号曰“厅子都”。(卷六十四)

(8) 梁祖之攻兖、郓也，朱瑾募骁勇数百人，黥双雁于其颊，立为雁子都。梁祖闻之，亦选数百人别为一军，号为“落雁都”。(卷六十四)

(9) (同光时期，僧诚惠) 自云能役使毒龙，可致风雨，其徒号曰“降龙大师”。(卷七十一)

(10) 后明宗从庄宗征行，命帝领亲骑，号“左射军”。(卷七十五)

例(6)至例(8)中，“都”是军队的一种称号。②《新唐书》卷二百八是这么记载的：令孜以复光故，才授诸卫将军，皆养为子。别募神策新军，以千人为都，凡五十四都，分左右为十军统之。由此可知，其军队的规模一般在千人左右。例（10）中，“左射军”，又作“三讨军”。

(11) 王仲昭六代同居。其旌表有厅事步栏，前列屏树乌头。正门阀阅一丈二尺，二柱相去一丈，柱端安瓦桷墨染，号

---

① 谭其骧. 中国历史地图集：第五册[M]. 北京：中国历史地图出版社，1982：46—47.

② 广东、广西、湖南、河南辞源修订组，商务印书馆编辑部. 辞源[M]. 北京：商务印书馆，1988：1691.

为“乌头”，筑双阙一丈，在乌头之南。(卷七十八)

(12)（尹玉羽）后唐清泰中，为光禄少卿。满岁，退归秦中，以林泉诗酒自乐，自号“自然先生”。(卷九十三)

(13)（刘）崇之母抚梁祖有恩，梁氏号为“国婆”。(卷一百八)

(14)（以先降到江南）兵士，团结为三十指挥，号“怀德军”。(卷一百十七)

(15) 时人以其（杨凝式）纵诞，有“风子”之号焉。(卷一百二十八)

例(11)讲的是五代时期受朝廷表彰的家族的一种建筑样式。

例(13)刘崇之母姓氏今已不可考，因为其早年对无赖之徒朱温比较照顾，朱温发迹后尊其为“国婆”。

例(15)中“风子”今多作“疯子”。

(16) 张彦超，本沙陀部人也。素有郄克之疾，时号为“跛子”。(卷一百二十九)

(17)（刘）仁恭穴地道以陷之，军中号曰“刘窟头”。(卷一百三十五)

(18) 僖宗嘉之，赐予巨万。分其兵为五都，仍以旧校主之，即晋晖、李师泰、张造与二建也。因号曰“随驾五都”。(卷一百三十五)

(19) 张奉自号“金山白衣天子”。(卷一百三十八)

(20)—(21) 回鹘，其先匈奴之种也，后魏时号为“铁勒”，亦名回纥……回鹘义取回旋搏击如鹘之迅捷也……功累朝尚主，自号“天骄”。(卷一百三十八)

(22) 梁开平元年七月，敕近年举人当秋荐之时不亲试者，号为“拔解”，今后宜止绝。(卷一百四十八)

例(18)讲的是前蜀国主王建的事。他原为唐末秦宗权的部下，后追随唐僖宗而受宠。他和其他追随唐僖宗的四个人都得

到了重用，号称“随驾五都”。王建还被田令孜收为养子，因为田令孜及其兄弟陈敬瑄盘踞在蜀地，所以王建的势力在此时得到了极大的扩张。

张奉，即张承奉。唐昭宗光化三年，张议潮之孙张承奉嗣立为沙州归义军节度使。唐哀帝天祐三年（906年），张承奉自称白衣天子，建号“西汉金山国”，简称“金山国”，又名“西汉敦煌国”；但它不是西汉时期的政权，而是唐代末年、后梁初期割据河西沙州、敦煌的地方政权。公元914年，张承奉为曹议金所废，曹仍称归义军节度使。

《新五代史》出现的相关例子如下：

(1)—(2)（李）克用少骁勇，军中号曰“李鸦儿”。其一目眇，及其贵也，又号“独眼龙”。(卷四)

(3)—(4)李（克用）氏之先，盖出于西突厥，本号“朱邪”。至其后世，别自号曰“沙陀”，而以朱邪为姓。(卷四)

(5)（李克用诛）张彦，以其兵五百自卫，号“帐前银枪军”。(卷五)

(6) 太祖以嗣源所将骑五百，号“横冲都”。(卷六)

(7)（石敬瑭）由是常隶明宗帐下，号“左射军”。(卷八)

(8)（刘皇）后父刘叟，黄须、善医卜，自号“刘山人”。(卷十四)

例(6)的“横冲都”指的是李嗣源，他带领的骑兵部队十分骁勇善战，故得此名。

例(8)的“皇后”指唐庄宗李存勖的皇后刘氏。她出身平民，能歌善舞，但无见识，贪财好货。其发迹后，自称“刘山人”的生父找上门也被逐出宫门，却拜一个八竿子打不到的大臣张全义为父，沦为史上的笑谈。

(9) 淑妃王氏，邠州饼家子也，有美色，号“花见羞”。(卷十五)

（10）今方起事，号为“义兵”……（卷十八）

（11）（柴守礼等）洛阳人多畏避之，号“十阿父”。（卷二十）

（12）梁兵强于天下，而吴人号为“轻弱”。（卷二十一）

（13）周阳五之勇闻天下。梁军围晋太原，令军中曰：能生得周阳五者，为刺史。有骁将陈章者，号“陈野叉”，常乘白马、披朱甲，以自异出入阵中，求周阳五，欲必生致之。（卷二十五）

（14）安金全，代北人也，为人骁果，工骑射，号能“擒生踏伏”。（卷二十五）

例(9)中“淑妃王氏”指的是后唐明宗的宠妃。李嗣源称帝后，她谦逊贤德，坚决推辞做皇后，颇有东汉光武帝阴皇后的风骨；而且她心地善良、性情温和，却在后唐灭亡时死于非命。

例(14)中，“擒生踏伏”，即生擒敌人、搜查伏兵。安金全是后唐名臣，在太原被敌军围困时，他抱病率一百多人主动出击，打败了敌军，保住了晋王的大后方。

（15）（符）令谦有勇力，善骑射，以父任为将，官至赵州刺史，有善政，卒于州。州人号泣、送葬者数千人，当时号为“良刺史”。（卷二十六）

（16）天下皆知崔协不识文字而虚有其表，号为“没字碑”。（卷二十八）

（17）是时，晋已尽有河北，以铁锁断德胜口，筑河南北为两城，号“夹寨”。（卷三十二）

（18）（周）世宗攻寿州。围之数重，以方舟载炮自淝河中流击其城，又束巨竹数十万竿，上施版屋，号为“竹龙”。（卷三十二）

（19）（孙）晟事昇父子二十余年，官至司空，家益富骄，每食不设几案，使众妓各执一器，环立而侍，号“肉台盘”，

时人多效之。（卷三十三）

例（15）和例（16）中，“符令谦”被称为“良刺史”，而徒有其表的崔协被称之为“没字碑”。例（17）讲的是柏乡之战时的军事布防。例（18）的“竹龙”讲周世宗柴荣攻南唐之事。例（19）的“肉台盘”讲孙晟早年在南唐的奢侈生活。

（20）（王）彦章为人骁勇有力，能跣足履棘行百步，持一铁枪骑而驰突，奋疾如飞而他人莫能举也，军中号“王铁枪”。（卷三十二）

王彦章是后梁时的武将，有勇有谋，外号“王铁枪”，可惜不被重用，以至于梁军迅速败亡。

（21）唐自号“沙陀”，起代北，其所与俱皆一时雄杰暴武之士，往往养以为儿，号“义儿军”。（卷三十六）

唐代末年，勇武之士备受重视，例（21）中的“唐”指“后唐”；沙陀族有养干儿子的风气，一般称“义儿”，即义子。他们往往各自领军打仗，称“义儿军”。

（22）（李）嗣本，本姓张氏，雁门人也……累以战功迁代州刺史、云州防御使、振武节度使，号“威信可汗”。（卷三十六）

（23）皇后刘氏，素微，其父刘叟，卖药善卜，号“刘山人”。（卷三十七）

（24）（刘）仁恭事幽州李可举，能穴地为道以攻城，军中号“刘窟头”。（卷三十九）

刘仁恭，因善于挖地道、利用地道作战，被称为“刘窟头”。其子后在北方称帝，史书称之为“桀燕”，多行不义，后被李存勖所灭。

（25）城中食尽，米斗直钱三万。人相杀而食或食墐土，马相食其鬃尾。究等率城中饥民，食以曲，号“宰杀务”，日

杀以饷军。(卷三十九)

这是《新五代史·刘守光传》中的内容。刘守光因和父亲的美姬私通被责骂，因而趁机作乱，囚禁父亲，杀死长兄刘守文，把他的侄子围困在沧州，以至于城中出现人吃人的惨状，连杀人的这一行为都有了“宰杀务”的称号。直至今日，吴地方言中都似有“宰杀务头”这一詈辞。

(26) 荆南成汭时冒姓郭，亦善缉荆楚，当时号为“北韩南郭”。(卷四十)

(27) 雷满，武陵人也。为人凶悍狡勇，文身断发。唐广明中，湖南饥，盗贼起，满与同里人区景思、周岳等聚诸蛮数千，猎于大泽中。乃击鲜釃酒择坐中豪者，补置伍长，号“土团军”。诸蛮从之，推满为帅。(卷四十一)

雷满（？—901)，字秉仁，朗州武陵（今湖南常德市）洞蛮，唐末时期割据军阀。高骈镇守荆南时收为部下，他的部下被称为“土团军”。

(28) 罕之留其子颀事晋，乃之泽州。日以兵钞怀孟间，啖人为食。居民屯聚摩云山，罕之悉攻杀之，立栅其上，时人号曰“李摩云”。(卷四十二)

(29) (孙德昭与孙承诲等) 俱留京师，号“三使相”，恩宠无比。(卷四十三)

(30) 朱瑾募其军中骁勇者，黥双雁于其颊，号“雁子都”。太祖闻之，乃更选勇士数百人，号“落雁都”。(卷四十五)

《汉语大字典》认为，“都”是唐末藩镇亲军的称号，即嫡系部队。

(31) (段) 凝乃自酸枣决河东注郓，以隔绝唐军，号“护驾水军”。(卷四十五)

段凝是后梁与后唐作战的主将，在与后唐决战时曾决黄河

之水，以阻止唐军。

（32）（赵在礼）既而复受诏居职，乃籍管内口，率钱一千，自号“拔钉钱”。（卷四十六）

（33）梁太祖镇宣武，选富家子之材武者置之帐下，号“厅子都”。（卷四十六）

（34）（安重荣）又使人为大铁鞭以献，诳其民曰：“鞭有神，指人，人辄死。”号“铁鞭郎君”，出则以前驱。（卷五十一）

安重荣，五代时朔州（今山西省）人，任后晋成德军节度使。石敬瑭降契丹，自称儿皇帝。安重荣以此为辱，遂起兵声讨石敬瑭，次年战败身亡。例（34）即记载其以“铁鞭郎君”为号，编织神话，大造舆论，为其反石敬瑭做宣传上的准备工作。

（35）慕容彦超，吐谷浑部人，汉高祖同产弟也。尝冒姓阎氏，彦超黑色胡髯，号“阎昆仑”。（卷五十三）

（36）（慕容）彦超为人多智诈而好聚敛。在镇尝置库质钱，有奸民为伪银以质者。主吏久之乃觉。彦超阴教主吏夜穴库垣，尽徙其金帛于他所而以盗告。彦超即榜于市，使民自占所质以偿之，民皆争以所质物自言，已而得质伪银者，置之深室，使教十余人日夜为之。皆铁为质而包以银，号“铁胎银”。（卷五十三）

例（35）和例（36）讲述的是慕容彦超的事。慕容彦超（？—952），刘知远同母异父弟，曾冒姓阎，皮肤黝黑，且有胡髯，人送外号“阎昆仑”。用白话讲，即“阎王”或“阎王刘”。慕容彦超起初为后唐明宗李嗣源的手下，刘知远发迹后任镇宁军节度使，因生性狡诈而为郭威所忌。郭威起兵后，他逃到兖州。后来起兵反周，但他聪明过头，通过制作假银两来欺骗军民，以致无人愿意为他作战，兵败身死。

(37) 当是时，天下大乱，戎夷交侵，生民之命，急于倒悬，道方自号“长乐老”，著书数百言。(卷五十四)

冯道曾为刘守光部下，后投奔晋，历仕后唐、后汉、后周，自称“长乐老人”。

(38) (马) 胤孙临事多不能决，当时号为“三不开”，谓其不开口以论议，不开印以行事，不开门以延士大夫也。(卷五十五)

马胤孙，五代商河人，后唐末帝李从珂时为相。他的为政之道是：不开口谈论国事，不开印章处理政务，不接见士大夫及下属官员。当时人称“三不开”，是个典型的读死书、不知变通、无治国安邦之策的书呆子，后唐灭亡后归隐乡里。

(39) 五代之际，民苦于兵，往往因亲疾以割股，或既丧而割乳庐墓，以规免州县赋役。户部岁给蠲符，不可胜数，而课州县出纸，号为蠲纸。泽上书言其敝，明宗下诏，悉废户部蠲纸。(卷五十六)

何泽，广州人，后唐时曾为洛阳令。五代时百姓赋税沉重，时有性命之忧，为了获得一张蠲（juān）纸作护身符，不择手段，有的把大腿上的肉割下来，有的把乳房割掉……其实制作精良的蠲纸也是一项沉重的负担，何泽上书明宗，建议废除这一法规。

(40) 裴氏自晋魏以来，世为名族，居燕者号“东眷”，居凉者号“西眷”，居河东者号“中眷”。(卷五十七)

(41) (杨) 行密奋然曰：“惟少公头尔！”即斩其首携之而出，因起兵为乱，自号“八营都知兵马使”。(卷六十一)

(42) (杨) 行密收 (孙) 儒余兵数千，以皂衣蒙甲，号“黑云都”。(卷六十一)

(43) 徐温，字敦美，海州朐山人也。少以贩盐为盗，行密起合淝，隶帐下。行密所与起事刘威、陶雅之徒，号“三十

六英雄”，独温未尝有战功。（卷六十一）

（44）是时南海刘龑死，子玢初立。岭南盗贼起，群盗千余人，未有所统，问神当为主者，神言遇贤。遂共推为帅，（张）遇贤自号“中天八国王”。（卷六十二）

张遇贤（？—943），五代时期粤赣农民起义首领，一作张茂贤，循州博罗人，初为县吏。942 年，被推为首领，起义反抗南汉统治。攻克虔州，自称中天大国王，改元永乐，后为南唐所灭。

（45）彦贞之兵施利刃于拒马，维以铁索，又刻木为兽，号“捷马牌”。（卷六十二）

这里讲的是南唐刘彦贞与后周作战之事。刘彦贞的部队设置利刃以抗拒敌人的战马，用铁索系住；又雕刻树木为兽，号“捷马牌”，以吓阻敌人。

（46）已而晏弘拥众东归，陷陈、许，（王）建与晋晖、韩建、张造、李师泰等各率一都，西奔于蜀。僖宗得之大喜，号“随驾五都”，以属十军观军容使田令孜，令孜以建等为养子。（卷六十三）

前蜀王建因在唐末混乱中救助唐僖宗有功而被田令孜收为养子。“随驾五都”即救驾的五大亲军之义。

（47）后宫皆戴金莲花冠，衣道士服，酒酣免冠，其髻髽然，更施朱粉号“醉妆”，国中之人皆效之。（卷六十三）

例（47）讲的是前蜀王衍时的风俗。后宫妇女都戴金莲花帽，穿道士的衣服，酒酣耳热脱下帽子，发髻梳在头顶两旁，再抹上朱粉，号称“醉妆”，国中的人都仿效她们。

（48）汉隐帝不能出师，（马）希萼率舟兵沿江而上，自号“顺天将军”。（卷六十六）

（49）（钱）镠游衣锦城，宴故老，山林皆覆以锦，号其

幼所尝戏大木曰“衣锦将军”。（卷六十七）

例(48)讲的是五代十国时期南楚君主马殷后代马希萼作乱之事。

例(49)讲的是钱镠衣锦还乡之事，把童年游戏时的树都封了“衣锦将军”。

(50) 唐即以（王）潮为福建观察使。（王）潮以（王）审知为副使。审知为人状貌雄伟、隆準方口，常乘白马，军中号“白马三郎”。(卷六十八)

王审知是王潮的弟弟，主政闽地时多有政绩，是福建第二位被称为“白马三郎”的人。

(51) 海上黄崎，波涛为阻，一夕风雨雷电震击，开以为港，闽人以为（王）审知德政所致，号为“甘棠港”。（卷六十八）

“甘棠”一词源自《诗经·国风·召南》，甘棠港是唐昭宗赐名。王审知在主政的时候勤政为民，百姓都以为甘棠港是王审知德政所致——感动老天、被雷电劈开出来的。有学者认为其遗址位于现在福建长乐的黄岐澳旧港。①

(52) 初，（王）鏻有嬖吏归守明者，以色见幸，号“归郎”。(卷六十八)

王鏻，闽王审知的次子，原名王延钧。主政蜀国时好男风，宠爱自己的下属归守明，当时人称归守明为“归郎”。惜归与后宫陈氏私通。因此，民间有歌谣传唱：谁谓九龙帐，惟贮一归郎。

(53)（刘）旻归，为黄骝治厩，饰以金银，食以三品料，号“自在将军”。(卷七十)

---

① https://www.sohu.com/a/155256770_482327.

954年，北汉刘旻趁郭威去世之际攻打后周，在高平被后周世宗柴荣击败。他凭借契丹所赠的黄骝马逃回太原，后封黄骝马为“自在将军”，数月后被灭。

(54) 德光已灭晋，遣其部族酋豪及其通事为诸州镇刺史、节度使，括借天下钱帛以赏军。胡兵人马不给粮草，日遣数千骑，分出四野劫掠人民，号为“打草谷”，东西二三千里之间，民被其毒。(卷七十二)

例(54)讲的是契丹耶律德光南下中原后危害百姓的事。把以前四处打劫、以供军队粮草的恶习带到了中原，称之为“打草谷”，中原人民备受其害。

(55) 汉高祖起太原。所在州镇多杀契丹守将归汉，德光大惧。又时已热，乃以萧翰为宣武军节度使。翰，契丹之大族，其号“阿巴”。(卷七十二)

关于“阿巴”的称号，说法不一，也有称为“阿钵”的。《新五代史·四夷附录》认为，阿巴本无姓氏，（因其妹嫁德光）契丹呼“翰”为国舅。当他将升官为节度使时，李崧为他造了一个姓名曰“萧翰”，于是始姓“萧”。

北宋庞元英著的《文昌杂录》中还有另一种说法，似乎更加可信：萧姓所起，彼人云昔天皇王（即耶律阿保机，916年建国契丹）问大臣云：“自古帝王英武为谁邪?”其大臣对曰：“莫如汉高祖。”又问：“将相勋臣，孰为优?”对以“萧何”。天皇王遂姓耶律氏，译云刘也。其后亦赐姓萧氏。而欧阳少师在《五代史》中认为：天皇王阿保机，以其所居横帐地名为姓。

庞元英，北宋单州成武（今山东菏泽市成武县）人，字懋贤。欧阳修次女婿，至和二年（1055）赐同进士出身，为光禄寺丞，他对宋代的典章制度比较了解，所著有相当的参考价值。

(56) 兀欲，东丹王突欲子也。突欲奔于唐，兀欲留、不

从，号“永康王”。（卷七十三）

这是《新五代史·四夷附录》中的内容。突欲，即耶律倍（899—937），又名耶律突欲或托云，是辽太祖耶律阿保机的长子，辽太宗耶律德光的长兄。926年，封为东丹国王，称“人皇王”。同年太祖病逝后，耶律德光继位称帝。930年耶律倍为逃脱德光的控制，弃国投奔后唐，更名“李赞华”。其子兀欲（乌云）未从，后称帝，即辽世宗（即耶律阮）。

（57）吐浑本号“吐谷浑”，或曰乞伏乾归之苗裔。（卷七十四）

（58）达靼，靺鞨之遗种……散居阴山者，自号“达靼”。（卷七十四）

例（58）中的“达靼”现多写作“鞑靼”。国人对“鞑靼”一词不太熟悉，但是它在欧洲是一个众所周知的名词。在欧洲人眼中，中国北方各少数民族（如满人和蒙古人）都称之为“鞑靼”。[1] 靺鞨，古代民族名称。吕思勉先生认为其起源比较古老。靺鞨最早生活于中国东北地区，先世可追溯到商周时的肃慎，两汉时称“挹娄”。南北朝至隋唐时称靺鞨，又称“勿吉”。[2] 辽宋时期恢复了“肃慎”的名称(《宋史》卷四百九十一)，但汉语中译为“女真”或“女直”。1793年，马嘎尔尼出使清朝时，他眼里的满族人和蒙古人无异，统称为“鞑靼”。

（59）党项诸部相率内附，居庆州者，号“东山部落”。居夏州者，号“平夏部部”。（卷七十四）

（60）（申）师厚小人，不能抚有。至世宗时，师厚留其子而逃归，凉州遂绝于中国。独瓜沙二州，终五代常来。沙州，梁开平中，有节度使张奉，自号“金山白衣天子”。（卷七十四）

---

① 佩雷菲特. 停滞的帝国——两个世界的碰撞[M]. 北京：生活·读书·新知三联书店，1992：15.

② 吕思勉. 中国通史[M]. 北京：中国致公出版社，2011：290—291.

例(60)讲述了中原王朝失去对河西地区控制的原因。张承奉曾在后梁时期来朝，被封了一大堆称号：检校左散骑常侍兼沙州刺史、御史大夫、充归义节度、瓜沙伊西等州观察处置押蕃落等使。公元911年，金山国被甘州回鹘击败，自称“金山国白衣天了”的张承奉成了甘州回鹘可汗的“儿皇帝”。公元914年，金山国灭亡。瓜州、沙州地区被曹议金所据，称“归义军”。

(61) 黑水靺鞨，本号“勿吉当”。后魏时，见中国。(卷七十四)

(62)—(63) 昆明，在黔州西南三千里外，地产羊马。其人椎髻、跣足、披毡，其首领披虎皮。天成二年尝一至，其首领号“昆明大鬼主”，罗殿王，普露静王九部落，各遣使者来，使者号“若土”，附牂牁以来。(卷七十四)

昆明、黔州当时属云贵高原，当时不在中央政府直接管理范围之内。

《十国春秋》虽然成书于清代，但其所辑录的“原材料”大多为五代及宋代的史书笔记和野史，因此它也能反映五代时民间传播的一些情况。该书有“号”65例，与《旧五代史》《新五代史》重复者不计：

(1) 王遣女与钱传璙并顾全武归钱塘。先是，王与钱氏不相能，常命以大索为钱贯，号曰“穿钱眼”。两浙亦岁以大斧科柳，谓之“斫杨头”。至是二姓通昏，两境渐睦焉。(卷一)

天复四年（904年），杨行密与钱氏吴越国停战通好。之前，两国常相互攻伐，故有“穿钱眼”“斫杨头”之语在民间流行。后有人作《宫词》：“钱眼杨头旧有谣，江南江北怨难消。如今弄玉归萧史，龙种能谐引凤箫。”

(2) 杜荀鹤素有诗名，自号“九华山人”。(卷十一)

(3) 时有周延禧者，亦号“通才”。(卷十一)

(4)（田）頵居恒畜死士数百人，号曰“爪牙都”，所向无前，得其死力。（卷十三）

田頵（858—903），字德臣，庐州合肥人。唐末吴王杨行密部下大将，曾任宁国节度使，唐天祐初为宣州节度使，与朱温谋讨杨行密，后被杀。

(5) 时太祖劲兵数万，号其军为“黑云长剑”，所与举事者，刘威、陶雅之徒，称“三十六英雄”。（卷十三）

吴国杨行密起事时，依靠的是其私人武装“黑云长剑”和所谓的“三十六英雄”。

(6)（聂）师道往事之。（于）涛常诣方外，且时时咨以郡政，因名其山为问政山。师道居是山久，国人号曰“问政先生”。（卷十四）

(7) 是岁，溧水天兴寺桑生木人，长六寸、形如僧，右袒而左跪、衣裓皆备。国人号曰“须菩提”。帝迎置宫中，奉事甚谨。占者云“木人生桑，有大丧”。（卷十五）

此事发生在昇元六年（942 年）。昇元是南唐烈祖李昪的年号。溧水即今江苏南京溧水。五代时，社会上可能已有桑树不吉利的说法。

(8) 保大四年春正月……二月壬戌，朔日有食之，命建州制的乳茶号曰“京挺”。①（卷十六）

保大四年（946 年），南唐国李璟在位。二月初一是壬戌日，当天发生了日食的天象。李璟命令刚划入统治版图的建州上贡，其产的乳茶称为“京挺”，同时罢免阳羡茶的入贡。可能当时福建茶上市时间早，二月已能采摘，也有可能是向新领地展示朝廷的威严。

① 《十国春秋》作“号曰京挺腊茶之贡”。见该书第 210 页。也有书作“京挺臈茶之贡”。

(9)—(16) 初，烈祖有国，凡民产二千以上，出一卒，号“义军”。分籍者，又出一卒，号“新拟生军”。新置产，亦出一卒，号“新拟军”。客户有三丁者，出一卒，谓之“团军”，后作“拔山军”。保大中，许郡县村社竞渡，每岁重午日官阅试之，胜者给彩帛银椀，谓之“打标”，舟子皆籍姓名，至是尽搜为兵，号“凌波军”。又率民间佣奴赘婿，号“义勇军”。募豪民以私财招聚无赖亡命，号“自在军”。又大括境内，自老弱外皆募为卒，号“排门军”。民间又有自相率拒敌，积纸为甲，农器为兵，号“白甲军”。(卷十七)

此段文字是《十国春秋》辑录的陆游《南唐书》中的内容。此8例记载了南唐国君及皇甫继勋抵抗宋兵、全民皆兵的情形。

(17) 初，江南民间服玩侈靡者。问之，必曰：此物属赵宝子。后主时，宫中贮雨水，染浅碧为水，号“天水碧”。(卷十七)

“赵宝子”的传说可能性有多大，已不可考。后人为了彰显赵氏王权的合法性而有意传播的可能性更大一些。而“天水碧”的传说也似有穿凿附会之嫌。《十国春秋》辑录的《五国故事》称：建康市中染肆之牓，多题曰天水碧。《南唐拾遗记》云：“江南李重光（即李煜），染帛多为天水碧。”《宋史》也如此记载。

建康，即今之南京。传言李煜的宠妾尝试着学习染碧纱，一个晚上都没有收回屋内，刚好第二天早上有露水，碧纱颜色反而更加鲜明，李煜非常喜欢。从此，宫中之人纷纷仿效，称其为“天水碧”。等到南唐灭亡，才有人悟出天水是赵家的发祥地（郡望）。“碧”与“獘”同音。

(18) 一日游蒜山，除地为场，联虎皮为大幄，号虎帐，与宾僚会饮其中。忽暴风至，裂帐尽碎如飞蝶，知谔惧而归，属疾数日卒。(卷二十)

徐知谔（905—939）是唐末军阀徐温（南唐建立者徐知诰的养父）的第六子，封梁王，官至宰相。他“好珍异物，所蓄不可计”，且“狎昵小人”，穷极享乐一生。此事即记载了他穷奢极欲、外出旅游、兴师动众，用虎皮做帐篷，号称“虎帐”，忽遇风暴、惊吓而死的事。

(19)—(20) 及出师平湖南，国人相贺。（李）建勋独以为忧，曰：祸始此矣。召拜司空，乃营亭榭于钟山，适意泉石，累表称疾乞骸骨。以司徒致仕，赐号“钟山公”，妻亦自号“钟山老媪”。（卷二十一）

南唐退休宰相李建勋（约872—952），被人称为“钟山公”，是个冯道式的人物，而且由于他是徐温的乘龙快婿、且善知进退等原因，活得比冯道还潇洒，可谓人生赢家。他这个名号是皇帝所赐，所以显得不同寻常。他对时政洞见较深，如南唐平定马楚后，人人称贺，独有他看到了其中的变数。结果，湖南等地得而复失。后来数次请求退休，被封为“钟山公”，其妻子也自称为“钟山老太”。钟山，即今天的南京紫金山。

(21) 初，平建州。兵所擒获，惟以全活为务。闽人德之，且行师常载佛事以行，人皆谓之边罗汉。及克湘潭，市不改肆、日饭沙门以希福，时人称边佛子，又称边菩萨。继后政出多门、优柔不断、纪纲颓弛，遂号为边和尚。（卷二十二）

边镐，江宁人，五代时南唐名将，曾攻打湖南、福建等地，不喜欢杀戮。民间称之为“边罗汉”“边佛子”“边菩萨”“边和尚”，这些民间赋予的称号也是五代一道独特的风景，体现了南唐将领中比较人性的一面。

(22) （刘彦贞）善骑射，矢不虚发，军中号曰“刘一箭”。（卷二十二）

号称“刘一箭”的刘彦贞，兖州中都人，南唐将门刘信之

后，但素无战绩，靠贿赂当上神武统军，是一个赵括式的人物。柴荣第一次征南唐时，刘彦贞与后周李重进交战，战败而死。史学家认为他对南唐战局转向颓势负有很大的责任。

(23) 李德明，失其家世，落魄负大节，敏于占对，初为兵部员外郎，与钟谟仕同时雅相友善，元宗绝爱重之。而德明与谟天资皆浮躁，沾沾自衒，反复险巇，朝士侧目号之曰“钟李”。(卷二十六)

李德明与钟谟都是南唐人，口才不错，品德不行。“钟李”，指的是钟谟和李德明，他们在南唐擅权、搬弄是非。李德明在出使后周时未能力陈南唐的主张、为南唐争取利益，归国被杀。

(24)（徐锴）与兄徐铉俱在近侍，时号“二徐”。(卷二十八)

“二徐”即徐锴与兄徐铉，都是南唐才子，当时民间称之为南唐的“两条龙”。

(25)（徐）锴凡四知贡举，号“得人”。(卷二十八)

徐锴总共四次担任选拔人才的官职，被称赞替朝廷选拔到了很多人才。

(26)（卢）文进仲女有才色，能属文，号“女学士”，因以妻（高）越。(卷二十八)

卢文进也是五代一个比较知名的人物，先后投靠刘守光、李存勖之弟李存矩、契丹、南唐。他的二女儿才貌双全，高越获悉后慕名前来造访，卢文进就把女儿嫁给了他。南唐李煜在位时，高越官至左谏议大夫。

(27)（黄载）每出入则羊犬联随，时人号曰“犬羊仙”。(卷二十九)

黄载，湖北江夏人，世代务农，后师从刘元亨。嗜酒，孝

顺母亲，科举不第后以教授为业。出门时常有两个宠物——一狗一羊伴随，人称“羊狗仙人”。

(28) 李元清，濠州人。周师侵淮南，元清父聚乡里义士，襞纸为铠，号“白甲军”。(卷二十九)

虽然南唐的军政比较腐败，但是与后周军队作战时，民间的抵抗意识还是非常强的，一些勇士把纸作为铠甲（即一般认为的“纸甲”）来进行战斗，可见南唐的军民对于北方的军队还是有一种本能的抵抗意识。钱存训认为，作为一种轻便的战斗防护用具，纸甲约产生于中唐或晚唐。《新唐书》卷一一三中载：河东节度使徐商征兵后，就以“襞纸为铠”。这种冷兵器时代的防弹衣一直沿用到清代末年。①

(29) 国亡，溥大哭喷血，转隐芙蓉山，剃发为头陀。礼昭禅师，别号慕真，又号“紫霞山人”。(卷二十九)

何溥（922—1019），字令通，袁州宜春人，中国古代著名风水大师，罗盘的鼻祖，体恤民情，史书上有名的“拉纤县令”。此例讲他在南唐国亡时自号“紫霞山人”归隐山中的事情。

(30) 朱令赟，大将军匡业从子，椎额鹰目，矫捷善射，军中号为“朱深眼”。(卷三十)

朱令赟，南唐与宋军作战时的将领，是南唐又一个纸上谈兵的人物，可称为“刘彦贞第二”。他是大将军朱匡业之子、朱延寿之孙。朱延寿（？—903），大军阀淮南节度使杨行密部将和小舅子。虽然史书上称之为庐州舒城人，但朱令赟椎额鹰目、号为“朱深眼”的相貌上看，可能有外族血统，但徒有其表，在与宋军的战斗中一错再错，对南唐金陵的沦陷负有直接责任。

---

① 钱存训. 中国纸和印刷文史[M]. 桂林：广西师范大学出版社，2004：105—106.

（31）（卢）绛乃入庐山白鹿洞书院。犹亡赖，以屠贩为事。多胁取同舍生金，又持榷货抵贾于山中，持人短长索赇谢，人皆患苦之。与诸葛涛、蒯鳌，号“庐山三害”。（卷三十）

卢绛（891—975），字晋卿，江西人。举进士不中，早年好议论时事，有纵横家之气概，不务生计，为家人所鄙视。后见宋朝侵犯南唐，便上书枢密使陈乔，被用为本院承旨，授沿江巡检，整天带领将士练习水战，以善战闻于南唐朝廷，拜上柱国。可惜为朝中人所嫉妒而不能统领南唐军队与宋军作战。南唐灭后为宋所杀。本例讲的是他早年在白鹿洞书院的事，被称为“庐山三害”。

（32）李德柔，字子怀，鄱阳人也。起家小吏，善伺人阴私以为能，捕获亡命，所至必得，人号曰“李猫儿”。（卷三十）

例（32）中号称“李猫儿”（用今天的话来讲，即“包打听”）的李德柔可谓是南唐时的神探，其信息的获取功能相当了得，可能他对当时社会中各路人马的信息相当谙熟。

（33）刘洞，庐陵人，少游庐山，学诗于陈贶。精思不懈，或至浃日不盥。居庐山二十年，长于五字唐律，自号“五言金城”。（卷三十一）

（34）夏宝松，亦隐庐山，相与为诗友。（刘）洞有“夜坐”诗，宝松有“宿江城”诗，皆见称一时。百胜节度使陈德诚，常作诗美之，号曰“刘夜坐，夏江城”云。（卷三十一）

（35）梅行思，江夏人，绘人物牛马妙绝，而最工于鸡，以此知名世，号为“梅家鸡”。仕，后主为待诏，品目甚高。（卷三十一）

梅行思，一作“梅再思”，南唐著名画家。

（36）董羽，字仲翔，常州人，口吃不能疾谈，俗号“董哑子”，善绘龙水海鱼，事后主为翰林待诏。（卷三十一）

董羽，江苏常州人，外号“董哑子”，南唐画家。南唐文化比较发达，画家众多，《宣和画谱》中有231名画家，很多是南唐人。

(37) 初，司徒李建勋号“知音”，遇（李）冠，绝叹赏之。(卷三十二)

李建勋被称为“知音”（即“音乐鉴赏家”之义），他非常欣赏李冠。

(38) 僧玄寂，姓高氏，故唐节度使（高）骈族子也。弃家祝发，博极群书，善讲说而脱略跌宕，无日不醉，尝自号为“酒秃”。(卷三十三)

“玄寂”二字，从字面上看，乃“玄虚寂静”之义，形容该僧守道无为。实际上，这个名字的背后隐藏着一个被灭族的故事。高骈（821—887），字千里，生于禁军世家，其军旅生涯的辉煌始于866年率军收复交趾（今越南北部），破敌20余万。后历任西川、荆南、镇海、淮南等地节度使，多次重创黄巢起义军，被唐僖宗任命为诸道行营兵马都统。后大将张璘阵亡，高骈至此不再战，致使黄巢顺利渡江、攻占长安，其毕生功名尽毁。高骈喜好装神弄鬼，后被部将毕师铎所害，连同其子侄四十余人被“坑杀”。作为漏网之鱼的和尚玄寂，取此法名，与此事件有莫大关系。《十国春秋》中作“元寂”，应是避康熙玄烨之讳。

(39) 潘扆者，大理评事鹏之子也……乃授以道术。扆由是往来江淮间，屡着奇异，自称野客，世或号为“潘仙人”，能置水银于手中，掬之即成白金。(卷三十四)

潘扆是出自宋代马令《南唐书·卷二十四》中文言武侠小说中的人物。这位为“潘仙人”，据说将水银放在手中即成白金。由此可见，这些“号”有时也是“迷信”的潜台词，或伴随着荒诞不经的传说。

(40) 许坚，失其家世，或云晋长史穆之裔也，形怪而陋，尝往来云泉寺。所居地重峦乔木，人号“小蒋山”。(卷三十四)

许穆为东晋时人物。“小蒋山”为山的名字。许坚，江左人，生活在保大年间，行为怪诞，喜作诗，云游于茅山、九华山、白鹿洞等地，有诗《上舍人徐铉》。

(41) 梦……籍云：聂绍元，十八入道，二十授上清毕法，二十六又往南岳。遂掩卷而寤。久之，还问政山筑室以居，自号“无名子”。(卷三十四)

聂绍元，字伯初，自号“无名子”，安徽歙县人。好文史，精玄学，据说羽化成仙。

(42)(耿先生者……)已而为女道士，自称天自在山人。保大中因宋齐邱以入宫，元宗处之别院，号曰“先生”。(卷三十四)

耿“先生”，南唐著名女道士，天长制置使耿谦之女，好书善画，能作诗，手如鸡爪。据说她通炼金术，能驱鬼神。

(43) 步军都指挥使王宗绾城西县，号安远军……(卷三十六)

王宗绾，本名李绾，前蜀王建的养子。安远军，军队名。五代后梁置宣威军，后唐时更为此名。

(44) 永平五年春正月己亥，帝御得贤门，受蛮俘大赦。初，黎雅蛮刘昌嗣、郝玄鉴、杨师泰，号“𫓩金堡三王”。(卷三十六)

此例讲述前蜀之事。公元 915 年，王建主政蜀地，四川黎、雅蛮族首领刘昌嗣、郝玄鉴、杨师泰，虽表示归附于唐朝，接受爵赏，实际上暗中与南诏国通好。蜀王建以泄漏军机

罪，斩于成都市，捣毁𨭆金堡。从此南诏不再来侵犯。①

(45)（前蜀王衍）尤酷好靡丽之辞，常集艳体诗二百篇，号曰《烟花集》。凡有所著，蜀人皆传诵焉。（卷三十七）

王衍（899—926）本无治国之才。王建晚年禁不住枕边风的吹拂，改立王衍为太子。王衍在位时荒淫腐败，好作艳诗，所集《烟花集》今已不传。“常”疑应作“尝”。

(46)（王衍）结缯为山，及宫殿楼观于其上，又别立二彩亭于前，列诸金银锜釜之属，取御厨食料烹燀于其间，帝乃凭彩楼视之，号曰“当面厨”。（卷三十七）

例(46)讲的也是王衍穷奢极欲的行为，他以丝绸为山，张灯结彩，连灶具都是金银制作的，就在室外进行“野餐”，并称之为“现炒现吃”。

(47)（王）宗裕，性谦谨，高祖平东川时，诸将多争功。宗裕立枯树下，未尝自伐，时号“枯树太保”。（卷三十八）

王宗裕从小追随王建，是王建众多养子之一。王建平定东川时，手下诸将争抢功名。为人谦谨的王宗裕却退立于一棵枯树之下（一说为“枯松之下”），于是当时人们便送给王宗裕一个雅号——枯树（松）太保。

(48)王宗阮，本夔道土豪文武坚也，善舞剑器，时号为“文大剑”。（卷三十九）

王宗阮，原名文武坚，前蜀王建攻打陈敬瑄时有功，因善于舞剑，当时人称“文大剑”。

(49)（许寂）引水为溪，架巨竹为浮梁，谓竹可化龙，

---

① 南诏国的文化受大理和吐蕃影响较深，与中国文化殊异。如南诏国王坐向为东，中原皇帝是面南背北；南诏当时流行的是“骠国乐”，唐朝长安流行的是“兹龟乐”。南诏国鼎盛时的疆域，东南达安南（今越南北部），西南达骠国（今缅甸曼德勒一带），北达大渡河，东北与蜀地接壤。其都域在今洱海附近。

号曰“会龙桥”。(卷四十一)

许寂，浙江会稽人，前蜀人物。少年时在四明山从晋征君学易。后和赵匡明一起投奔前蜀。王建称帝后，封其为左谏议大夫。“会龙桥”是以竹为龙的一种山间桥梁。

(50)(赵雄武)善造大饼，约取三斗面制一枚，如数间屋大。或大内宴聚及豪家有广筵，辄献一枚，剖用不尽。时人因号雄武为“赵大饼”。(卷四十二)

五代时期，时局混乱，但也是一个人才辈出的年代。蜀地人赵雄武就是这样的奇才。他家庭富有，讲究排场，并且擅长用三斗面粉造面积有几间屋的大饼，因而得名“赵大饼”。

(51)何奎，阆州人，不知其何术，而言事多显验，时人号为“何见鬼”。(卷四十五)

《十国春秋·卷四十五》中还有绰号为“冯见鬼”的人物。

(52)石潨，故唐乐工也，别号“石司马”，亦云琵琶石。(卷四十五)

(53)(僧智广)于是病者竞来，日有数千百人，贫者不复施钱，时号“圣僧”。(卷四十七)

智广和尚，俗姓崔氏，初居雅州开元寺，善于用竹片给人治病，多有立效验，因而获“圣僧”的雅号。与唐代末年福建莆田仙游籍的智广祖师(807—886)不是同一人。

(54)(贯休)工篆隶草书，好事者多号曰“姜体诗”。(卷四十七)

贯休(832—912)，俗姓姜，王建主蜀时非常受器重，其所作诗因而称“姜体诗”。

(55)段义宗，本南诏布燮也。乾德中，与判官赞卫、姚岑等来聘。义宗不欲朝拜，削发为僧，号曰“大长和”。(卷四

十七）

南诏命宰相赵隆眉、杨奇鲲、段义宗前来拜谒僖宗，并且迎娶唐朝公主。段义宗不干，当和尚去了，法号“大长和”。后赵隆眉、杨奇鲲被唐僖宗用高骈之计毒死。

（56）尔朱先生，成都人也，字通微，亦号“归元子”。（卷四十七）

尔朱先生，蜀地道家人物，唐僖宗时居住在金鸡关下的石头房子里，号“归元子”。

（57）后主立，受道箓于苑中。以光庭为传真天师、崇真馆大学士。未几，解官隐青城山，号“登瀛子”。（卷四十七）

登瀛子，即登上瀛州，即“成仙”的意思。杜光庭见前蜀国的继任者王衍胡作非为，不便辅佐，弃官隐居于青城山。

（58）杨勋，不知其家世，自号“仆射”，能于空中请自然还丹。（卷四十七）

（59）王帽仙，蜀人也。失其名，居常出入阛阓，为人饰敝冠，号曰“王帽子”。性落魄，忘尔我。（卷四十七）

（60）张洪谋叛，翼日为其党所告，伏诛。洪，太原人，刚勇绝伦，军中号为“张大虫”。（卷四十九）

（61）（后蜀孟昶）帝道号“玉霄子”。（卷四十九）

（62）是时，我军皆绣斧形衣，号曰“破柴都”，以周主本柴姓也。（卷四十九）

例(58)和例(59)讲的都是蜀地道家人物的故事。

例(60)中张洪谋叛之事非常蹊跷，事发前一天，“蜀人谯本詈母忽化为虎”，入城伤人，为后蜀开国功臣赵廷隐所射杀。赵廷隐认为此事是不良预兆，便在军中搜捕，发现“张大虫”谋叛之事。

例(62)中“破柴都”是后蜀军队的一种称号，其士兵用黑泥在脸上涂抹成斧子的形状，衣服上绣上斧子，意思是砍杀

后世宗柴荣之意；此举有激励后蜀士兵、鼓舞士气的作用。

（63）窃念刘禅有安乐之封、叔宝有长城之号。（卷四十九）

（64）（后蜀孟昶）寝室常设画屏七十张，关百纽而合之，号曰“𢅤宫”。（卷四十九）

（65）后主以其非工，自操笔署云：新年纳余庆，嘉节号长春。已而，以正月纳降，宋太祖命吕余庆知成都府……又广政中，民质钱取息者，将徙居必牓其门，曰：召主收赎。识者以为：召者，赵也；赎者，蜀也。末年，成都文武官竞执长鞭，自马至地，号曰“朝天”。（卷四十九）

例（63）至例（65）讲的都是后蜀国孟昶之事。例（65）中，入宋后，史官有意采集的民间新闻资料，它以后蜀的种种传闻、当时社会上常见现象——比如买卖房屋的言辞“召主收赎”（“赵主收蜀”）、文武官上朝时称的“朝天”，穿凿附会地向后人说明后蜀之灭乃天意。这也算得上是宋朝开国以后的一种舆论宣传战略，以宣示宋朝立国的合法性。

二、谣言、童谣、谣

“谣言”在《旧五代史》中出现两例，用法不太一样，兹列举如下：

（刘知俊降前蜀）先是，王建虽加宠待，然亦忌之，尝谓近侍曰：“吾渐衰耗，恒思身后。刘知俊非尔辈能驾驭，不如早为之所。”又嫉其名者于里巷间作谣言云：“黑牛出圈棕绳断。”知俊色黔而丑生，棕绳者，王氏子孙皆以“宗”“承”为名，故以此构之。伪蜀天汉元年冬十二月，建遣人捕知俊，斩于成都府之炭市。（卷十三）

这是前蜀国建立者王建为了杀害功臣而故意制造的谣言，为其杀戮作舆论上的准备。因刘知俊相貌又黑又丑，民间可能有人称之为“黑牛”的说法，所以王建故意让人来传播大黑牛

刘知俊要造反、王建子孙“宗”字辈要断送在他手里的谣言。不久之后，刘知俊果然被杀。

十二月，帝朝于洛阳。是时，庄宗失政，四方饥馑，军士匮乏，有卖儿贴妇者、道路怨咨。帝在京师，颇为谣言所属，洎朱友谦、郭崇韬无名被戮，中外大臣皆怀忧慑。诸军马步都虞候朱守殷奉密旨伺帝起居，守殷阴谓帝曰：“德业振主者身危，功盖天下者不赏，公可谓振主矣，宜自图之，无与祸会。”帝曰：“吾心不负天地，祸福之来，吾无所避，付之于天，卿勿多谈也。”（卷三十五）

这里为“谣言”所伤害的“帝”指的是李嗣源，他功勋卓著，而庄宗昏庸不堪，有人传言只有他才能安定天下。

《旧五代史》的“后唐本纪”中共 3 例“谣”、1 例“童谣”，可见当时政治不太清明。

（1）制曰：理国之道，莫若安民；劝课之规，宜从薄赋。庶遂息肩之望，冀谐鼓腹之谣。（卷三十）

（2）诏曰：今则潜按方区，备聆谣俗，或力役罕均其劳逸，或赋租莫辨于后先，但以督促为名，烦苛不已。（卷三十三）

（3）大理少卿康澄上疏曰：臣闻安危、得失、治乱兴亡，诚不系于天时，固非由于地利，童谣非祸福之本，妖祥岂隆替之源？（卷四十三）

后唐明宗时，康澄上书，认为要注重民本，而不要轻信民间的童谣。这说明当时民间童谣的传唱并不鲜见，至于究竟是哪些童谣、童谣内容如何，因为资料的缺失而不可考证了。

（4）摄中书令李愚宣册书曰：“……人谣再洽，天命显归，须登宸极之尊，以奉祖宗之祀。”（卷四十六）

《新五代史》有“谣言”两例，第一例与《旧五代史》同为“黑牛出圈棕绳断”，不再赘述；第二例如下：

越州董昌反。昌素愚，不能决事。临民讼以骰子掷之而胜者为直。妖人应智、王温、巫韩媪等，以妖言惑昌。献鸟兽为符瑞，牙将倪德儒谓昌曰：曩时谣言有罗平鸟主越人祸福……（卷六十七）

《十国春秋》有“谣言”（含谣、童谣）18例。

（1）王切责匡时。匡时请死哀赦之，斩象于市。先是谣言云：杨老抽嫩鬓，堪作打钟搥。至是应焉。（卷二）

天祐三年（906年）盘踞江西的钟传去世。因不满兄长钟匡时为节度留后，钟匡范投靠淮南杨渥。杨渥遂派人攻江西，破洪州（今南昌），俘虏了钟匡时。“杨老抽嫩鬓”即指杨行密的儿子杨渥，军事水平也非同一般。

（2）—（3）冬十月，徐温出庐江，公蒙为楚州团练使。十一月，武宁节度使张崇侵梁安州。十二月团结民兵，从御史台主簿卢枢言也。是时有童谣云：东海鲤鱼飞上天。又有谣云：江北杨花作雪飞，江南李树五团枝，李花结子可怜在，不似杨花无了期。（卷二）

（4）先是江南童谣有云：东海鲤鱼飞上天。鲤者，李也；东海，徐之望也。盖言李氏起自徐氏，而为君也。至是遂验。（卷十五）

例（3）和例（4）讲的都是李昪（徐知诰）在公元937年即将取代杨吴政权的事情。“东海鲤鱼飞上天”，即民间传言李昪（东海鲤鱼）要称帝（飞上天）了。

（5）湘中谣言：马去不用鞭。至是而验。（卷二十二）

南唐边镐攻打完长沙后，因治理无方、过于宽容，使南唐占领的南楚地盘得而复失。“马”指统治南楚的马氏家族，“鞭”和“边”谐音，指边镐。

（6）乾德中，童谣云：我有一帖药，其名为阿魏，卖与十

八子。盖魏氏卖国与李之兆也，（王）宗弼实应之。（卷三十九）

(7)（刘）知俊为人黔色，其生岁在丑。高祖之诸子皆以“宗”“承”为名，乃于里巷构为谣言曰“黑牛出圈综绳断”。（卷四十二）

例(6)讲的是王宗弼出卖蜀国之事。王宗弼（？—925），本名魏弘夫，所以民间称之为“阿魏”，他是前蜀开国者王建的养子，前蜀大将，被封为“齐王”。王衍继位后他执掌军权。925 年，后唐伐蜀如此“顺利”，有王宗弼的一份“功劳”。他迫使王衍降唐，希望可以维持自己在前蜀西川地区的势力。但后唐招讨使郭崇韬认为他不可靠，把他杀了。

例(7)还有一种说法：黑牛无系绊，棕绳一时断。这些都是王建为杀害刘知俊造的谣言。

(8) 又兴王府童谣曰：羊头二四，白天雨至。宋师入城之日，适辛未年二月四日，而雨者王师如时雨之义。（卷六十）

这是宋代灭南汉时在广州出现的童谣，“预言”南汉即将亡国。“羊”即羊年，即辛未年（971 年）。“羊头”即辛未年年头，而且这则童谣还给出了具体的时间，即农历的二月四日。五代时期，儒、释、道并行，释道两界往往喜欢故作预言式的论断，故弄玄虚，制造舆论，以显示法力的高深莫测、料事如神。宋代《青箱杂记》说该童谣在南汉灭亡前二十年就流行了，这显然留下了当权者控制舆论的痕迹。从南汉灭亡的时间上判断，它极有可能是宋朝统治者在军事进攻前有意散布的一次心理战、舆论战，从民心、军心上动摇南汉的信心，让他们觉得南汉灭亡是“天意”，只有顺应天意，才是正确的。可见，在民间传播过程中，在信息、新闻、舆论的战场中各方势力从未缺席。

(9) 童谣云：湖南有长街，栽柳不栽槐。百姓任奔窜，搥芒织草鞋。识者以为：长街者，内外路也；不栽槐者，兄弟失

孔怀也。草鞋者远行所服，百姓逋逃之义也，其豫兆有如此。（卷六十九）

（10）初，童谣云：鞭打马，马急走。至是遂验。辛未，镐遣先锋指挥使李承戬将兵如衡山，趣王入唐。（卷六十九）

（11）又民谣曰：三羊五马，马子离群，羊子无舍。识者谓湖南与淮南国祚，实应之。（卷六十九）

（12）马氏将乱，湘中童谣曰："马去不用鞭，咬牙过今年"。及边镐俘马氏，镐为言所逐，而言亦被害。（卷七十）

（13）（庞）巨昭曰：自今以后，马氏当五主；杨氏当三主。盖得之童谣云，后皆如其言。（卷七十三）

例(9)至例(12)都与南楚（亦称"楚""马楚"）、杨吴政权有关。

例(9)中，"街""槐""鞋"在湖南方言中皆押/ɑi/韵，谐音。童谣反映了南楚政权兄弟不和，以致内乱、百姓四散。

例(10)至例(13)讲的是边镐入楚、马氏南楚政权覆灭之事。"鞭"与"边"是谐音，指边镐，"马"即马希萼。南楚政权兄弟不和，以致内乱；而南唐边镐入楚，导致马希萼政权垮台。

景福元年（892 年），蔡州军枭雄孙儒战死，其部下大多向杨行密投降了，只有刘建锋和马殷收拾残兵败将，南走江西。后来经过多年的努力，马殷在湖南建立了自己的政权，号称"南楚"。这也是历史上第一个以长沙为中心建立的政权。930 年马殷死，留下了"兄终弟及"的遗命。这为后来的"南楚"政权埋下了祸根。马殷次子马希声继承父位后于 932 年去世，接着老三和老四争夺王位。结果马殷第四子马希范继位。这个奢侈无度、横征暴敛的马希范作威作福了十五年，后来马希广继位。马希萼起兵夺位，950 年马希广兵败被杀。于是马希萼自立为楚王，但马希萼仅当了八九个月的楚王，又被弟弟马希崇发动政变推翻。949 年到 951 年的这段争夺王位的战争

被称为“众驹争槽”。951年11月，南唐乘南楚内乱，派大将边镐率兵攻占长沙，一举灭楚。还有一种说法是马希崇为了保命，暗中勾结南唐灭楚。但后来马殷旧将刘言又起兵击败了南唐军，继续据有湖南。

例(11)和例(13)还涉及杨吴政权的政治变乱。“三羊”即“三杨”，指杨吴政权只有三代，结果也的确如此——吴国自杨行密死后，历经杨渥、杨隆演、杨溥三位君主后，被权臣篡夺。“五马”指马殷死后“南楚”历经马希声、马希范、马希广、马希萼、马希崇五位君主后灭亡。例（13）中这个童谣据说是容州（今广西北流市）刺史、星象学家庞巨昭投奔长沙时的预言。

(14) 妖人应智、王温、巫韩媪等以妖言惑昌。有老人献伪谣曰：欲识圣人姓，千里草青青；欲知天子名，日从日上生。昌赠老人百缣。(卷七十七)

(15) 曩时谣言：有罗平鸟，四目三足，主越人祸福。民间多图其形祷祠之……（卷七十七）

例(14)和例(15)是关于吴越建国前期钱镠的上司董昌称帝的事，他愚昧而迷信。民间的一些谣言、段子就把他迷得七荤八素、忘乎所以，后因反唐称帝而被杀。

(16) 先有谣曰：风吹杨叶鼓山下，不得钱郎戈不罢。至是果验。(卷八十)

(17) 先是，王治世子府，谣言曰：何处有鹿脯？（卷八十三）

(18) 又闽人谣云：潮水来，岩头没，潮水去，矢口出。矢口，知字也，岩死而潮立，潮死而审知继之，其言遂验。(卷九十)

例(16)是《吴越备史》中的内容，讲的是吴越国忠懿王钱俶（929—988）早年治理闽地的事情。南唐趁闽地内乱出兵讨伐，却无功而返，被吴越国捡了一个便宜。因此，民间有

“风吹杨叶鼓山下，不得钱郎戈不罢”的传谣。当时还有一个奇怪的现象，即垒城的甓上皆有铜钱的文字，似乎冥冥中昭示着这一城池终将归于钱氏政权。

例(17)也是原载于《吴越备史》中的内容，讲的是钱弘僔年仅16岁英年早逝的事情。

例(18)讲的是大顺二年（891年），福建观察使陈岩患病后，由王潮接管军政大事，王潮之后由王审知继任，后王审知在闽称王。民间的童谣一定程度上反映了闽地政权更替的社会现实。

三、谓之

谓之，有两种用法：一是“称之为”，二是“对……说”，这里讨论的是前者。“谓之”后往往是被评论对象的外号、谚语、典故等，这些民间口口相传的言语往往是最富于时代特色的新闻和信息资料，从中可以嗅到当时鲜活的生活气息。

《旧五代史》电子版的检索共有“谓之”105个匹配，去掉“谓之曰”34例，约有一半为有称谓性质、可称得上传播消息、新闻的例子。另有5例“所谓”的例子，也一并在此叙述。

（1）扬州诸步多贼船，过者不敢循岸，必高帆远引海中，谓之“入阳”以故多损败。(卷二十)

（2）至太祖生，眇一目，长而骁勇，善骑射，所向无敌，时谓之“独眼龙”，大为部落所疾。(卷二十五)①

（3）思安退保坚壁，别筑外垒，谓之“夹寨”，以抗我之援军。(卷二十六)

（4）初，帝令往市蜀中珍玩，蜀法严峻，不许奇货东出，其许市者谓之“入草物”。(卷三十三)

---

① 此例原为《五代史补》卷二《太祖号独眼龙》中的内容。参见：陈尚君. 旧五代史新辑会证[M]. 上海：复旦大学出版社，2005：650.

(5) 丁未夕，偏天阴云，北方有声如雷，野雉皆鸣，俗所谓“天狗落”。(卷三十三)

(6) 光武所谓“使成帝再生，无以让天下”。(卷三十五)

(7) 自乱离已前，常参官每日朝退赐食于廊下，谓之“廊餐”。(卷三十六)

例(6)中，当庄宗为民所弃、军队哗变时，部下劝李嗣源顺应形势、不必拘泥于条条框框。

(8) 大树将倾，非一绳所维。今以五十骑奔窜，无将相一人拥从，安能兴复大计，所谓“蛟龙失云雨”者也。(卷四十五)

(9) 光化二年三月，汴将氏叔琮率众逼太原。有陈章者以骁勇知名，众谓之“夜叉”。(卷五十六)

(10) 任圜奏曰：重诲被人欺卖，如崔协者，少识文字，时人谓之“没字碑”。臣比不知书，无才而进，已为天下笑，何容中书之内更有笑端？(卷五十八)

(11) 及循至，入衙城见府廨即拜，谓之“拜殿”。(卷六十)

(12) 清泰初，移授西京留守、京兆尹。先是，秦、雍之间，令长设酒食，私丐于部民者，俗谓之“捣蒜”。及重霸之镇长安，亦为之，故秦人目重霸为“捣蒜老”。(卷六十一)

(13)《传》所谓“货以藩身”者，(张)全义得之矣。(卷六十三)

例(13)中，“货以藩身”，即“以货藩身”之义，即张全义在乱世之中召人耕作，以财富来保护自已免于灾祸。

(14) 石君立，赵州昭庆人也，亦谓之“石家财”。初事代州刺史李克柔，后隶李嗣昭为牙校。(卷六十五)

例(14)，石君立，又称“石家财”，又作“石实才”或“石嘉才”，其名号似有来历，但现已不可考。

(15)—(16) 唐朝定令式：南衙常参官、文武百僚，每日朝退于廊下赐食，谓之“常食”。自唐末乱离，常食渐废，仍于入阁起居日赐食。每入阁礼毕，阁门宣放仗，群官俱拜，谓之谢食。（卷七十六）

(17) 史匡翰，字元辅，雁门人也。父建瑭，事庄宗为先锋将，敌人畏之，谓之“史先锋”。（卷八十八）

(18)（李）德琉幼与明宗俱事武皇，故后之诸将多兄事之，时谓之“李七哥”。（卷九十）

(19) 初，桑维翰登第之岁，（陈）保极时在秦王幕下，因戏谓同辈曰：近知今岁有三个半人及第。盖其年收四人，保极以维翰短陋，故谓之“半人”也。（卷九十六）

(20)—(21) 将离彭城，尝一日，天有白光一道，自西来，照城中如画，有声如雷，时人谓之“天裂”。又有巨星坠于徐野，殷然有声，或谓之“天狗”，后赟果废死。①（卷一百五）

(22) 旧制：秋夏苗租，民税一斛，别输二升，谓之“雀鼠耗”。乾祐中，输一斛者，别令输二斗，目之为“省耗”，百姓苦之。（卷一百七）

(23)—(24)（王）章与杨邠不喜儒士，群官所请月俸，皆取不堪资军者给之，谓之“闲杂物”。命所司高估其价，估定更添，谓之“抬估”。（卷一百七）

例(22)至例(24)讲的都是后汉时期王章横征暴敛之事。王章（？—950），大名南乐（今河南南乐县）人。少为吏，后升迁到都孔目官的职位，是五代又一个孔谦式的人物。王章急于搜刮民财、征收赋税，而且习惯于用严刑峻法来达到目的。中国古代，十升为一斗，十斗为一斛，后唐明宗时的“雀

---

① 此处断句采用《〈旧五代史〉新辑会证》中的说法。笔者以为应作“或谓之‘天狗落’。赟果废死。”“落”字似脱失。因为刘赟的遭遇与《旧五代史》卷三十三中魏王李继岌伐蜀后惨遭不测之事相类似，史书作“天狗落”。另外，此处的“卷一百五”即“第一百零五卷”。下同。

鼠耗”只是在赋税的基础上加了2%，而王章却增加了20%，大大增加了百姓的负担。而他歧视读书人，给群官的俸粮、钱物等都是士兵们不用的“闲杂物”，而且往往把这些不值钱的东西定个很高的价钱（供应给当官的儒生）。他是刘知远病逝时托孤的顾命四大臣之一，后被刘承祐所杀。

(25)—(26)（刘铢）每亲事小有忤旨，即令倒曳而出，至数百步外方止，肤体无完者。每杖人遣双杖对下，谓之“合欢杖”，或杖人如其岁数，谓之“随年杖”。（卷一百七）

刘铢（？—951），后汉时官员，因与刘知远有旧，刘知远称帝时为侍卫亲军都指挥使。他生性残忍，好滥杀无辜——把双杖齐下打人称之为“合欢杖”，或按照被打人的年龄来确定被打的杖数，称之为“随年杖”。郭威妻子儿女、柴荣的家属十多人即被其无辜残杀。他后来也为郭威所诛。

(27) 时河冰初解，浮梁未构。是夜北风凛冽，比旦，冰坚可渡。诸军遂济，众谓之“凌桥”。济竟冰泮，时人异之。（卷一百十）

这是《旧五代史》卷一百十《周书一·太祖纪一》中的内容。乾祐三年农历十二月，郭威因被逼“清君侧”。在从边境杀回京城的过程中，黄河解封了，没有办法过河，然而当晚刮起了很大的北风，第二天早上人们一看，河面结了厚厚一层冰，可以从河面上走过去了，便称之为“凌桥”。

(28) 先是，诸道州、府各有作院，每月课造军器，逐季搬送京师进纳。其逐州每年占留系省钱帛不少，谓之“甲料”，仍更于部内广配土产物，征敛数倍，民甚苦之。（卷一百十二）

作院是设置于各地制造军器和各类军需物资的官营手工业作坊，聚集工匠人数多、军器生产规模大。地方政府借这个名义扣下上交的钱帛，称为“军需用品”（“甲料”）。

(29)（节度使安）叔千，鄙野而无文，当时谓之“安没

字”，言若碑碣之无篆籀，但虚有其表耳。（卷一百二十三）

安叔千（881—952）是沙陀人。他的大号“安没字”远近闻名，后来契丹主入侵中原时指名要他这个“安没字”安排吃饭。

（30）（马）胤孙好古，慕韩愈之为人，尤不重佛。及废居里巷，追感唐末帝之平昔之遇，乃依长寿僧舍，读佛书，冀申冥报。岁余，枕藉黄卷中，见《华严》《楞严》词理富赡，由是酷赏之，仍抄录事相，形于歌咏，谓之《法喜集》。又纂诸经要言为《佛国记》，凡数千言。（卷一百二十七）

马胤孙，即上文中提到的“三不开”宰相。936年石敬瑭杀末帝时，满朝文武都指望他拿个主意，他却一言不发。后罢官居家抄佛经，把自己的诗歌集命名为《法喜集》，“法喜集”这一名称似为其首创。

（31）如成绩之文采、玄锡之履行、景范之纯厚，皆得谓之“君子儒”矣！（卷一百二十七）

例（31）中这段话是史臣的感叹之语。“成绩”是和凝的字。和凝（898—955），五代时著名出版家、法医学家，历仕后梁、后唐、后晋、后周，郓州须昌（今山东东平）人，有《宫词》《疑狱集》传世，史书称之为“君子儒”。玄锡，即苏禹珪（894—956），祖籍为陕西武功，近世迁居山东高密。他性格谦和，虚怀若谷。公元950年，后汉内乱时，史弘肇、杨峻、王章等被诛，苏逢吉自杀，而苏禹珪则以仁德远离灾祸，因此他也被称之为“君子儒”。景范（903—955），字万卿，淄州长山（今山东邹平）人。他是五代时杰出的政治人物，官至后周宰相，后积劳成疾，吐血而亡，卒年52岁，世称景相公，史称“君子儒”。

（32）卢损，其先范阳人也，近世任于岭表，父颍游宦于京师。损少学为文。梁开平初，举进士，性颇刚介，以高情远

致自许，与任赞、刘昌素、薛钧、高总同年擢第，所在相诟，时人谓之“相骂牓”。（卷一百二十八）

牓，今作“榜”。五代后梁时，卢损等五人同时中榜进士及第，因为他们常常互相诟骂，时人称之为“相骂榜”。唐代早就有所谓的“五老榜”“龙虎榜”等。

(33) 慕容彦超……即汉高祖之同产弟也，尝冒姓阎氏，体黑面胡①，故谓之“阎昆仑”。（卷一百三十）

(34) 先是，填星初至角、亢，占者曰：角，郑分，兖州属焉。彦超即率军府宾佐，步出州西门三十里致祭，迎于开元寺，塑像以事之，谓之“菩萨”，日至祈祷。（卷一百三十）

例(33)和例(34)都与“阎昆仑”慕容彦超有关，上文提到的“铁胎银”也是他在历史上留下的笑料。例(34)记述了他把填星迎接下凡、放在开元寺当作菩萨供奉之事。可见，在五代时期，军中将领多愚昧无知，不懂得善待民众才是最好的治国之道。

(35) （孙）晟以家妓甚众，每食不设食几，令众妓各执一食器，周待于其侧，谓之“肉台盘”，其自养称惬也如是。（卷一百三十一）

(36) 董昌聚众恣横于杭、越之间，杭州八县，每县招募千人为一都，时谓之“杭州八都”。（卷一百三十二）

(37) 德光北还，初离东京，宿于赤岗，有大声如雷，起于牙帐之下。契丹自黎阳济河，次汤阴县界。有一岗，土人谓之“愁死岗”。（卷一百三十七）

(38) 唐同光二年，日有背气，凡十二。三年九月丁未夜，遍天阴云，北方有声如雷，四面鸡雉皆雊，俗谓之“天狗落”。（卷一百三十九）

---

① 这里的“汉高祖”即刘知远。慕容彦超与刘知远是同母异父之兄弟，有的版本作“体黑麻面”。

（39）元者，岁、月、日、时皆甲子，日、月、五星合在子正之宿，当盈缩先后之中，所谓“七政齐”矣。（卷一百四十）

例（39）中所说的“七政齐”，是指五大行星（金、木、水、火、土）与日、月排成一线的现象。

另有乐器类的称呼、舞蹈类的名称，用“谓之”的有4例。如：

（40）尔雅曰：篇如笛，三孔而短，大者七孔，谓之“篴”。（卷一百四十四）

（41）—（42）武舞郎六十四人，分为八佾。左手执干。干，楯也，今之旁牌，所以翳身也。其色赤，中画兽形，故谓之“朱干”，周礼所谓“兵舞”。取其武象，用楯六十有四，右手执戚。戚，斧也，上饰以玉，故谓之“玉戚”。（卷一百四十四）

（43）十二律中，惟用七声，其余五律谓之“哑钟”，盖不用故也。（卷一百四十五）①

《新五代史》中“谓之”24例，兹列举如下：

（1）先时，庄宗攻梁军于夹城，得符道昭妻侯氏，宠专诸宫。宫中谓之“夹寨夫人”。（卷十四）

（2）（符存审）从战胡柳坡。晋军晨败，亡周德威，存审与其子彦图力战，暮复败梁军于土山。遂取德胜，筑河南北为两城，晋人谓之“夹寨”。（卷二十五）

例（1）和例（2）讲的是后梁朱温与李克用的争战之事。公元908年，李克用病死，朱温趁机发动了潞城之战，妄图一举灭晋。不料李存勖用兵如神，在大雾弥漫中，发动突然袭击。梁军守将符道昭败亡，他的妻子侯氏天生丽质、通晓音律，被

---

① 另外，《旧五代史》卷一百四十四中有所谓“羽舞”、所谓“兵舞”、所谓“云门”。《旧五代史》卷一百四十七有所谓“置病囚院”，兹不赘述。

李存勖当作战利品俘获。李十分宠爱她，人称“夹寨夫人”。清代翟颢在其著作《通俗编·妇女》中认为，“压寨夫人者，前无所闻，拟即夹寨之讹”。宋元以来的戏曲小说中的“压寨夫人”很有可能就是由此讹传而来的。

(3) 庄宗闻之大怒曰：物归中国，谓之“入草”。王衍其能免为“入草人”乎？(卷二十六)

前蜀国第二代君王王衍把贸易中出口到中原的东西称为“入草”物，有鄙视胡族建立的朝廷的意思，因而招来了杀身之祸。

(4)（苏）逢吉为人贪诈无行、喜为杀戮。高祖尝以生日遣逢吉疏理狱囚以祈福，谓之“净狱”。逢吉入狱中阅囚，无轻重、曲直，悉杀之……（卷三十）

后汉大臣苏逢吉为人贪婪狡诈、草菅人命，刘知远为祈福让他去赦免囚犯，他却领会错了刘的旨意，把囚犯杀个精光。

(5) 百官俸廪，皆取供军之余不堪者，命有司高估其价，估定又增，谓之“抬估”。章犹意不能满……（卷三十）

(6)—(7) 民有过者，问其年几何，对曰若干，即随其数杖之，谓之“随年杖”；每杖一人，必两杖俱下，谓之“合欢杖”。(卷三十)

例(5)至例(7)中，“抬估”“随年杖”“合欢杖”讲的是王章、刘铢在五代时的丑行，他们侮辱士人，对百姓十分刻薄，后来皆在变乱中为人诛杀。

(8) 赵光逢，字延吉，父隐，唐左仆射。光逢在唐以文行知名，时人称其方直温润，谓之“玉界尺”。(卷三十五)

赵光逢（？—927），字延吉，京兆奉天（今陕西乾县）人。唐代尚书右仆射赵隐长子。他的一举一动都很守规矩，当时的人把他看作像“玉界尺”那样正直温和的人。他的品行可比“君子儒”。

(9) 其后，友谦叛梁降晋。晋王将即位，求唐故臣在者，以备百官之阙。友谦遣（苏）循至魏州。是时，梁未灭，晋诸将相多不欲晋王即帝位。晋王之意虽锐，将相大臣未有赞成其议者。循始至魏州，望州廨厅事即拜，谓之“拜殿”。及入谒，蹈舞呼“万岁”而称臣，晋王大悦。(卷三十五)

苏循（？—922），为人巧言谄媚，阿谀奉承，毫无廉耻。曾被朱温驱除出朝廷，后投靠朱友谦，朱友谦叛变投靠李存勖时派他前往魏州（今河北大名）。这时李存勖想称帝，但他父亲的托孤宦官张承业坚决反对，因此大臣们都不赞成。而苏循刚到魏州就对着州府（大致相当于今天的政府办公楼）跪拜，称之为“拜殿”。

(10) 夫为君子者，固尝寡过，小人欲加之罪，则有可诬者，有不可诬者，不能遍及也。至欲举天下之善，求其类而尽去之，惟指以为朋党耳。故其亲戚故旧，谓之朋党，可也。交游执友，谓之朋党，可也。宦学相同，谓之朋党，可也。门生故吏，谓之朋党，可也。是数者，皆其类也，皆善人也。故曰：欲空人之国而去其君子者，惟以朋党罪之，则无免者矣。夫善善之相乐，以其类同。此自然之理也。故闻善者，必相称誉，称誉则谓之朋党。得善者，必相荐引，荐引则谓之朋党，使人闻善不敢称（誉），则人主之耳不闻有善于天下矣。(卷三十五)

例(10)是欧阳修在史书中的一段话，“谓之”在这里用作排比的修辞语，故视作一例。该文通篇论述了一个观点，即“小人无朋，唯君子有之”的观点。下面是该段文字的译文：

（因为）那些君子虽然很少有过错，小人想强加上罪名，有可以诬告的，也没办法诬告的，不可能都找到借口。至于想把全天下的君子都一下去掉，只有指认他们为朋党了。所以他们的亲戚故旧，可以称之为“朋党”；友好往来的，也可以称作“朋党”；一起学习做官的，也可以称作“朋党”；门生故

吏，还可以称作“朋党”。这些都是一类人，都是好人。所以说，想亡人之国而除掉它的君子的人，只有以朋党来问罪，那就没有能逃脱的。①

朋党问题历来是统治阶级比较忌讳的事情。道德高尚的人往往品行高洁，不去捕风捉影，更不会东家长、西家短地包打听各方面的信息；因而君子往往在信息、新闻的获取方面有一定的劣势。而品行卑劣之人往往结党营私、串通一气，四处煽风点火、制造舆论，五代的好多历史故事都证明了这一点。因此，从信息、舆论、新闻的传播角度来看，君子的传播能力是大大不如所谓的“小人”的。

(11) 庄宗（既好俳优，又知音，能度曲。至今汾晋之俗往往能歌其声，谓之“御制”者，皆是也。）其小字亚子，当时人或谓之“亚次”。又别为优名以自目，曰“李天下”。（卷三十七）

例(11)中，在欧阳修生活的北宋年间，仍能在山西太原地区听到那些所谓的“御制”的曲子在民间传唱。李存勖，字亚子，当时人也称“亚次”。不知道这是不是方言讹变的缘故。

(12)（张）筠居洛阳，拥其赀，以酒色声妓自娱足者十余年，人谓之“地仙”。（卷四十七）

张筠（？—938），海州人（今江苏连云港），世代经商，后官至节度使，因为其家庭富有，为官时并不搜刮民财，且乐善好施，百姓对其较有好感。他晚年尽情享受，快活似神仙，故人称“地仙”，意思是“神仙下凡”“地上的仙人”。这也算得上是五代时的一朵“奇葩”。他的弟弟张抃品位就低多了，因为在庄宗死难的变局中获得了前蜀王衍的大量财宝而暴富，却因为做马匹生意不佳而郁郁而终。

---

① 《中华全二十六史》编委会. 中华全二十六史 · 白话文版（第六册）[M]. 北京：中国华侨出版社，2002：4965.

（13）（白）再荣默然，乃止。而悉拘尝事麻答者取其财，镇人谓之“白麻答”。（卷四十八）

（14）（安）叔千状貌堂堂，而不通文字，所为鄙陋，时人谓之“没字碑”。（卷四十八）

安叔千是沙陀人，武将出身，相貌堂堂而不识字，人称“没字碑”。用现在的话来讲，即“绣花枕头”。《新五代史》中记载，耶律德光南下中原时直呼其名地称安叔千之为“安没字”。

（15）（徐）温客尤见信者，惟骆知祥、严可求。可求，善筹划；知祥，长于财利。温尝以军事问可求，国用问知祥，吴人谓之“严骆”。（卷六十一）

例（15）是《新五代史·吴世家第一·徐温》中的文字。“严骆”是五代吴国严可求与骆知祥的并称，前者为军事专家，后者为理财高手。

（16）（李）景以冯延巳、常梦锡为翰林学士，冯延鲁为中书舍人，陈觉为枢密使，魏岑、查文徽为副使。梦锡直宣政殿，专掌密命；而延巳等皆以邪佞用事，吴人谓之“五鬼”。（卷六十二）

冯延巳曾官至宰相，他与魏岑、陈觉、查文徽、冯延鲁五人被称为“五鬼”。这固然是政敌的攻击之辞，但他政治上的无能也是众所周知的。冯延巳当政期间，先是进攻湖南，大败而归，后是淮南被后周攻陷，冯延鲁兵败被俘。他与宋齐邱、陈觉、李征古等人为同一派系，被称为宋党；而孙晟、常梦锡、韩熙载等人则为另一派系，有人称之为反对党。著名的《韩熙载夜宴图》就描绘了韩熙载为了躲避政敌攻击，故作寻欢作乐之态，让他的对手和皇帝放心。

（17）王建，字光图，许州舞阳人也。为人隆眉广颡，状貌伟然，少无赖，以屠牛、盗驴、贩私盐为事，里人谓之“贼

王八”。（卷六十三）

王建是前蜀国的建立者。按照一般的思维逻辑，这种无赖之徒在安定的社会只能混迹于下层社会或者关在监狱中。但这个杀牛、走私盐巴、偷驴子的“贼王八”却因为风云际会成为前蜀国的开创者。“贼”，古时称江洋大盗，乃祸国殃民之人；而“王八”一词民间似从五代时已用来骂人了。

(18) 蜀人富而喜遨，当王氏晚年，俗竞为小帽，仅覆其顶，俛首即堕，谓之“危脑帽”。（王）衍以为不祥禁之。（卷六十三）

(19) 周太祖少贱，黥其颈上为“飞雀”，世谓之“郭雀儿”。（卷七十）

周太祖，即郭威（904—954），是历史上著名的有仁德的皇帝，因为其脖子上有一个飞雀的刺青，人们称他为“郭雀儿”，用现在的话，即“郭麻雀”。

(20) （耶律阿保机）自号天皇王，以其所居横帐地名为姓，曰世里。世里，译者谓之耶律。名年曰天赞，以其所居为上京，起楼其间，号“西楼”。（卷七十二）

耶律阿保机，清代史书中改称“安巴坚”，“耶律”是姓。这是欧阳修对“耶律”之姓氏的考证与解释，而其女婿庞元英在《文昌杂录》中则认为是“刘”的译音，契丹族敬慕刘邦，故以刘为姓，“刘”在契丹语中即读作“耶律”，“耶”似为发语词。

(21) 阿保机见之，果大喜，以谓自天而下。阿保机僭号，以（韩）延徽为相，号政事、令契丹，谓之“崇文令公”。（卷七十二）

辽太祖耶律阿保机（872—926），又名耶律亿，是契丹的第一位皇帝。韩延徽（882—959），字藏明，幽州安次（今河北省廊坊市安次区）人，辽国的开国功臣。他是契丹最早继续

倡导“胡汉分治”的汉族政治家，起初和冯道在刘守光手下共事，后被派往出使契丹，被阿保机相中，成为其重要的谋士。多年后因思念故乡，南奔晋王李存勖。例(21)即讲述了他因在晋王府与王缄不和，担心遭到迫害而北归契丹。阿保机并没有责怪他。反而被拜为宰相，颁布政令，使契丹走上了“崇文”的汉化之路，奠定了辽国雄起的大略。

(22) 德光大悦，顾其左右曰：汉家仪物，其盛如此！我得于此殿坐，岂非真天子邪？其母述律遣人赍书及安巴坚明殿，书赐德光。明殿，若中国陵寝下宫之制，其国君死，葬，则于其墓侧起屋，谓之“明殿”。(卷七十二)

(23) 契丹破其腹，去其肠胃，实之以盐，载而北。晋人谓之“帝羓”焉。永康王兀欲立，谥德光为嗣圣皇帝，号阿保机为太祖、德光为太宗。(卷七十二)

例(22)和例(23)讲的都是辽太宗耶律德光（902—947）的事，公元927—947年在位。例(22)记载其称帝前后的各项工作。例(23)中的“帝羓”翻译成现代汉语就是“木乃伊皇帝”的意思。耶律德光入主中原后，因其祸国殃民，动辄屠城，遭到中原地区人民的强烈反抗，在返回北方的途中死了。其部下依契丹旧俗，把他的遗体制成干尸带回安葬。

(24) 述律立，改元应历，号天顺皇帝，后更名“璟”。述律有疾，不能近妇人，左右给事，多以宦者。然畋猎好饮酒，不恤国事，每酣饮，自夜至旦，昼则常睡，国人谓之“睡王”。(卷七十三)

“睡王”，即耶律璟（931—969），辽太宗耶律德光的长子。天禄五年（951年）九月，辽世宗耶律阮被耶律察割等人所杀。耶律璟随即诛耶律察割，即帝位，成为大辽第四任皇帝。

《十国春秋》中“谓之”例句多与《旧五代史》《新五代史》里的例句重复，共49例。兹以其1—28卷进行计量考察。

兹列举如下：

（1）王与钱氏不相能，常命以大索为钱贯，号曰“穿钱眼”。两浙亦岁以大斧科柳，谓之“斫杨头”。（卷一）

此例记载了唐末杨行密与钱氏政权相互攻讦之事。

（2）张训，其先广陵人，祖异，唐末官清流令，卒葬滁，遂为清流人。训，勇悍多胆略，时人谓之“大口张”。（卷五）

张训祖籍是江苏扬州，因祖先到清流（今安徽滁州市）做官，遂成为在清流出生之人。他生性勇敢强悍，人称“大口张”，用今天的话来说即“张大嘴”。杨行密封吴王时，他任司徒。

（3）（徐）知诰闻而嗟叹久之，颇憾焉。台符常请括定田赋，每正苗一斛，别输三斗，官授盐一斤，谓之“盐米”。（卷十）

（4）（徐）知诰武义元年，拜左仆射参知政事，国人谓之“政事仆射”。（卷十五）

例(3)和例(4)讲的都是徐知诰的事。徐知诰（889—943），吴国大将徐温的养子，后篡位建立了南唐，恢复原来的姓名李昪。他开国后采用了歙州（安徽歙县）人汪台符的方案，按照田力的等级征收赋税，在百姓交粮时，于民便利，以米换盐，受到百姓欢迎。

（5）岭南妖贼张遇贤，犯虔州。遇贤兵皆绛衣，时谓之“赤军”。（卷十六）

例(5)讲的是岭南张遇贤起义的事，因其军服为深红色，故称“赤军”。

（6）民间……积纸为甲，农器为兵，号“白甲军”。（卷十七）

例(6)讲的是南唐百姓起义的事。后周于956年攻伐南唐，

南唐城池陷落大半，百姓不堪南唐压迫，自发给后周军队送粮、送酒等。然而后周将领草营人命，毫不体恤百姓，南唐人民纷纷起义，以纸作铠甲，名为“白甲军”。

（7）又帝（烈祖）在位，常构一小殿，谓之“龜头”，居常处以视事。(卷十六)

（8）每岁，大江春夏暴涨，谓之“黄花水”。及宋师至，而水皆缩小，国人异之。(卷十七)

(9)—(10) 客户有三丁者出一卒，谓之“团军”，后作“拔山军”。保大中，许郡县村社竞渡，每岁重午日，官阅试之，胜者给彩帛、银椀，谓之“打标”。(卷十七)

例(7)至例(10)讲的都是南唐的事情。烈祖即李昪，以龟头状的便殿为处理日常事务的地方。江宁府（今南京）等地把春夏之季的水汛称之为“黄花水”。另外，端午节时南唐地区的龙舟赛事也十分流行。

（11）初平建州，兵所擒获惟以全活为务，闽人德之。且行师常载佛事以行，人皆谓之“边罗汉”。(卷二十二)

（12）贾崇，少勇果，俗谓之“贾尉迟”。事烈祖，积官至侍卫都虞侯。(卷二十三)

（13）（卢）文进在金陵时，为客言往陷契丹。常猎于郊，遇昼晦如夜，星象灿然，大骇，偶得一土人问之，曰：此谓之笪日，何足异？顷自当复。良久，果如其言，日方午也。(卷二十四)

例(11)至例(13)讲的几个南唐人物皆当时的英雄豪杰类人物，如人称“活菩萨”的名将边镐。而人称“贾尉迟”的贾崇则有可能是一个“假尉迟”，因后来与后周军队作战失利，而被贬长沙。卢文进，即上文提到的“走北闯南”、女儿外号“女学士”的那位。他后来投靠南唐，讲起往事时，称契丹人把日食叫作“笪日”——大概由于日食时白天昏暗如夜。

（14）林仁肇，建阳人，刚毅多力，身长六尺余，姿貌伟岸，文身为虎形。事闽为裨将，与陈铁齐名，军中谓之“林虎子”。（卷二十四）

林仁肇（？—972），建阳（今福建南平）人，五代十国时期南唐名将，因身上刺有虎形文身，故名为“林虎子”，即“林中飞虎”的意思。北宋建立后，林仁肇力劝南唐后主，请求收复淮南，未被采纳，改任南都留守。开宝五年（972年），南唐后主中了宋太祖的反间计，将林仁肇杀害。不久，南唐灭亡。

其他还有“谓之陈橘皮”（指乔匡舜）、“谓之韩徐”（指韩熙载、徐铉）、“谓之江高”（指南唐江文蔚、高越）、“谓之铺殿”（指徐熙的画作被南唐主挂在宫中）、“谓之掉书袋”（指彭利用，用现在的话来说，就是“老学究”“老夫子”）、“谓之命灯”（指南唐后主李煜在位时佞佛，任由佛徒胡作非为干政，让罪犯花钱买命或抵罪）、“谓之陈百年（指江西饶州道人陈允升）、“谓之淘虏”（蜀中兵丁有抢劫山中流民的恶习。王建攻取蜀地时，王先成劝王宗侃招安从彭州逃离出来的百姓）、“谓之南州”、“谓之锁峡”、“谓之十哲”、“谓之赵圣人”、“谓之应梦罗汉”、“谓之惊婚”（指后蜀孟昶时百姓因害怕未婚女子被选入宫而将其火速出嫁）、“谓之水狱”、“谓之土龙”、“谓之李老虎”（指李琼，每顿饭都要吃十几斤肉）、“谓之邓驼”（指邓洵美）、“谓之笕头神”、“谓之王百艺”、“谓之撩清”、“谓之随使百姓”、“谓之瓜战”、“谓之三罗”、“谓之宅泣”（顾全武在宅子建好之时，梁、窗都有水流出，不能居住。他怀疑是攻打苏州昆山时以水淹城而遭的报应，所以有“宅泣”之说）、“谓之虎子”（指杜建徽）、“谓之身丁钱”、“谓之招宝侍郎”、“谓之尸解”、“谓之北海”、“谓之高足椀”。

另外，已在《旧五代史》《新五代史》中出现过的例子就

不一一罗列了。

四、讹言

讹言，也就是民间的传言，大多以讹传讹，在信息不断加工处理之后往往失真，造成社会恐慌，稍有不慎，便酿成灾祸。在改朝换代之际或者帝王易主之时，这种讹言的杀伤力非常大。它和现代传播中的媒体一样，能起到社会矛盾的放大作用，对政变、战争等国家大事起到推波助澜的作用。下文中的一些例子便很好地证明了这一点。

《旧五代史》中有“讹言”8 例。

(1) 武皇厌代，帝乃嗣王位于晋阳，时年二十有四。汴人方寇潞州，周德威宿兵于乱柳，以军城易帅，窃议恟恟，讹言播于行路。(卷二十七)

(2) 是日人情震骇，讹言云：“刘皇后以继岌死于蜀，已行弑逆，帝已晏驾，故急征彦琼。”(卷三十四)

(3) 甲戌，次石桥。帝置酒野次，悲啼不乐。谓元行钦等诸将曰：“邺下乱离，寇盗蜂起，总管迫于乱军，存亡未测，令讹言纷扰，朕实无聊……”(卷三十四)

(4) 国家有不足惧者五，有深可畏者六。阴阳不调，不足惧；三辰失行，不足惧；小人讹言，不足惧；山崩川涸，不足惧；蟊贼伤稼，不足惧。此不足惧者五也。(卷四十三)

(5) 是月，河北旱，青州蝗。秋七月戊申朔，相州节度使王继宏杀节度判官张易，以讹言闻。(卷一百一)

(6) 行周因发怒，遂奏鹏怨国讹言。故朝廷降诏就诛于常山，时乾祐乾元年七月也。(卷一百六)

例(1)至例(3)讲的都是后唐的事情。例(1)反映的是李克用死时正处于内外交困之际，外有强敌入侵，长期处于劣势；内部军心不太稳定，因此民间传言较多。

例(2)因后唐庄宗时治国无方，后宫、伶人干政，天灾频

发，因此当时社会不稳定因素较多，民间不知真假的“讹言”四处流传，引起社会恐慌。例(3)则是李存勖在陷入穷途末路后的状态，面对社会纷传的谣言已无干涉能力。例(4)是后唐明宗时长兴三年（932 年）大理少卿康澄上书的内容。奏折中反映的“小人讹言”表明后唐统治时期舆论生态不大正常，以至于民间传言四起。

例(5)中王继宏是一个典型的见利忘义的小人。早年以打劫、偷盗为生，后来从军。他落难时受到了相州节度使高唐英的一手栽培，后来却杀死恩人，取而代之。节度判官张易每当见到王继宏目无法纪，便规劝他。王继宏认为张易是看不起自己。乾祐中，他便以“讹言”诬陷并杀害了张易。

例(6)讲的是高行周诛杀张鹏之事，罪名是妄议朝政。张鹏素来喜欢吹牛，在高行周的招待宴会上把酒言欢，本来宾主双方交流甚欢，结果高的手下偏偏认为张鹏是在侧面讽刺高，结果就悲剧了——脑袋搬家。这又是一例因言致祸的血淋淋的例子。

(7) 时太白昼见，民有仰观者，为坊正所拘，立断其腰领。又有醉民抵忤一军士，则诬以讹言弃市……其他断舌、决口、斫筋、折足者，仅无虚日。(卷一百七)

(8) 帝遂决旋师之意，指麾之间，颇伤匆遽，部伍纷乱，无复严整，不逞之徒讹言相恐，随军资用颇有遗失者，贼城之下粮草数十万悉焚弃之。(卷一百十四)

例(7)出自《旧五代史 · 汉书 · 史弘肇传》，讲的是史弘肇主政京城时的暴政。有一次，太白金星白天还能看得到，有人抬起头来看了一下，便被人举报是在观天象而被腰斩。有人喝酒喝多了和当兵的吵了几句，便被诬陷杀掉了，其他割舌头、打断脚、抽掉筋的酷刑更是多得不得了。史弘肇自以为是开国功臣，执政时对百姓专制残暴，也不懂得与先主托孤的小皇帝搞好关系，更看不起同僚和文官，因而招来杀身之祸。

《新五代史》中“讹言”有2例，皆在《旧五代史》中出现过，不再赘述。《十国春秋》中“讹言”有2例。

（1）冬十月丁亥，唐主至荥阳，民间讹言唐主自将入寇。（卷三）

（2）今民多饥馑，政未和平。东有伺隙之邻，北有霸强之国，市里讹言，遐迩危惧。（卷二十五）

例（1）记载的是李存勖于925年出游到河南荥阳时民间的传言，不久果然被言中——身死国灭。

例（2）是《十国春秋》引用的宋代陆游所著《南唐书·江文蔚传》的内容，陈述了南唐末年后主李煜所面临的窘境。

五、飞语

《旧五代史》中“飞语”有3例，相当于“带口信”的意思，如例（1）、例（3）；而例（2）则解释为“流言”。

（1）壬子，李嗣源领军至邺都（今河北临漳境内），营于西南隅。甲寅，进营于观音门外，下令诸军，诘旦攻城。是夜，城下军乱，迫嗣源为帝。迟明，乱军拥嗣源及霍彦威入于邺城，复为皇甫晖等所胁，嗣源以诡词得出，夜分至魏县。时嗣源遥领镇州（今河北石家庄一带），诘旦，议欲归藩，上章请罪，安重诲以为不可，语在《明宗纪》中。翼日，遂次于相州（今河南安阳）。元行钦部下兵退保卫州（今河南卫辉一带），以飞语上奏，嗣源一日之中遣使上章申理者数四。帝遣嗣源子从审与中使白从训，赍诏以谕嗣源。（卷三十四）

（2）四年二月六日，赵在礼据魏州（治所在今河北大名县城东北）反，庄宗遣元行钦将兵攻之；行钦不利，退保卫州。初，帝善遇枢密使李绍宏，及帝在洛阳，群小多以飞语谤毁，绍宏每为庇护。会行钦兵退，河南尹张全义密奏，请委帝北伐，绍宏赞成之，遂遣帝将兵渡河。（卷三十五）

（3）元行钦退保卫州，果以飞语上奏，帝上章申理，庄宗

遣帝子从审及内官白从训齐诏谕帝。从审至卫州，为行钦所械，帝奏章亦不达。(卷三十五)

《十国春秋》中“飞语”有2例,皆解释为“流言蜚语”:

(1) 齐邱之客陈觉、魏岑等，深相附结，内主齐邱，共为造飞语倾宗。宗泣诉元宗。(卷二十)

(2)(节度使)宗涤有勇略，得将士心。高祖颇内忌之，会成都作府门，绘以朱丹国人谓之画红楼。高祖以宗涤姓名应之，而王宗佶疾其功，复为构飞语。(卷三十九)

《新五代史》中无“飞语”的用例。

六、传

另外，还有“传言”之类的例子。以“传”为例，我们对《旧五代史·后唐本纪》作了统计，共找到12个相关的例子。

(1) 延王传天子密旨云……

(2) 传宣旨于武皇……

(3)《五代史阙文》:世传武皇临薨，以三矢付庄宗曰……

(4) 帝令传旨于习及别将赵仁贞、乌震等……

(5) 翼日，皇后传制，命学士草谢全义书，学士赵凤密疏，陈国后无拜人臣为父之礼，帝虽嘉之，竟不能已其事。

(6) 其言播于邺市，贝州军士有私宁亲于都下者，掠此言传于贝州。

(7) 因问冢名，对曰:“里人相传为愁台。”

(8) 朕初闻奏报，实所不容，率尔传宣，令付石敬瑭处置。

(9) 及收城，斩首传送，帝怒彦稠等。

(10)—(11) 时之否泰，人之休咎，(张)濛告于神，即传吉凶之言，帝亲校房暠酷信之。一日，濛至府，闻帝语声，

骇然曰："非人臣也。"蔼询其事，即传神语曰："三珠并一珠，驴马没人驱，岁月甲庚午，中兴戊己土。"

(12) 伏望圣慈，俯循故事，或有事关军国，谋系否臧，未果决于圣怀，要询访于臣辈，则请依延英故事，前一日传宣。

上述例子中，例(1)、(2)、(4)、(5)、(8)、(12)皆是由上向下进行传达的意思。当然也有平民之间的口口相传的信息传达，如例(7)。例(10)和例(11)则是盲人张濛装神弄鬼之事，借神之口进行信息的模糊传播，把后唐末帝忽悠得一愣一愣的。

例(6)则是军队之间的信息传播。邺城的小道消息很快就被贝州的士兵知道了，可见军队获得信息、新闻的能力还是很强的——尽管有些信息是不准确的。

鉴于《新五代史》《十国春秋》中这方面的例子与上述例子用法上没有多大的差别，兹不再罗列、赘述。

其他还有如"族谈巷语"等这样的民间传播的例子。

上岁天下大水，十月邺地大震，自是居人或有亡去他郡者，每日族谈巷语云："城将乱矣！"(《旧五代史》卷三十四)

第六章 五代新闻传播的典型案例

第一节 吴越国的“童谣”

“童谣”的由来应该是比较早的。最早应该和先人劳作时“吭哟、吭哟”的号子一样，口口相传。可以说，《诗经》中的《国风》（两汉以前称《邦风》，后因讳刘邦之名而改）中的一些篇目就有童谣的影子，如《无衣》《硕鼠》等。

童谣的本义指儿童传唱的歌谣，又称“孺子歌”“童儿歌”“儿童谣”“孺歌”“小儿语”“女童谣”等。其特点是词句简短，基本押韵，朗朗上口。有时，它也指“民谣”。

古人认为，童谣是世人了解民情的晴雨表，占卜之人认为它能预示战争成败或政治兴衰。如晋国在假道伐虢时，心里没底，就问占卜的官员胜算有多大，对方回答：肯定能成，而且给出了胜利的时间表，其理由就是《左传·僖公五年》的童谣：“丙之晨，龙尾伏辰。均服振振，取虢之旗，鹑之贲贲，天策焞焞，火中成军，虢公其奔。”

在《史记》中，童谣、民谚等在民间的传播是十分广泛的，如“桃李不言，下自成蹊”，“天下熙熙，皆为利来；天下攘攘，皆为利往”，等等。又如后汉时中的《桓灵时童谣》：“举秀才，不知书。察孝廉，父别居。寒素清白浊如泥，高第良将怯如蝇。”（《太平御览》卷四百九十六）

因而，在吴越国时期，关于战争、时政的童谣也比较常见。如关于董昌称帝，有谣云：

欲识圣人姓，千里草青青；欲识圣人名，日从日上生。

谣中第二句、第四句分别暗指“董”“昌”二字。童谣貌似民间百姓衷心盼董昌称帝，其实这是伪童谣，因为它还有一个名字叫《山阴老人伪谣》（《全唐诗》卷八百七十八）。果不其然，董昌在浙江东部折腾了没有多久就覆灭了。

钱镠时还有一首《没了期歌》（“了”念 liǎo），前半段是百姓的牢骚：

没了期，没了期，营基才了又仓基。

讲的是当时的徭役非常繁重。钱镠听了之后，把它改编了一下：

没了期，没了期，春衣才了又冬衣。

意思是，不论是筑海塘还是造营房建粮仓，都是温饱之本。在这样的战乱年代，只有未雨绸缪，才能安居乐业。

第二节　中原地区战争中的“露布礼”

从五代史料来看，沙陀族、契丹族等入主中原的君主对中华文明的认知是相当肤浅的，不过他们也有创新，即把以前公告类的“露布”发展成了“露布礼”，主要内容是“杀降”，并以其头颅祭祖（献于太社），以宣扬国威、震慑百姓。

（明宗天成四年）二月乙巳，王晏球奏，此月三日收复定州，获王都首级，生擒契丹托诺等二千余人……辛酉，帝御咸安楼受定州俘馘，百官就列，宣露布于楼前，礼毕，以王都首级献于太社。王都男四人、弟一人，托诺父子二人，并磔于市。时露布之文，类制敕之体，盖执笔者误，颇为识者所嗤。（《旧五代史》卷四十）。

宋朝的史学家认为，这些在五代所谓的“露布礼”完全是一种不懂中华文明礼节的可笑之举。但也有学者认为，“露布礼”早在隋代就有了。

即隋文帝时期，指派专人制定而成“宣露布礼”。宣露布礼是唐代的军礼之一，《五礼通考》载：“军礼之分，曰亲征，曰遣将，曰宣露布，曰讲武，曰狩田，曰大射，而其节，则有旗鼓刀稍弓矢跪起偃伏之节焉。”而至于“宣露布礼”的步骤和细节，据谷曙光考证《新唐书·卷十六·礼乐六》中有详细的文字材料进行描述。基本情况是“文武百官毕集朝堂，穿着庄重的礼服，由兵部侍郎奏请宣布，中书令义正词严地高声诵读，百官扬尘舞蹈，一拜再拜”。①

从这些史料中可以看出，在隋唐时期，“露布礼”已经被礼仪化，成为宣扬国威的必要手段。但五代的露布礼远比《新唐书》中描写的场面血腥。

第三节　各地统治者的外号与当时的社会现状

有人通过对比各个朝代发现，帝王绰号出现最活跃、最频繁的时期莫过于五代十国。

李克用“一目眇”，一只眼睛有问题，所以被人称作“独眼龙”。虽然身体残缺，视力受限，但李克用“骁勇”且“善骑射”，军中将士喊他为“李鸦儿”（《新五代史》），意思是称赞他行动起来像乌儿一样风驰电掣；随父亲征战时，李克用“摧锋陷阵，出诸将之右”，所以又被人称作“飞虎子”（《旧五代史》），现代警匪片中经常出现的“飞虎队”大概由

---

① 赵云泽，楚航．古代传播媒介“露布”政治功能考察[J]．新闻春秋，2017（1）：19—22.

此而来。①

另外，李克用的儿子李存勖（后唐庄宗）的外号也很多，如“李亚子”（又称“亚次”）、“李天下”等。吴越王钱镠，又称“钱婆留”“海龙王”——浙江至今有一地名还称“留下”，估计与钱镠有关。至于“海龙王”，可能与他在位期间大力筑建海塘、治好了水患有关系。荆南小国国主高季兴，外号为“高赖子”，闽国国主王审知外号为“白马三郎”。下面试述五代时两个与帝王相关的称号。

一、睡王

契丹主年少好游戏，不亲国事，每夜酣饮达旦乃寐，日中方起。国人谓之“睡王”，后更名“明”。（《资治通鉴》卷二百九十）

上（宋神宗）曰：契丹岂可易也？以柴世宗之武所胜者，乃以彼睡王时故也。（《续资治通鉴长编》卷二百六十二）

辽穆宗（951—969在位）当时也算得上一朵奇葩。他喜欢通宵达旦地喝酒作乐，到清晨才入睡，不理政事，因此得了个“睡王”的称号。② 宋神宗等认为，周世宗之所以能在与契丹的战争中获胜，与“辽四代”的“睡王”有关系。

二、罗平妖鸟

唐末五代时，越州董昌率兵造反。他天资愚钝，受到术士、巫师等鼓动煽惑。偏将倪德儒对他说：罗平鸟主宰越人祸福，形状就像你的署名。董昌非常高兴，遂自称皇帝，国号

---

① 五代十国奇葩帝王有哪些雷人诨号？http：//help. 3g. 163. com/16/0613/12/BPELNNNF00964JT6. html.

② 述律立改元应历，号天顺皇帝，后更名“璟”。述律有疾，不能近妇人，左右给事，多以宦者。然畋猎好饮酒，不恤国事，每酣饮，自夜至旦，昼则常睡，国人谓之“睡王”。（《新五代史》卷七十三）

罗平。

倪德儒谓昌曰："曩时谣言有：罗平鸟，主越人祸福。民间多图其形，祷祠之。视王书名，与图类。"因出图，以示昌。昌大悦，乃自称皇帝，国号罗平，改元顺天。(《新五代史》卷六十七)

"罗平鸟"后来借指作乱造反的叛臣、妖人，如明代陈子龙《吴越武肃王祠》云："罗平妖鸟集，唐室已颠连。"清代黄遵宪《西乡星歌》云："海上才停妖鸟鸣，天边尚露神龙尾。"

第四节　五代士人传播的典型案例

即使在传驿系统空前发达的唐代，传送信息也不那么容易，盼星星盼月亮，才好不容易遇上传驿系统的官员，却又无准备好的书信或函件，只能借用路边的花朵来传递信息。如《杂曲歌辞·穆护砂》中说：

玉管朝朝弄，清歌日日新。
折花当驿路，寄与陇头人。①

因此，对于普通百姓来说，要了解中央政府和地方政府的新闻信息更是难上加难。

到了唐代初年，驿传系统和制度有了很大的完善。中央政府尚书省六部中的兵部直接掌管驿传系统，设驾部郎中等19人管理。在驿道上乘传驰驿，也需凭"传符"通行。什么级别的官员乘什么级别的车，都有严格的规定。一品官员配八匹驿马，二品官员配7匹驿马，以此类推，七品及以下官员2匹马。且乘车日行四驿（120里）骑马日行六驿（180里）。传

① 李彬．唐代文明与新闻传播[M]．北京：中国人民大学出版社，2014：30.

递公文耽搁一天，杖八十。传递军情耽搁一天，处一年徒刑。①除了书信之外，口信也是最便捷、最流行的新闻、消息传播的方式。诗人岑参为报效国家，建功立业，一路西行，就在路上碰到了回京城汇报工作的使者，幸好还是熟人，于是便有了这首传诵千古的诗《逢入京使》："故园东望路漫漫，双袖龙钟泪不干。马上相逢无纸笔，凭君传语报平安。"

文人作为新闻和信息的记录者、传播者在五代时期有着特殊的作用。在当时，稍有名气的读书人之处境一般都比较尴尬，他们要么投身于或被征用于某军阀势力、割据势力，要么背井离乡，游走于山川草野，以寻求赏识自己的"明君"；稍有不慎，即有杀身之祸。因为他们一旦离开此地，前往另一个"小国"，就有可能向对方国度传递出"本国"的政治、军事、经济等信息，而这些都是敌人可以乘虚而入的极有价值的"情报"，因而对"本国"带来损害。因此，文人渠道的信息传播处在一种地下而隐蔽的状态。比如，王缄就是幽州节度使刘仁恭的幕僚，因前往凤翔拜见唐末帝，在经过李存勖管辖的太原时被截留了下来，为晋王服务。

五代时期，文人作为一种特殊的群体备受各地统治者的青睐。比如，吴越国就曾在长江南岸设立招纳贤才的亭子，顺便了解流落人员所在地的信息，这些士人一旦受到礼遇，大多会"士为知己死"，为自己服务。

一、陶谷：从"御厨饭"到"好因缘"

五代时的陶谷出使南唐后，因久困于驿馆抄书，闲时在墙壁上题诗："西川狗，百姓眼，马包儿，御厨饭。"（《全唐诗》卷八百七十七）当时人们都不明白是什么意思。南唐宰相宋齐丘进行了文字分析："西川狗"，即蜀犬，是一个'獨'字（"独"的繁体字）。"百姓眼"，即"民目"，即"眠"字。

① 李彬．唐代文明与新闻传播[M]．北京：中国人民大学出版社，2014：36—37.

“马包儿”，即爪子，应该是个“孤”字。“御厨饭”，即官食，即‘館’字(“馆”的繁体字)。因此，这12个字的谜底是“独眠孤馆”。当解开字谜后，南唐便利用自己的主场优势，把各种信息、资源组合、调配好，打一个漂亮的新闻仗、外交仗。

事情的原委在宋代僧人文莹撰写的笔记《玉壶野史》中记载得十分详细。后周初年（约954—955），国君柴荣想征服南唐，派陶谷从汴梁（今河南开封）到南唐（国都金陵，今南京）去“借书”，实际上充当间谍刺探南唐国情。南唐派升州(今南京市）太守韩熙载招待陶谷，礼数十分周到。因为韩熙载早接到自己的好友李献传过来的密信：此人十分骄傲，好好款待！果不其然，陶谷自恃后周国力强盛，在南唐国君面前出言不逊。南唐官员十分生气，便把他安置到“国宾馆”（驿站）后不再理睬。陶谷在驿站借阅《六朝书》，边看边抄书，时间达半年之久，感觉非常苦闷，因而在墙壁上留下了那十二字谜一样的打油诗。南唐文人荟萃，马上从这首诗中解读出了陶谷的“性苦闷”这一有效信息。

韩熙载为了教训陶谷，便编好剧本，派歌女秦弱兰化装成宾馆女服务员（驿卒之女）来干活。秦弱兰每天穿着破旧的衣服，在驿站里打扫卫生。原本盛气凌人的陶谷见其衣着虽破旧而姿色不凡，动物的本能勃发，马上向她发起追求的攻势。后来陶谷终于实现了自己的目的，度过了快活似神仙的一夜，第二天临别时还赠送了肉麻兮兮的情诗一首，名叫《风光好》(也有的书上作《春光好》)。情诗内容如下：“好因缘，恶因缘，只得邮亭一夜眠，别神仙。琵琶拨尽相思调，知音少。待得鸾胶续断弦，是何年?”把两人的床第之欢描写得活灵活现。

过了几天，南唐官员设宴招待陶谷，陶谷依然是一副道貌岸然的样子。南唐的官员马上叫秦弱兰出来唱歌，为宾主双方喝酒助兴。歌词就是陶谷所赠的枕上情诗《风光好》。陶谷一见此人，再听此曲，知道中计了。他羞愧难当，方寸大乱，南

唐官员敬酒时，只好一杯接一杯喝，醉得吐了一地，把地毯都弄脏了，后来灰溜溜地回到北方。他还没有到开封，《风光好》的情歌也随着秦楼楚馆的管弦之声唱遍大江南北，尽人皆知了。当然，因为此词民间传诵极广，版本也不尽相同：

（韩）熙载遣歌人秦弱兰者，诈为驿卒之女以中之。弊衣竹钗，旦暮拥帚埽洒驿庭。兰之容止，宫掖殆无。五柳乘隙因询其迹，兰曰："妾不幸夫亡无归，托身父母，即守驿翁妪是也。"情既渎，失"慎独"之戒，将行日，又以一阕赠之。后数日，宴于澄心堂，李中主命玻璃巨钟满酌之，谷毅然不顾，威不少霁。出兰于席，歌前阕以侑之，谷惭笑捧腹，簪珥几委，不敢不釂，釂罢复灌，几颓漏卮，倒载吐茵，尚未许罢。后大为主礼所薄。还朝日，止遣数小吏携壶浆，薄饯于郊亭。迨归京，鸾胶之曲已喧，陶因是竟不大用。其词《春光好》云："好因缘，恶因缘，奈何天，只得邮亭一夜眠？别神仙。琵琶拨尽相思调，知音少。待得鸾胶续断弦，是何年？"（《玉壶野史》卷四，见文渊阁版《四库全书》）

如今，有好事者称此事件为五代时期的"艳词门"，可见这件事在当时的影响非常大。柴荣非常欣赏陶谷的文学水平，几次想让其做宰相，都被大臣以"德行不佳"给否定了。

而历史上还有另外一个版本，知道的人比较少。《历代诗余》卷一百一十三载：

陶谷尚书奉使江南，邂逅驿女秦弱兰，作《风光好》词。前人小说或有以为曹翰者，疑以传疑，本不足论也。近乃见括苍所刻沈叡达之《云巢编》中所记，独以为陶（谷）使吴越惑娼妓杜任娘，遂作此词，以求遗书为寻逸犬。且云娼既得陶词，后遂落发建立仁王院。与诸家之说大异，审如其言，则此娼亦不凡矣。叡达，杭人，所闻当不谬。院不知在何地，今城中吴山自有仁王院建于近年者，亦非也。

这一诗话，讲的是陶谷出使吴越国，让其着迷的女主人公

为娼妓杜任娘。杜任娘得此曲后竟然削发为尼、皈依佛门，并建了仁王院。此文逻辑不清，似为杜撰之词。

更为夸张的是《宋稗类钞》卷二十五中的记载：

陶尚书奉使江南。韩熙载遣家妓以奉盥匜。及旦，以书谢有云：巫山之丽质初临，霞侵鸟道；洛浦之妖姿自至，月满鸿沟。举朝不能会其辞。熙载因召家妓询之，云是夕忽当浣濯。

从字面上解读，韩熙载派家妓伺候陶谷洗漱，结果陶尚书洗澡了，而且洗了一个晚上！有人解读为洗的是鸳鸯浴！这段文字有可能是宋代人的杜撰，也有可能是小说家之言。因此，陶谷本人著有《清异录》，关于李煜荒淫放荡的描写，也就只能作为一家之言了：

李煜在国，微行娼家。遇一僧张席，煜遂为不速之客，僧酒令、讴歌、吹弹，莫不高明。见煜明俊酝籍，契合相重。煜乘醉大书于壁曰："浅斟低唱，偎红倚翠，大师鸳鸯寺主。教傅持风流教法久之。"僧拥妓入屏帷，煜徐步而出，僧妓竟不知。

到了宋元，陶谷的事一直在文坛流传，以至于有杂剧《陶学士醉写风光好》等曲目在民间传播、流行。

从此曲在民间流行的程度上看，表面上看是人们对于假丑恶的批判和讽刺；更深一层次的解读还在于，南方乃人文荟萃之地，人们对北方胡族暗无天日的厮杀感到非常痛恨，对其武力征服感到深深的不满。下文提到的《秦妇吟》也能从侧面表明这一点。

二、从"怀安却羡江南鬼"到"一眼胡奴，望英风而胆落"

韦庄（约836—910），字端己，汉族，长安杜陵（今中国陕西省西安市地区）人，韦应物的四代孙，"花间派"词人代表。早年屡试不中，曾以民间流落女子的口吻写下《秦妇吟》这一著名的长诗，记录了天子脚下的繁华之地变成人间地狱的

过程。

中和癸卯春三月，洛阳城外花如雪。东西南北路人绝，绿杨悄悄香尘灭。路旁忽见如花人，独向绿杨阴下歇。凤侧鸾欹鬓脚斜，红攒黛敛眉心折。借问女郎何处来？含颦欲语声先咽。回头敛袂谢行人，丧乱漂沦何堪说！三年陷贼留秦地，依稀记得秦中事。君能为妾解金鞍，妾亦与君停玉趾。

……

家家流血如泉沸，处处冤声声动地。舞伎歌姬尽暗捐，婴儿稚女皆生弃。

东邻有女眉新画，倾国倾城不知价。长戈拥得上戎车，回首香闺泪盈把。旋抽金线学缝旗，才上雕鞍教走马。有时马上见良人，不敢回眸空泪下；西邻有女真仙子，一寸横波剪秋水。妆成只对镜中春，年幼不知门外事。一夫跳跃上金阶，斜袒半肩欲相扯。牵衣不肯出朱门，红粉香脂刀下死。南邻有女不记姓，昨日良媒新纳聘。琉璃阶上不闻行，翡翠帘间空见影。忽看庭际刀刃鸣，身首支离在俄顷。仰天掩面哭一声，女弟女兄同入井；北邻少妇行相促，旋拆云鬟拭眉绿。已闻击托坏高门，不觉攀缘上重屋。须臾四面火光来，欲下回梯梯又摧。烟中大叫犹求救，梁上悬尸已作灰。

……

四面从兹多厄束，一斗黄金一斗粟。

……

昔时繁盛皆埋没，举目凄凉无故物。内库烧为锦绣灰，天街踏尽公卿骨！

……

避难徒为阙下人，怀安却羡江南鬼。愿君举棹东复东，咏此长歌献相公。

虽然名为诗歌，但其实这首诗对长安沦陷时的惨状作了极其详细的描绘，在当时缺乏信息传递方式的条件下，也可以称

得上是“新闻诗”。它向外界传递了当时长安城的惊天巨变，也暗示了以后天下将大乱、人们难以自保的社会困境。

有学者认为韦庄本来打算去长安求职，从流落到江南的士人口中得知真相后便折道去了蜀中。从“怀安却羡江南鬼”的诗句不难看出人们对于安定生活的向往。而“一眼之胡奴”的诗句既让徐寅赢得朱温的好感，也让他后来失去了闽地的官职。

唐代末年，青年时代的徐寅来到大梁（今河南开封），拜见了兼四镇节度使的梁王朱全忠，得到了他的赏识。不料言多必失，有一次徐寅不小心喝多了，言谈时犯了朱温的忌讳。徐寅没有办法，只好作一篇《大梁赋》拍朱温的马屁。诗中有“千年汉将，凭吉梦以神符；一眼胡奴，望英风而胆丧。”（《全闽诗话》卷一）吹捧朱全忠自夸曾经梦见韩信授以兵法之事，同时大大贬损了朱温的死对头晋王李克用，骂他是有勇无谋的“独眼龙”。朱温这下才转怒为喜，赏赐了徐寅。历经此难的徐寅后来就逃离了此是非之地，后来他在闽地辅佐起了闽国国君王审知。

公元923年，李存勖灭梁称帝，建立后唐。闽国遣使者祝贺，李存勖对使者说：“汝归语王审知，父母之仇，不可同天。徐寅指斥先帝，今闻在彼中。何以容之？使回具以告。”（《五代史补》卷二）在后唐的淫威下，王审知只能罢免了徐寅官职。真可谓是“成也诗歌，败也诗歌”。

由此可见，五代时期，士子的诗歌在一定程度上充当了新闻传播的角色。

第五节　五代官方新闻传播的典型案例分析

新闻传播的正规化、正常化对社会治理有着极其重要的作用。五代时期的新闻传播也是统治者进行社会管理的有效方式之一。一般认为是从以下几个方面进行管理：一是对官员的任免，要求选贤与能，以军功、地方管理上的绩效等为准绳。要

求基本上能照顾到军、民、吏、官、君等方方面面的利益，即使做不到公开、公正，也要求做到比较公允。二是对百姓的管理，主要是劝农耕织，兴修水利，治安救灾，使百姓免于饥寒。如果能够做到以上两点，即使国家不能兴旺，也能使统治得以维持下去。三是信息的正常传播。如果统治者无法及时了解民情、军情，而中央的诏令又无法正常地广而告之或下达到地方，则往往会引起混乱。李存勖的失败，原因很多，其中之一便是他抛弃了唐代行之有效的驿传、邸报制度，而自行其是、意气用事。

梁唐混战时，双方的部下、大臣都彼此或刺探对方政治、军事情报，或暗中投敌，如“（景福二年）十月，邢州李存孝叛，纳款于梁（朱温），李存信构之也。景福二年春，（李克用）大举以伐王镕，以其通好于李存孝也。”（《旧五代史》卷二十六）该故事的主角李存孝就是被谣言中伤的受害者，后来只好通敌。李存信的构陷、李存孝的暗中通敌都是秘密进行的，毫无新闻性可言；但这种私下向主帅传播的不正确信息却引起了至少三方军阀的混战。

以唐庄宗为例，他的信息系统主要是宦官、伶人以及自己的亲信，而朝廷正式上传下达的机构及有相关功能的新闻机构反而处于失真或失灵的状态。

李存勖用伶人在战争中鼓舞士气，这可以说是他的一大“发扬”——因为用“发明”一词不准确——军中早就有优伶存在，至少在汉代就有史书记载。到了唐代还得到了一定的传承，高适在《燕歌行》中就有诗云：“战士军前半死生，美人帐下犹歌舞！”李存勖不仅让伶人教唱军歌，还自己编曲让人演奏，以鼓舞士气。但是到了和平年代，伶人能起到的作用极为有限，大多数时候起到的是“利其一人而戕害天下”之反作用。比如，他自己粉墨登场扮“李天下”，反而被伶人利用，最后死于伶人之手。

唐庄宗对伶人的过度宠幸直接践踏了朝廷的统治规则。戏

子的权力大到无法无天，他们可以自由出入宫廷，可以和皇帝打打闹闹，还可以侮辱、戏弄朝臣！李存勖还用伶人做耳目，去刺探群臣的言行，得到了往往是哈哈镜般歪曲的信息。

此外，李存勖还感情用事，把对张承业的愧疚（因不同意李存勖称帝而被活活气死）“移情”于其他的太监身上，把他们视为心腹，任诸地节度使的监军。将领们在前方冲锋陷阵，不但得不到正常晋升，还受到宦官的监视、侮辱，因此非常不满。正直忠贞、有才干之人得不到重用。围在庄宗身边的大多是些佞臣和小人。因此，他接收到的所谓“信息、新闻”都是“伟大”“阳光”“正确”“万寿无疆”之类片面的东西。最为荒唐的是，看到后宫冷冷清清，居然听信太监的胡说八道，纵容他们抢民女入宫提升所谓的“人气”，这些“民女”甚至包括了驻守北方重镇的将士们的妻子和女儿；搞得众叛亲离、怨声四起。而在这个时候，也正是宦官，在后唐灭前蜀后准备班师回朝的关键时期，与自己的“败家娘们”刘氏相勾结，冤杀了柱国大臣郭崇韬——没有皇帝的诏书和命令，一个后宫之人居然可以随意杀害一个手握重兵、涉及国家安危的开国功勋！郭崇韬的死讯在后唐王朝上上下下掀起滔天巨浪，军队和民间甚至传出刘皇后勾结军官、将领杀死庄宗的谣言！天怒人怨之下，一个假消息都能成为压垮庄宗王朝的最后一根稻草。下面，我们截取这段后唐同光四年政变前的片断，看民间的“族谈巷语”是如何掀起“海啸”而葬送“战神皇帝”李存勖的。

（同光四年二月）丙申（九日），武德使史彦琼（注：此为伶人，并无战绩）自邺（军事重镇，即邺都，其故址在今河北省临漳县西），驰报（飞马来报，可见事情紧急）称：“今月六日，贝州屯驻兵士突入都城，剽劫坊市。”（报告声称贝州驻军在闹市抢劫，实际上兵变已经开始了）①

---

① 引文括号内宋体文字皆为作者分析之语，下同。

初，帝令魏博指挥使杨仁晸率兵戍瓦桥（边防重要门户，今河北雄县瓦桥关），至是代归，有诏令驻于贝州。（交代了兵变的原因，驻扎时间到了，却还要移防他处、不能回家）上岁（去年）天下大水，十月邺地大震，自是居人或有亡去他郡者，每日族谈巷语云："城将乱矣！"人人恐悚，皆不自安。（民间舆论表明，庄宗统治已是天怒人怨了！然而他一无所知。）

十二月，以户部尚书王正言为兴唐尹、知留守事。正言年耄风病，事多忽忘，比无经治之才。（王正言年老体衰，已接近于中风状态，却委以户部尚书等重任）

武德使史彦琼者，以伶官得幸，帝待以腹心之任，都府之中，威福自我，正言以下，皆胁肩低首，曲事不暇。由是政无统摄，奸人得以窥图。（武德使是一个类似于"驻京警备司令"+"大内侍卫长"的角色，职位非常重要，庄宗却以无德无才之伶人为心腹）

洎郭崇韬伏诛（926年正月七日被害于四川成都，按传统的说法，正月是一年之春。这个节点杀人，是一件非常忌讳的事情），人未测其祸始，皆云："崇韬已杀继岌，自王西川，故尽诛郭氏。"（这些谣言显然是宦官和伶人们串通好的系统性的流言，以混淆视听，欺上瞒下）先是，有密诏令史彦琼杀朱友谦之子澶州刺史建徽（正月三十日，朱友谦等七人被杀）。史彦琼夜半出城，不言所往。（史彦琼夜半出都城，时间应该是二十九日晚上）诘旦，阍报正言曰："史武德夜半驰马而去，不知何往。"是日人情震骇，讹言云："刘皇后以继岌死于蜀，已行弑逆，帝已晏驾，故急征彦琼。"（史彦琼杀朱友谦被讹传为庄宗已死→引起京城及周边地区的恐慌）

其言播于邺市，贝州军士有私宁亲于都下者，掠此言传于贝州。军士皇甫晖等因夜聚蒱博不胜，遂作乱。（谣言传播路径：都城洛阳→邺都街市→贝州军中：由都城向边境扩散）

由上可知，后唐军士作乱的起因近乎一个黑色幽默——一

场赌博引发的兵变！详情如下：

同光四年（926 年）二月初六，正是过完新年后青黄不接的时节，贝州士兵皇甫晖等人赌了一个晚上，输红了眼，还不起赌债，就要起无赖——吵吵架，动动手——于是就“造反”了。(《新五代史》卷四十九云：“晖为人骁勇无赖。”)

社会环境：① 去年水灾、地震；② 年初各地不断上报灾情，少则一两千人，多则六七千人饿死；③ 郭崇韬被杀后，引起的一连串的社会反应：人心惶惶，谣言四起。

农历四月一日，即贝州兵变后的一个多月，庄宗李存勖称帝三年之后被乱箭射中，流血过多，说是口渴，水都没得喝。刘皇后让太监拿了点奶酪过去，喝了没多久，就死了。不知道他死的时候有没有想起四五年前、大唐河东监军使张承业拼死命地劝他不要称帝的耿耿忠言！

如今，现代政府更加注重社会舆情的研究，可能很大程度上是因为舆论也是民意的一种表达方式。风起于青蘋之末，没于草莽之间。社会稳固的基础应该是统治者应对不断变化的社会趋势、顺应民心，以使社会制度更加趋于合理。或许，这才是新闻研究对于社会治理的真正价值。

相反，历经变乱的唐明宗李嗣源汲取了前任的教训，任用冯道为相，遇到不明白的地方，及时询问大臣。能够从聂夷中等人的诗中读出民生的疾苦，了解为什么丰收之年农民还不一定会过上好日子的原因。因而使中原地区在历年的战乱中偶尔有了一段“粗为小康”的时期。

有谚语云：太阳底下，没有新鲜事。《伤田家诗》虽然不是当时诗人的即兴之作，但反映的现象是普遍存在的。冯道用名人的诗歌来规劝明宗了解民间的疾苦，本质上也是民情的“上传”，让皇帝能了解到百姓的真实生活状况，对于明宗统治能达到“粗为小康”的局面起到了一定的作用。

第七章
五代出版和新闻传播的重要意义

第一节　官方雕刻儒家经典的开创

正是由于众多平民出身的读书人挺身而出、薪火相传，中国文化才没有灭绝。中国版图西部的蜀地接纳了从中原流落至此的官宦、士子、贩夫走卒，使民间的雕版刻印的技术随着图书的流通、文化的赓续而传播开来。蜀地出版的《花间集》便是蜀地文化繁荣的一个明证，而毋昭裔刊刻石经、雕版印书、兴办私学更是五代文化传播史上的盛举。

而在中国版图的东部，从南唐，到吴越国，再到闽地，无不刊刻、印刷佛经、道书、儒学之书。正是受到南方诸地的影响和启发，后唐的李愚、冯道、田敏等倡议官方雕刻《九经》，使“板印”这一民间传播行为为官方所认可。官方校勘出版儒家经典、教科书的时代从此来临。五代首倡的这一出版活动在有宋一朝得到了空前的繁荣。

下面，让我们再来回顾一下这段从唐末至宋初的混乱时期城头是如何变换大王旗的。括号内的人名系创建者。

A. 五代（907—960）

1. 后梁（朱温）17 年（907—923）

2. 后唐（李存勖）14 年（923—936）

3. 后晋（石敬瑭）12 年（936—947）

4. 后汉（刘知远）4 年（947—950）

5. 后周（郭威）10 年（951—960）

B. 十国（前蜀、后蜀、吴越、南唐、南汉、楚、闽、荆南、北汉等十几个同时或次第更迭的诸侯政权）

960 年宋朝建立。

除了后梁、后周外，后唐、后晋、后汉都是由突厥族分支沙陀族军人建立的王朝。然而，时局的混乱并未打断文化向前发展的进程。值得一提的是周世宗柴荣，因姑父郭威后继无人而登上帝位，但他是史上有名的明君。因过于励精图治、屡次御驾亲征等因素，伤了身体而过早去世，但他建立的功业基本上为赵宋王朝所继承。

第二节　对数百年来中国传统文化的一次总结

历经数百年来的“农耕文化”与“游牧文化”交锋，中原地区的文化经历了一次次的“劫难”，当然从另外一个角度看是中国儒家文化与外来文化的一次次“融合”。每一次战争后，无一例外地使中华大地“斯文扫地”。然而，“仁爱”“贵民”“克己复礼”等儒家学说的原始观念却又一次次在民间得到了确认和发扬。冯道、毋昭裔等人就是儒学文化在民间得到弘扬和践行的杰出代表。他们在政府层面积极倡导，在出版、教育上身体力行，为中国文化的传播做出了不朽的贡献。

五代的混战给人民带来了深重的灾难，但同时它也打翻了皇冠，摧残了豪门大族，实现了“统治阶层的平民化”——“贼王八”“李天下”“白马三郎”等无一不是草根出身，然而他们分别是前蜀、后唐、闽国的缔造者。从名门望族的官僚作风到寒士出身的宰辅们的亲民行为都说明了这一点：社会在进步，人民的观念在更新。从豆卢革到卢质，其遭遇说明：治理国家不是清谈名士的专利。

唐庄宗的“马上冲杀一辈子，只做皇帝一阵子”说明“不

得军心，做不了皇帝；不得民心，也做不长皇帝”。要了解民心，不仅要关心百姓疾苦，还要从历史典籍、文艺作品中了解民生，学习治国之道。比如，明宗认为，百姓丰收，日子是不是要好过一些，冯道便用“谷贵饿民，谷贱伤农”的俗语进行解释。

在没有更好的外来文化的前提下，对于游牧民族而言，只有接受相对进步的汉文化或者说儒家文化为主的中原农耕文化，才是唯一的出路。

从文化传播的角度来看五代中原的短命王朝，可以得出一个结论：　个没有阅读史、精神贫乏的统治集团注定是无法对社会进行有效管理的。刀光剑影，羽檄飞驰，在这么一个乱哄哄的地狱般的时代，上至皇帝，下到百姓，没有一个人是这个乱世的受益者。正所谓“雪崩之时，没有一片雪花是无辜的。”这也从反面证明了文化传播、文化教育对于社会稳定的重要性。

第三节　五代的新闻传播：利用舆论加强统治的合法性

早在唐代，地方政府就在长安设立进奏院，而在宋代也设立都进奏院。这一官方新闻传播行为能够得到传承，离不开五代中原政府对进奏院这一机构的沿袭和改进。比如，后唐明宗时，卢文纪就曾对进奏官进行过整顿，纠正了进奏官不按盛唐旧制进行参拜的行为，闹事者被唐明宗“皆杖而遣之”①，使进奏官朝着后唐丞相赵凤认为的“府县发递祇候之流”的方向发展。

后晋身材矮小、号称“半人”的桑维翰曾位居宰辅，有人告发他经营“邸肆”，从中可以推测他利用自己权倾一时的地

① 陈尚君．旧五代史新辑会证·卷一百二十六[M]．上海：复旦大学出版社，2005：3883—3884．

位，加强了对进奏院和进奏官的管理。比如，他后来贬职任兖州节度使时，也能从进奏院这一官方渠道获得朝廷的军事、外交等信息：

近者，相次得进奏院状报，吐浑首领白承福已下，举众内附。(《旧五代史》卷八十九)

桑维翰加强对藩镇的管理，从而也约束了进奏官员：

晋出帝时，景延广专权，诸藩擅命。及桑维翰为相，出延广于外，一制书所敕者，十有五镇无敢不从者。(《旧五代史》卷八十九)

桑维翰集权，藩镇服帖，其中的一个要害之举便是加强对进奏院和进奏官员的治理。有理由相信，这种治理是有成效的，因为至少有一半的藩镇不敢不从。而人们对桑维翰的不满不是对他治理才能的不满，更多的是对他参与谋划石敬瑭对辽太宗耶律德光称“儿”作“儿皇帝”的不满。到了汉隐帝时，能在京城设邸，派驻进奏官员，已成为地方政府与中央政府进行有效沟通的标配。这也表明了后汉时中央政府加强了对地方进奏院的设置和对进奏官员的控制。

希萼愤然而去，乃遣使诣京师，求封爵、请置邸称藩，汉隐帝不许。(《新五代史》卷六十六)

周世宗时，从効遣牙将蔡仲兴为商人，间道至京师求置邸内属。是时世宗与李璟画江为界，遂不纳。从效仍臣于南唐，其后事具国史。(《新五代史》卷六十八)

有学者认为，后周时期对进奏官进行了更加深化的改革：由于中央朝廷对直属州县的控制力大大增强，因而只有不在中央朝廷管辖之内的一些藩国（如吴越、闽）、称臣的南唐等才能在都城设立进奏官。

闽主命其弟威武节度使继恭上表，告嗣位于晋，且请置邸于都下。(《资治通鉴》卷二百八十一)

甲申（南）唐始置进奏院于大梁，注：臣属故也。（《资治通鉴》卷二百九十四）

（南）唐清源节度使留从效遣使入贡，请置进奏院于京师，直隶中朝。（《资治通鉴》卷二百九十四）

周世宗对进奏院组成人员的改革促成了宋代彻底将进奏官变为“发递祗候之流”。

这些“矮化”进奏官为胥吏的措施为宋代设立中央政府直接管理的“都进奏院”打下了坚实的基础，为中国新闻制度的演化提供了依据。

而民间传播的例子更是丰富多彩，从“号”“谣言/童谣/谣”“讹言”“飞语”等数千例的材料遴选出的民间传播的生动案例几乎全景式地向读者展现了五代时下到草莽英雄上到达官贵人的“千姿百态”——如刘守光称帝时自封为“河朔天子”（《旧五代史》卷一百三十五）①，不可一世；后来兵败被擒，押解所经之地，百姓无不围观唾骂其为“刘黑子”。当然，史书中也偶有一些文人炮制的所谓“民谣”，以显示其一统天下的合法性。如：

兴王府童谣曰：羊头二四，白天雨至。（《十国春秋》卷六十）②

官方把宋朝灭南汉的事用童谣的形式散布于民间，以动摇其人心，达到不战而胜的目的。这与安重荣反晋前用“五色水鸟”宣称“天降凤凰”，把自己包装成“铁鞭郎君”一样（《新五代史》卷五十一），都是打的舆论战。

总之，无论图书出版与对外传播，还是新闻的官方传播与民间传播，五代都起着承上启下、不容忽视的作用。

---

① 该卷中又称“大燕皇帝”。（天祐八年，即911年）八月甲子（十三），幽州刘守光僭称大燕皇帝，年号应天。

② 吴任臣辑录的《十国春秋》虽然成书于清代，但其所引用的资料均为五代和宋代的野史、地方志、笔记等文献资料，因而可视为五代或宋代的史料。

第八章
五代文化的海内外传播

第一节　相关的文化理论

据相关学者的研究，关于“文化”的定义，仅仅截至20世纪50年代，1871—1951年的80年间就有161种之多。[①] 相关的概念很多，诸如海洋文化、大陆文化、游牧文化、农耕文化、工业文化、民族文化……不一而足。

一、赫尔德“生态文化史观”

英国利物浦大学的名誉教授弗雷德·英格利斯在2004年出版的《文化》中指出，历史哲学家赫尔德曾用“精神”“灵魂”“精神特质”“民族特质”来解释“文化”一词。[②] 有学者对赫尔德的“文化”概念做了具体评论：

> 他认为历史文化具备有机体的生态特性，以此为基础，表现出周期性与连续性、独特性与多样性、个体性与整体性等特征。

在英语中，“文化”与“耕作”都是culture一词。而在这

① 李淑梅，宋扬，宋建军. 中西文化比较[M]. 苏州：苏州大学出版社，2016：1.

② 弗雷德·英格利斯. 文化[M]. 南京：南京大学出版社，2008：11.

里，弗雷德又用 construction 来解释赫尔德的文化观念。诚然，从历史学和民族学的角度来看，每个民族的文化都是由历史淬火而成。而从文化交流的角度看，各个民族之间的文化又是相互影响、相互促进的。

二、泰勒的“文化”定义

英国的人类学家泰勒（Tylor）于 1871 年在《原始文化》（*Primitive Culture*）一书中对“文化”的定义为：“文化是一种复杂的包括知识、信仰、艺术、道德、法律、风俗以及其他社会上习得的能力与习惯。”① 这种观点为人们普遍接受。学者陈之藩在《剑河倒影》一书中有句话：许多许多的历史才可以培养一点点传统，许多许多的传统才可以培养一点点文化。管理学中也有类似观点：良好的行为重复多少次才成形成一种良好的习惯，许多许多良好的习惯才能培育出一种良好的传统；许多许多良好的传统才积累出一点文化。

三、马克思的“文化观”

马克思认为，文化是人类实践生产中的对象化。在实践活动中的一切产物，不管是现实产物还是思想产物，都必然蕴含着文化的内涵。

马克思指出，“人不仅仅是自然存在物，而且是属人的自然存在物，也就是说，是为自己本身而存在着的存在物，因而是类的存在物。他必须既在自己的存在中也在自己的知识中确证并表现自己是类的存在物。”② 俗话说：“物以类聚，人以群分。”无论是游牧文化，还是农耕文化、商业文化……按生产方式来划分，可以更加准确地观察和把握。

---

① 李淑梅，宋扬，宋建军. 中西文化比较[M]. 苏州：苏州大学出版社，2016：1.

② 马克思. 1844 年经济学——哲学手稿[M]. 刘丕坤译. 北京：人民出版社，1979：122.

以上的这些理论对我们理解和阐释五代的出版及文化传播不无启迪。

第二节　文化传播的方式

文化传播的方式不外乎人员的交往和产品的流通。就狭义的“文化传播”而言，即人们通过一定的方式传递知识、信息、观念、情感或信仰以及与此相关的所有社会交往活动。而广义的“文化传播”包括战争、移民、宗教传播、经商贸易等。比如火药和造纸术，就是通过唐朝与阿拉伯帝国的怛罗斯战役中的战俘传播到中亚和西方的。鉴于狭义的文化——诸如新闻与图书出版，已在上述章节讨论过，故这里从广义的文化概念来探讨五代时的文化传播。

从五代的社会发展变化中，我们可以看到，文化的传播途径就地理维度而言有两个层面：一是陆地上由中原地区向四周传播；二是从海洋上由中国向周边国家和地区呈链式传播。就前者而言，从长安、洛阳等中原地区向四方扩散，加快了中国东北地区（时为契丹控制）、西北瓜州、沙州（今敦煌）、南方长江流域等地的文化进程；后者即由海内向海外传播，如吴越国、闽地对鸡林、渤海国、高丽、日本，乃至东南亚、西亚等地区。

另外，从阶级的角度而言，是文化由宫廷向民间的传播，使一大批草根出身的儒生有了展示自己的舞台，如出身于耕读之家的冯道、年幼时借阅不成的毋昭裔等及其提携的一大批寒门子弟。另外，敦煌等地的石窟中保存至今的壁画、佛经等也大多出自唐末都城中流落到此的文人、画师等之手。当然，胡汉杂处所体现出的文化特征在其他地方也有反映，如河北地区

出土的五代王处直墓中的彩绘。见图 13 和图 14。①

图 13　王处直墓浮雕（原图）

图 14　王处直墓浮雕（局部）

来源：中国博物馆网站

跨文化传播的现象也时有发生。唐末的战乱、宦官专权及后梁建立时对清流的镇压（如白马驿之祸）等因素使大批贵族子弟避难乡间，一定程度上促进了北方边远地区游牧文化的发展。如历任蓟、儒、顺三州刺史的韩梦殷，其子韩延徽被燕地的军帅刘守光派遣出使契丹，竟然受到耶律阿保机的重用。在韩延徽的擘画下，北方强国契丹由此兴起。

而唐末的衣冠南渡促进了长江中下游地区、岭南地区的发

① http://www.chnmuseum.cn/portals/0/web/zt/gudai/default.html. 1994 年，出土于河北省曲阳县灵山镇西燕川村西坟山上的王处直墓。王处直（？—922），字允明，京兆万年人，唐末兴元节度使王宗之子，义武军节度使王处存之弟，义武军节度使王郜的叔父，五代十国初期北平国统治者。921 年被其养子王都囚禁，后为其所杀。养子王都为了掩人耳目，怀着赎罪的心理，请了最好的工匠为其养父修建墓穴。中国博物馆赵永撰文认为，这件彩绘武士像是在长方形汉白玉上高浮雕而成，身着盔甲，手持宝剑，立于麋鹿之上，肩上立一龙，应是佛教护法神的天王形象。其艺术风格上承唐代之遗韵，下开宋元之先河，具有很高的艺术价值。也可参见彩图 6。

展，更是众所周知。

第三节　五代文化传播案例

一、中原文化对福建一带的影响：白马三郎与甘棠港

唐代末年，跟随兄弟王潮来福建一带的王审知在其兄去世后成为这一地区的实际统治者。他性格随和，关心民生，得到了很多百姓的拥戴。因为他相貌雄伟，常乘白马，被人们称为“白马三郎”。他在位期间大力发展生产，促进海内外贸易，注重教育，大力倡导文化，因此在他统治时期闽地的经济、文化得到了较好的发展。相关史料记载如下：

乾宁四年，潮卒，审知代立。唐以福州为威武军，拜审知节度使，累迁同中书门下平章事，封琅琊王。唐亡，梁太祖加拜审知中书令，封闽王，升福州为大都督府。是时，杨行密据有江淮。审知岁遣使泛海，自登、莱朝贡于梁，使者入海覆溺常十三四。审知虽起盗贼，而为人俭约，好礼下士。王淡，唐相抟（原作搏，也有人认为是“搏”——笔者注）之子；杨沂，唐相涉从弟；徐寅，唐时知名进士，皆依审知仕宦。又建学四门，以教闽士之秀者。招来海中蛮夷商贾，海上黄崎，波涛为阻。一夕风雨雷电震击，开以为港。闽人以为审知德政所致，号为甘棠港。（《新五代史·卷六十八》）

闽地的文士，如唐代宰相王抟之子王淡、唐代宰相杨涉的从弟杨沂、唐末知名的进士徐寅等，都依附王审知，为当地的文化教育事业做出了贡献。而甘棠港开港的传说更体现了民众对王审知的爱戴——竟然是上天被王审知的德政感动了，是风神雷神给劈开的！现代学者仔细考证了甘棠港的方位，文史界有“福安说”“长乐说”“连江说”“霞浦说”等观点，欧潭生及其研究生结合王审知德政碑等文献，通过田野调查，认为它

在福州马尾琅岐岛。①

蜀国的出版事业见本书的第二章第五节，兹不赘述。

二、吴越国、南唐等与海外的商品及文化交流

东北亚：

五代时期，中国与外界的文化交流并没有停止。据木宫泰彦的《中日交通史》记载，后梁时期中国的商船曾于908年、919年、920年三次赴日进行贸易。“叫卖声传内库官，蜂拥总角各争先。”尽管当时日本政府对此贸易往来不太积极，可是民间的交流是没有中断的。当时后梁虽然作为中央政府得到大多数地方政权的支持，但它屈居于中原，不熟悉航运，派到闽地的使者取道岭南等地，回中原复命时取道海上，却溺亡在山东半岛外的大海中。因此，后梁政权不太可能主导海外贸易。除了闽地之外，要数吴越国、杨吴（后为南唐）在这方面较有优势，因为其扬州港、明州港（今宁波）的地理位置优越，对外交流比较方便。

据木宫泰彦的《中日交通史》记载，吴越国曾多次派商船在935—959年期间赴日进行贸易，船只达到9艘之多，多从明州港出发。公元936年，吴越王钱元瓘曾送国书到日本。日本僧人长秀、湛誉、宽建、超会、澄觉等曾来吴越国，永明延寿等人大印佛学著作，很重要的一个原因是这些图书是从日本“进口”来的。后吴越王钱俶在位时（948—978）与日本、朝鲜半岛也有文化方面的交流，如日本僧人日延在940—953年间就多次搭乘吴越国的商船进行文化交流活动。② 高丽国主在给吴越国王的信函中对吴越国盛行的佛教思想大加赞赏。

东南亚：

唐代时，扬州、广州、明州（今宁波）等是对外交通的主

① 欧潭生，李磊．唐末甘棠港究竟在何方？［J］．福建日报，2016-10-11（11）．

② 王心喜．论五代吴越国与日本的交往［J］．海交史研究，2004（1）：29—38．

要港口。怛罗斯战役之后，西域的陆上通道受阻，唐朝对外的辐射就主要靠与世界各国海上商贸往来这一途径。“扬州之域，东南际海，海外诸国，贾舶交至”①，鉴真六次东渡，就多次从扬州出发，“唐有市舶使总其征”。唐代末年扬州由于受到战乱的影响，数次被焚，因而航海地位一落千丈。后来到了南唐时期，金陵也有了海上交易的港口，扬州等地的海上贸易才得到了恢复。据《十国春秋》卷十七《南唐三·后主本纪》载：

开宝四年春，遣使如宋，贡占城、阇婆、大食国所送礼物。

占城，即现在的越南南部，地理上大致相当于近代的南越。阇婆，古地名和国名，大约位于今印度尼西亚爪哇岛或苏门答腊岛，或兼称二岛。大食国，即当时的阿拉伯帝国。这说明，从扬州、明州、广州等地出发，到占城（南越）、爪洼岛、苏门答腊岛，通过东南亚，间接沟通了与西亚的大食国（阿拉伯帝国）的海上丝绸之路。而且海上往来可能以阿拉伯人居多，因为他们占据着沟通欧洲和东方的要道。

吴越国由于政权相对稳定，在五代时期其所辖区域明州成为航海的重镇。吴越国的对外贸易机构史料中记载的就有“市舶使、博易务、回易务、回图务、回图库务”等名称。天祐十一年（914年），钱氏政权与杨吴的狼山之战中，钱氏以少胜多的一个重要原因是运用了“秘密武器”——猛火油，也称火油。这个猛火油就是来自大食国（阿拉伯帝国）的石油。因为石油在常温为半凝固状态，低温下为固体，易运输，还可以涂在箭头上、芦苇上，对敌人进行火攻。越兵占上风时，撒灰迷敌眼，撒豆子使敌兵无法站稳，最后用火油攻打，大获全胜。

（钱）传瓘召指挥使张从宝计曰：“彼若径下，当避其初以诱之，制胜之道也。”乃命军中宿理帆樯，每舟必具灰、豆、

---

① 何勇强．吴越国对外贸易机构考索[J]．海交史研究，2003（1）：106—111.

江沙以随。翼日昧爽，吴人果乘风自西北而下。危樯巨舰，势若云合。我师辄先避去。敌舟既高且巨，不复能上，我乃反乘风逐之，及吴兵回舟而斗，舳舻相接，因扬灰、散豆，吴兵目眩不可视，战血既渍，践豆者靡不颠踣，因纵火油焚之。斩其将百胜军使彭彦章，俘获无算，自江及岸数十里皆殷焉。（《十国春秋》卷七十九）

《吴越备史》中讲得更为详细：这里的“灰”不是普通的草木灰，而是能使人致盲的石灰。火油即猛火油（石油），用火浇不灭反而是越浇火越猛，故称“猛火油”。

火油得之海南大食国，以铁筒发之，水沃其焰弥盛，武肃王以银饰其筒口，脱为贼中所得，必剥其银而弃其筒，则火油不为贼有也。（《吴越备史》卷二）

当时的史书中对中国与外界的交往也记录得不多，主要原因是与国家没有太多的利害关系。

（占城……南邻）真腊，北抵驩州，其人俗与大食同。其乘象马，其食稻米，水兕山羊鸟兽之奇犀孔雀，自前世未尝通中国。显德五年，其国王因德漫，遣使者莆诃散来贡猛火油八十四瓶、蔷薇水十五瓶，其表以贝多叶书之，以香木为函。猛火油以洒物，得水则出火。蔷薇水，云得自西域，以洒衣，虽敝而香不灭。五代四夷见中国者，远不过于阗、占城。史之所记其西北颇详，而东南尤略。盖其远而罕至，且不为中国利害云。（《新五代史》卷七十四）

驩州，隋代开皇十八年（598年）设置，治所在九德县（今越南义安省荣市），辖区相当于今天越南河静省和义安省南部。真腊（kmir），又名“占腊”，是中国当时对中南半岛吉蔑王国的称呼，位于现在的柬埔寨境内。显德五年（958年），占城的因德漫国王来北周献宝大食国的火攻利器猛火油、西域的蔷薇水。

从史书的记载来看，五代时中国航海的线路限于东北亚、东南亚一带，比唐代全盛时期缩短了很多，其文化传播的影响力也大不如前。比如，五代时，日本就对中国很冷淡，中日之间的交流多限于民间来往。

三、契丹的开国功臣韩延徽

韩延徽是一个素为史界忽略的人物，其实他对契丹发展强大乃至建国的作用很大，从他的身上可以看出中原文化对北方少数民族的影响。

韩延徽（882—959），字藏明，幽州安次（今河北省廊坊市安次区）人，出身于北方一重镇刺史之家，是一个标准的“官二代”。但此人少即聪颖，才华出众。早年和冯道一起在刘仁恭、刘守光父子手下任职。后来奉刘守光之命，出使契丹。因没有向耶律阿保机磕头，被“打入冷宫”——送到牧场去放马。韩延徽在牧场吃了苦头，又可能听说了刘守光的一些自取灭亡的暴行——冯道被抓进了牢房，后来跑到了太原；孙鹤因为劝谏刘守光不要称帝而被剁成了肉酱……于是不得已之下，只能投身阿保机，成了他身边的主要谋士。

作为辽国的开国功臣，韩延徽是契丹最早继续倡导“胡汉分治”的汉族政治家。东晋末年，匈奴贵族刘渊建立“前汉”国，设单于左辅、右辅，专治理胡人；另设左右司隶，专治理汉人。实行的是民族压迫制度——依靠和利用匈奴及其他胡人贵族压迫汉人。韩延徽的做法有所不同，基本上倡导民族平等。他设置南北两院：北面官，用契丹国制度；南面官，仿中原制度。南面官的推行也渐渐让汉人的文官制度进入草原地区。

由于思念家乡及自己的亲人，韩延徽曾经一度潜逃回幽州，还到过太原，在李存勖手下做过事，但后来还是回到了契丹。为了报此知遇之恩，李存勖在位时，韩延徽力主避战。《契丹国志》称：“故终同光之世，契丹不深入南牧，延徽之力

也。”“同光”，即李存勖称帝在位时的年号。

后来韩延徽去世后葬于幽州鲁郭。鲁郭，即辽代宛平县房仙乡鲁郭里，今北京市石景山区鲁谷、北京八宝山附近。其子孙世代在辽为官，子孙繁衍众多，对中国北方社会的历史进程产生了重要的影响。韩延徽式的“文化传播”在中国历代均不鲜见。早在商周时期，箕子入朝鲜，对于朝鲜半岛的开化起到了很大的作用。

当然，并不是所有的汉族读书人（官员）都能在契丹获得韩延徽式的高级别礼遇而安然无恙；汉族读书人、官员也并不是被所有的契丹族官员所欢迎。后唐同光年间选拔出的进士张砺在契丹入主中原时被俘北上，也曾一度逃亡。

他在逃亡时被契丹兵抓住后说：“砺汉人也，衣服、饮食与此不同，生不如死，请速就刃！”（《旧五代史》卷九十八）这一席话表明了游牧文明与农业文明存在着巨大鸿沟。

张砺在耶律德光入主中原时劝谏契丹主及诸将领：不要滥杀无辜百姓，应该制止那种抢劫百姓以供应军队粮草的旧习，却没有得到契丹君臣的积极回应。

> 入汴，诸将萧翰、耶律郎五、麻答辈肆杀掠。砺奏曰：“今大辽始得中国，宜以中国人治之，不可专用国人及左右近习。苟政令乖失，则人心不服，虽得之亦将失之。”上不听。（《辽史·张砺传》）

947年，耶律德光死后，张砺因受到契丹大将萧翰责骂和侮辱，气愤而死。

这说明，农耕文化、游牧文化两种不同的文化，从传播到融合，是一个极其漫长而艰难的过程。

后 记

前些年，在研究语言学的过程中，笔者接触到一些五代的文献，如《祖堂集》《敦煌变文》等。五代语料中最晦涩难读的是《祖堂集》，这部成于南唐保大十年（952 年）的著作早于禅宗史上的巨著《景德传灯录》① 半个多世纪。因此，虽然这是一部禅宗史书，但由于问世后不久即失传于中国达九个多世纪，因而在文献学方面有其特殊的意义。

最让人感兴趣的是南唐的“保大”年号，它仿佛是一串久已尘封的密码，为我们打开了一扇通往桃花源的大门。那个血腥、残暴到空气中都弥漫着戾气、尸味的年代，在以金陵、杭州为中心的江南大地，居然还活跃着这么一群特立独行、饱读诗书的知识分子！董源的《龙宿郊民图》、王齐翰的《勘书图卷》、周文矩的《文苑图》……一一在我们面前展开，为我们打开了南唐这个鲜活生动的“世外桃源”。当然，人们更为熟悉、更加津津乐道的可能还是那幅顾闳中的《韩熙载夜宴图》。纵情声色、及时行乐似乎是这个朝代给人留下的粗浅的印象。

历史的真实面貌远非如此。“细雨梦回鸡塞远，小楼吹彻玉笙寒。多少泪珠何限恨，倚阑干！”李璟的这首《摊破浣溪沙·菡萏香销翠叶残》仿佛就是当时中华文化由盛转衰的真实写照。

鸡塞即鸡鹿塞，一般认为在今内蒙古西部巴彦淖尔市磴口县西北哈隆格乃峡谷口，是古代贯通阴山南北的交通要冲。笔者曾在 2013 年从呼和浩特北面穿过大阴山，领略了“天苍苍，野茫茫，风吹草低见牛羊”的草原风情。即使现在修通了高速

① 据苏州重元寺寺刊《传灯》2009 年首发刊载，《景德传灯录》由苏州重玄寺僧道原撰写，重玄寺在清代因避康熙（玄烨）的名讳改称重元寺，今移建于苏州阳澄湖畔。

公路，与鸡鹿塞类似的峡谷要道一旦堵塞，交通的“堰塞湖”倒不至于形成，但“肠梗阻”是肯定的。早在秦汉时期，这里就是匈奴与汉民族争夺的一个焦点。数千年来，以从事农业为主的汉族王朝就一直在游牧民族的威胁下胆战心惊地生存着。从三国后到唐末，中原有一半的时间被所谓的“夷狄”占据着，数次的“衣冠南渡”实在是无奈之举。这或许就是历史上有名的悖论：生产方式先进的民族往往被落后的民族征服；然而，征服者又往往被先进地区的文明所同化。

或许这就是贵为后唐国王李璟的纠结之处——作为农耕民族的中原王朝，与北方游牧民族（不管是匈奴、鲜卑族，还是突厥、回纥、契丹等）的交手过程中，大多以败北而告终；即使心有不甘，也无可奈何，因此苟且偷安似乎成了唯一的选择。李璟的知音不是志大才疏的冯延巳等佞臣：

元宗尝戏延巳：“吹皱一池春水，干卿何事？”延巳曰：“未如陛下‘小楼吹彻玉笙寒’。”元宗悦。（《五代诗话》卷三）

而是王安石等政治家：

荆公问山谷云：“作小词，曾看李后主词否？”云：“曾看。”荆公云：“何处最好？”山谷以“一江春水向东流”为对。荆公云：“未若‘细雨梦回鸡塞远，小楼吹彻玉笙寒’，又细雨湿流光最妙。”（《五代诗话》卷三）

而《祖堂集》中关于后世的一些预言性质的论断屡屡让人感到惊讶——怎么这些祖师、佛陀对后世的事情竟然了如指掌呢？翻阅到南唐后主李煜把国家军政大事托付于寺院而不是朝廷、庙堂时才恍然大悟——这些受政治的万有引力而影响巨大的著作，如果没有一点先知般的预言式观点，谁会来看呢？取悦于上而未及民瘼，可能就是此书在当时未能流传的主要原因吧。

让我们再来联想一下南唐国败时李煜将所藏数万册图书聚

于佛寺宝塔中焚烧的那段场景吧！这与他感叹南朝梁元帝焚书的那一幕又何其相似！

> 内库书中《金楼子》有李后主手题，曰："梁元帝谓王仲宣，昔在荆州，著书数十篇。荆州坏，尽焚其书。今在者一篇，知名之士咸重之，见虎一毛不知其斑。后西魏破江陵，帝亦尽焚其书。曰：文武之道，尽今夜矣！何荆州焚书一语前后一辙也？诗以吊之曰：牙籤万轴裹红绡，王粲书同付火烧，不是祖龙留面目，遗篇那得到今朝？"（《五代诗话》卷一）

"金楼子"既是南朝梁元帝萧绎的号，又是其一本著作的名称，文中之意为后者。具有讽刺意味的是，这首李煜自己写的感叹南梁焚书的诗篇对于他自己亡国时焚书的场景也同样适用。

其实，一个国家的命运与其文化固然有息息相关的联系，但是政治、经济、军事等各方面的发展才是国运昌盛的表现。用今天的话来讲，首先是核心价值观的缺失——儒、释、道三者并存，有时甚至把佛教放在第一位。如南唐后主犯上了佞佛的毛病，以为什么事求一个泥菩萨就行，这就将国家推向了一个万劫不复的深渊。其次是制度建设的落后，南唐朝中南北党争，没有制度的约束；战争成败，没有奖惩措施。如李璟时代，权臣视战争如儿戏，陈觉等将领战败竟然没有受到严厉的处分。最后，体现在行为文化上，上述两个重要因素让大臣和民众失去了行为的规则。如治民理财有方的汪台符被宋齐丘杀害，最高统治者徇私情并不追究，让人无所适从；而治军攻战有方的林仁肇、卢绛等或者被杀、或者不受重用，世人只能眼睁睁地看着李煜将一副牌越打越烂，出局走人。

总之，无论图书出版，还是新闻传播，从广义的角度来讲，都属于文化的范畴，都是为统治阶级服务的。冯道刻《九经》、毋昭裔家刻儒学经典等行为之所以彪炳千古，就是因为这在当时来说是一种创新——用毋氏弟子孙逢吉的话来讲，镂

板刻书这一与“贩夫走卒为伍”举动在当时是被后蜀的权贵们当作“笑话”来看的。

在当下，我们也应该有五代先儒们那种胸怀天下的弥天之勇，顺应世界发展趋势、顺应民意，以浩然正气来面对出版、新闻改革向深水区迈进，使其走上法制化的道路。

限于本人才疏学浅，拙著又是在匆忙中写就，错讹在所难免，现不揣浅陋，就教于方家和广大读者。望大家批评指正。E-mail：38623450@ qq. com

施建平

2018 年 10 月于姑苏草堂